Colección Támesis

SERIE A: MONOGRAFÍAS, 203

# Conversaciones literarias con novelistas contemporáneos

T0355433

# Conversaciones literarias con novelistas contemporáneos

Katarzyna Olga Beilin

TAMESIS

© Katarzyna Olga Beilin, 2004

*All Rights Reserved.* Except as permitted under current legislation no part of this work may be photocopied, stored in a retrieval system, published, performed in public, adapted, broadcast, transmitted, recorded or reproduced in any form or by any means, without the prior permission of the copyright owner

First published 2004 by Tamesis, Woodbridge

ISBN 1 85566 099 7

Tamesis is an imprint of Boydell & Brewer Ltd
PO Box 9, Woodbridge, Suffolk IP12 3DF, UK
and of Boydell & Brewer Inc.
PO Box 41026, Rochester, NY 14620, USA
website: www.boydell.co.uk

A catalogue record for this book is available
from the British Library

Library of Congress Cataloging-in-Publication Data

Conversaciones literarias con novelistas contemporáneos / [entrevistas realizadas por] Katarzyna Olga Beilin ; Ricardo Piglia . . . [et al.].
p. cm. – (Colección Támesis. Serie A, Monografías ; 203)
Includes bibliographical references.
ISBN 1–85566–099–7 (pbk. : alk. paper)
1. Authors, Spanish–20th century–Interviews. I. Beilin, Katarzyna Olga, 1966– II. Piglia, Ricardo.
PQ6051.C68 2004
863′.609–dc22

2004001105

This publication is printed on acid-free paper

Printed and bound in Great Britain by
Athenaeum Press Ltd., Gateshead, Tyne & Wear

# Agradecimientos

Agradezco a todos los entrevistados la amistosa acogida, la confianza, las horas que han compartido conmigo durante las entrevistas y también el tiempo que emplearon en leer y corregir las transcripciones.

A la Escuela Graduada de la Universidad de Wisconsin en Madison debo el generoso apoyo económico por medio de la beca Vilas que hizo posibles los viajes necesarios para la realización de este libro.

Quiero dar las gracias por sus comentarios sobre la introducción a este libro a mis colegas profesoras Alda Blanco y Lucía Melgar, como también a Laura Álvarez. A Francisco Gaviero le agradezco su inapreciable ayuda editorial, a Candace Scott y a Andrea Gutiérrez unas valiosas búsquedas bibliográficas. Gracias a Juan Egea por la cita de Jaime Gil de Biedma y también a mi gran amigo Josep Turiel y Díez por haberme buscado la traducción española del texto de Kafka que constituye el epígrafe para este libro y por todo el tiempo que me brindó en su casa, donde preparé y transcribí las primeras entrevistas. Gracias por sus consejos y apoyo a los profesores René de Costa, Mario Santana, Antonio Giménez, a Manuel Rodríguez Rivero, como también al profesor Anthony Percival que me dio el primer número de teléfono de los entrevistados y también al professor William Sherzer por haberme ayudado a contactar con Antonio Muñoz Molina. Gracias a Lilo García por su hospitalidad y por el número de teléfono de Adelaida García Morales, quien desafortunadamente no logró encontrar tiempo para hablar conmigo.

Gracias por sus fotos a Cristina Fernández Cubas, a Enrique Vila-Matas, a José María Merino, a Quim Monzó y a Pedro Zarraluki. La foto de Ricardo Piglia se la debo a Arcadio Díaz-Quiñones y la de Ray Loriga a Anja Frers.

Finalmente, gracias a Monika Kruszewska por haber diseñado la portada de este libro.

La entrevista con José María Merino apareció previamente publicada en *España Contemporánea*, vol. xiv, 1, Spring 2001: 83–98 y las entrevistas con Enrique Vila Matas y con Juan José Millás en *Confluencia*, respectivamente vol. 16, 1, Fall 2000: 124–36 y vol. 17, 1, Fall 2001: 113–125. Agradezco a los editores de estas revistas el permiso para publicar de nuevo estas conversaciones.

A todos los que, ya tarde en la noche, empujados por algo, salen y dan vueltas sin saber qué buscan ni a quién esperan porque nunca les resulta suficiente hablar consigo mismo.

Él es un libre e indudable ciudadano de la tierra, porque está unido a una cadena suficientemente larga para permitirle alcanzar cualquier lugar terrestre, pero no tanto como para que algo pueda arrastrarlo más allá de los límites de la tierra. Pero es, al mismo tiempo, también un libre e indudable ciudadano del cielo, porque está unido también a una análoga cadena celeste. Ahora bien, si quiere descender a la tierra, lo estrangula el collar del cielo, si quiere ascender al cielo, lo estrangula el collar de la tierra. Sin embargo él tiene a su disposición todas las posibilidades, y lo siente; más bien se niega aun a atribuir la culpa de todo ello a un error cometido al encadenarlo de esa manera.

Franz Kafka
*Consideraciones acerca del pecado,*
*el dolor, la esperanza y el camino verdadero*
(trad. Adrián Neuss)

# Donde habite el sentido

Los escritores cuyas palabras llenan estas páginas, muestran de una manera conmovedora la dudosa búsqueda de la trascendencia en la vida del individuo contemporáneo, contando historias inquietantes, en las que lo real y lo imaginario coexisten, sin que por eso esas historias sean necesariamente fantásticas. Sus obras literarias más importantes se publicaron después de la muerte de Franco, siendo varias de ellas, cuentos cortos de gran calidad que aparecieron en numerosas colecciones y antologías e impulsaron a los críticos a proclamar el renacimiento del género breve.[1] Todos los escritores entrevistados sienten el placer de contar historias y construyen tramas narrativas precisas que proporcionan el placer lúdico de la lectura. Al mismo tiempo sus obras plantean preguntas existenciales, ontológicas y éticas que establecen un sorprendente diálogo con el pensamiento filosófico de la segunda mitad del siglo veinte. En este contexto es evidente la importancia de Ricardo Piglia, cuya novela más importante, *Respiración artificial*, constituye un punto de referencia y una fuente de citas para varios de los autores hispanos, incluyendo los entrevistados. Con la excepción de las obras de Antonio Muñoz Molina, la narrativa de estos escritores muestra una relación menos directa con el universo socio-político, que aparece como un factor de la vida de los individuos y no como el principal tema narrativo. Por todas estas razones, aunque no viven en el mismo lugar, ni nacieron en el mismo año, desde el punto de vista de los lectores, tienen mucho en común. En realidad, como explica Quim Monzó, desde la muerte de Franco, ni las fronteras, ni las distancias determinan lo que la gente lee. El multinacional carácter de las casas editoriales, la enorme cantidad de traducciones, la posibilidad de comprar libros de casi todo el mundo vía Internet, el masivo aprendizaje de los idiomas extranjeros, contribuyen a la globalización en el mercado literario. Aunque no han desaparecido los problemas regionales que se discuten en sus contextos específicos, hay también debates de carácter más universal, que conciernen al ser humano independientemente de donde viva, y éstos son los que interesan a los escritores cuyas palabras llenan este libro. En cierto sentido, estas entrevistas fueron motivadas por el factor subjetivo de una recepción desde lejos; por la ilusión que me hizo leerlos bajo el cielo gris de Polonia y el ancho cielo de las Américas.

El tema central de las entrevistas es la búsqueda de sentido, que se aborda con preguntas acerca de las causas de su falta y las técnicas de adquisición del deseo, de la importancia de las maneras de mirar, del papel de la imaginación, de la diversidad de las relaciones humanas, de los usos de la rebelión, de la violencia, de las técnicas de representación, como también por varios elementos del proceso creativo como las lecturas y las vivencias que inspiraron a los escritores. En la medida en que son significativos para la motivación individual, aparecen en las entrevistas también temas relacionados con la realidad socio-política, que se contempla como una circunstancia de la creación. Así hablamos de la democracia y de la influencia del mercado, de la comercialización, de la globalización y de las novísimas técnicas de información basadas en el desarrollo de Internet.

Como indica Cristina Fernández Cubas, en el proceso creativo ocurren cosas imprevistas y, más que una confesión, la escritura es un conjuro de quimeras, que frecuentan a los artistas como si éstos fueran casas de huéspedes. Pero, creo yo, las quimeras que le visitan a uno le escogen por algo. No es lo mismo lo que motiva a los escritores y a los protagonistas creados por éstos, pero tampoco es cierto que no haya ninguna relación entre unos y otros. Como mínimo, los protagonistas tienen que contar con la comprensión de su autor y, aunque no sea premeditado, las historias narradas expresan los miedos y los deseos de los creadores. Quim Monzó en sus cuentos vislumbra las formas de su vida futura. Cristina Fernández Cubas confiesa que sus cuentos interpretan el mundo para ella. Aunque, después del momento de su publicación, el texto sea totalmente autónomo y todas las interpretaciones críticas bien sustentadas sean válidas, lo que la ficción le revela al que la crea, el sentido que tiene la obra para el artista, es parte inevitable de la literatura, una parte secreta por la que los lectores nos preguntamos y que nunca logramos conocer. Estas entrevistas tampoco consiguen revelar del todo el secreto, pero contienen una serie de señales, claves y sugerencias que pueden guiar al lector ansioso de conocerlo y que a mí me han abierto algunos nuevos caminos para la comprensión y la interpretación de los textos.

El concepto del sentido se define sobre la base de la noción de la verdad o de acuerdo a una finalidad. Decir que la vida tiene sentido es decir que tiene un propósito o que existe, por lo menos, una verdad que la valida. La relatividad de los valores a finales del siglo veinte convierte todos los propósitos en caprichos, deseos arbitrarios, o ficciones asumidas independientemente de la razón. A no ser que seamos religiosos, tampoco creemos que la verdad exista fuera de lo empírico. Tendemos a pensar que el uso del concepto de la verdad en contextos no científicos expresa tan sólo las necesidades cognitivas y éticas de la mente humana. Por lo tanto, la búsqueda de sentido como una fórmula ingenua está pasada de moda y, en los caminos literarios y críticos, ya más allá del postmodernismo, no se menciona de nombre. A pesar de esto, tanto en el arte como en la vida, seguimos buscando y contando historias, esperando que nos digan alguna verdad. Seguimos decididos a interpretar, o sea, seguimos necesitados de sentido.

La ansiedad de sentido en la literatura contemporánea se expresa mediante ejercicios de negatividad, como el escepticismo, el arte de la sospecha, como la rebelión o la resistencia cotidiana, como una parodia del viejo lema *spem contra spero*, como una huída hacia los abismos de la *otredad* o hacia los mundos inhabitables de lo subjetivo. En el arte de finales del siglo veinte, el sentido no se define como el principio unificador de un sistema coherente que renace propagando el optimismo hacia lo infinito, pero, sorprendentemente, tampoco se ve aniquilado por el fin de las grandes narrativas ni por el paso del tiempo. Gracias a la erosión del concepto de la verdad, el sentido está más allá del principio de la no contradicción, no se ve afectado por el nihilismo nietzscheano y nos permite reír de la desesperación existencialista. A los que dicen que nuestra vida es absurda porque nada de lo que hoy nos resulta importante importará dentro de veinte millones de años, contestamos que al mismo tiempo importa y no importa que no importe.

Afirma Pedro Zarraluki que 'no hay historia que termine bien siempre que dure lo suficiente' (*El responsable de las ranas*, contraportada). Frank Kermode y Peter Brooks explican que son los finales los que dan sentido a las historias. Dice Jorge Luis Borges que si fuéramos inmortales, sólo nos levantaríamos a beber agua; no habría amor, ni despedidas, ni reencuentros de felicidad furtiva. El final trágico, que es el único, simultáneamente da y quita el sentido a los cuentos, pero, antes de que el cuento termine, el lector se pierde y se reencuentra repetitivamente en el juego ilusorio, en el *trompe l'oeil*, donde *l' objet petit a* de Lacan aparece y desaparece, como el juguete ante los ojos del ansioso niño, sin dejar nunca de cautivarnos. Este contexto intelectual es obvio para el escritor y para el crítico en el umbral del siglo veintiuno. Quizás tenga sus ventajas no tener que pensar tanto en los absolutos y en la nada y, en cambio, poder dedicarse al juego, siempre más importante para la satisfacción momentánea.

Sugiere Ricardo Piglia que el juego al que invita la ficción ayuda al lector a elaborar su propia relación con el final. Tal vez la literatura sea precisamente eso, una galería secreta, como la de los sueños, donde suenan melodías, palpitan deseos y se pasean fantasmas con diversos mohínes para que escojamos los que nos vayan a guiar en nuestro camino mientras estemos jugando con nuestro final. La ficción nos puede proporcionar el aliciente que nos haga levantarnos por las mañanas aunque haga frío y falte café. Supongo que Quim Monzó daría a estos fantasmas y a esas melodías el nombre minimalista de 'gasolina'. Tal vez la ilusión y el placer estético constituyan las únicas formas de utilidad que pueda tener la ficción y todos los intentos de aprender algo de los protagonistas, de sus aventuras, estén condenados al fracaso porque la vida y la literatura no se parecen lo suficiente. Pero, quizás sea cuestión de saber leer, intuir e interpretar la sutil correspondencia entre lo vivido y lo leído; quizás al saber traducir los mensajes entre los dos mundos, el de la realidad y el de los libros, uno pueda aprender a manejar las ficciones adquiridas por la lectura y, en consecuencia, ver su vida en otra luz, como Rosa Schwarzer.

## 'Rosa Schwarzer vuelve a la vida'

Rosa Schwarzer, un ama de casa frustrada de un cuento de Vila-Matas, el día de su cincuenta cumpleaños se encuentra seis veces al borde del suicidio. Está a punto de beber lejía, de tirarse por la ventana, de dejarse atropellar por los coches, de hacerse el hara-kiri, de meter su cabeza en el horno y finalmente ingiere el contenido de la botella que, según le ha informado un desconocido, debe de contener cianuro, pero por suerte, contiene whisky. Tres veces Rosa decide seguir viviendo porque siente que tiene que cuidar a sus hijos, una porque quiere rebelarse contra la indiferencia de su marido echándole a la cara un bote de mermelada. Pero, en una ocasión, se detiene porque se le ocurre imaginar que su vida es una película y, en este instante, le entra la curiosidad de saber cómo va a continuar la historia. Ese cambio de perspectiva convierte su odiosa realidad en un drama que, bien interpretado, quizás pueda tener sentido. Cuando bebe de un trago el whisky, que puede ser cianuro, experimenta la muerte virtual, una ficción de la muerte, que la transporta a una irrealidad horrorosa y asfixiante. El vértigo y la alucinación la asustan tanto que regresa a la normalidad convencida de que prefiere la realidad y la grisalla de su existencia. Así, en aquel cumpleaños triste de Rosa, la ficción suministra los argumentos más fuertes a favor de la realidad y de la vida.

Los diversos usos que Rosa hace de la ficción, a la hora de cuestionar su actitud hacia la vida, emergen de esta historia como las técnicas existenciales más eficaces. Ya que la realidad en la que vive resulta sumamente deprimente, Rosa proyecta una ficción hacia ella imaginándola como una película. La ficción funciona, entonces, como una manera de mirar lo real. Cuando ingiere el whisky, que bien podría ser cianuro, mira hacia su cuadro preferido de Paul Klee, 'El príncipe negro', y, transportándose hacia el mundo de ficción pura del arte, experimenta una muerte sin morir. En ese momento la ficción, como un espacio de actos virtuales, le provee un modo alternativo de (no)existir y le permite cometer un suicidio ficticio para que no tenga que cometerlo en realidad. La ficción constituye una quinta dimensión que complementa las cuatro reales, donde no hay que pagar con el cuerpo por los errores y desvaríos de la mente.

El *otro* como quien pueda necesitar ayuda, el *otro* contra quien haya que rebelarse, el *otro* como ficción, como portador de misterios, siempre ha sido un elemento clave de la construcción de la trama narrativa. Sin embargo, en la literatura contemporánea ese *otro* ya no aparece en función de los absolutos, de los ideales religiosos, políticos, ni siquiera éticos o estéticos. Tampoco suele ser un miembro de la familia. El único ser humano que ayuda a Rosa es el borracho desconocido que le escucha y le regala la botella de alcohol-veneno. Sus hijos adultos y su marido ya no le necesitan, no le hacen caso y se muestran totalmente indiferentes a su crisis. Es propio de la ficción postmoderna que el *otro* que se convierte en una fuente de sentido suele ser un extraño. Almodóvar convierte en el lema de *Todo sobre mi madre* la frase emblemática de Blanche de *Un tranvía llamado deseo:* 'sea quien sea siempre he creído en la bondad de los desconocidos'.[2] El *otro* desconocido funciona en el arte como una especie de imán bipolar que despierta compasión, atrae y, al mismo tiempo, amenaza y repulsa, mostrando simultáneamente señales del parentesco y de la *otredad*. Según lo cuenta Antonio Muñoz Molina en *Sefarad*, los portadores de las enfermedades contagiosas, los drogadictos, como los judíos durante el Holocausto, y todos los perseguidos, plantean la pregunta ética que tal vez pueda considerarse como la más importante de nuestros tiempos: ¿Debemos acudir a la llamada del *otro* que puede arrastrarnos consigo al abismo? En el contexto socio-político esta pregunta adquiere formas concretas que conocemos de tantos debates nocturnos y artículos de periódico: ¿Debemos algo a los inmigrantes que 'ocupan nuestros lugares de trabajo', a los drogadictos 'que contagian con el vicio a nuestros hijos', a los 'enfermos de SIDA promiscuos', a los 'asesinos que nos matan'? La *otredad*, siendo una fuente poderosa de sentido, que surge del amor y de la compasión, constituye también un peligro. Pero, quizás los conceptos de 'sentido' y de 'peligro' estén inevitablemente relacionados, porque, según sentimos, cuánto más grande el riesgo que corremos, más valor y más importancia tiene la empresa.

Cuando Rosa decide seguir viviendo para rebelarse contra la indiferencia de su marido tirándole un bote de mermelada, repite el movimiento de la psique de una larga tradición real y literaria. Pero, los usos postmodernos de la rebelión también son diferentes de los románticos. Los idealistas rebeldes románticos, desdeñando el sentido común, sacrificando sus propios cuerpos por sus sueños, creían que muriendo sublimaban la realidad para los que quedaban vivos. Pero, varios, a pesar de su sacrificio, se convirtieron en objetos del desdén y de la burla, en un ejemplo social negativo. Los rebeldes de hoy no cuentan con los aplausos, no se rebelan para impresionar a nadie. La rebelión postmoderna tiene algo de truco, es virtual. Rosa tira el bote de mermelada de manera que éste se estrelle contra la pared en vez de romperlo en la cabeza del marido, igual que se corta la peluca en vez de cortarse el vientre, y se envenena con un veneno que no lo es del todo, para que no se le pierda el cuerpo que se sabe como la condición de todo lo demás; el cuerpo, como lo sugiere Juan José Millás, es la patria postmoderna ('Patria', 21–2). La rebelión de Rosa no debe verse como totalmente desprovista de riesgo porque la botella de la que bebe puede contener un veneno. Por consiguiente la mujer no deja de tener la experiencia límite a la que aspira, pero, por suerte, la sobrevive. Si se salva, demuestra haber perfeccionado el gesto rebelde romántico, con lo cual quita a los prudentes el argumento didáctico contra la rebelión y aumenta el espacio de su libertad individual.

## Lo real y el debate sobre el realismo

Según el modelo cartesiano, en cuya base se desarrolló la filosofía moderna, las sustancias espiritual y material son esencialmente distintas y quedan separadas, uniéndose tan sólo en la glándula pineal del individuo. Las respuestas a la pregunta de cuál de esas sustancias constituye la realidad dividen a los pensadores modernos en dos grupos: idealistas, según los que la realidad tiene carácter espiritual, y materialistas, que lo ven todo en términos físicos. El arte y en particular la literatura suelen verse inspiradas por una u otra visión del mundo. Para San Juan de la Cruz, la única realidad es la que se vislumbra en el alma del creyente; para Emile Zola, lo que llamamos 'alma' es una ilusión causada por diversos procesos corporales. El realismo decimonónico pretende abarcar ambas visiones del mundo y, al mezclarlas, a menudo pone en evidencia lo artificioso del dualismo filosófico. Como lo remarca Emilia Pardo Bazán en *La cuestión palpitante*, el mismo concepto de 'la verosimilitud', usado como criterio del realismo, tiene carácter profundamente subjetivo ya que se basa en la imagen de la verdad que llevamos en la mente. Pardo Bazán indica que lo que es real se establece por un consenso de intelectuales, escritores y de su público, o sea, por un consenso de subjetividades, según el cual se elabora un modelo funcional de la realidad objetiva. Hay que señalar, sin embargo, que este modelo funcional de la realidad, al ser producto del aparato perceptivo humano, no es más cercano a la realidad pura que la alucinación de un loco, aunque corresponda al sentido común. La realidad pura, independiente de la subjetividad humana, nos resulta totalmente inaccesible e inimaginable. Si este modelo de la realidad que reconocemos como verosímil tiene alguna relación con la verdad, es la verdad en el sentido que le da Foucault, o sea definida por el interés de los círculos de poder.

En el siglo veinte la filosofía que más influencia ha ejercido sobre la literatura es el existencialismo, que se manifiesta como desesperadamente materialista, aunque no lo es del todo. Para los existencialistas, la realidad humana se conoce mediante las sensaciones de calor, sueño, deseo, miedo o asco que corresponden al entorno como el sol del desierto o la oscuridad de la celda. La consciencia, que asocia el habitat y las sensaciones, recuerda el pasado e imagina el futuro, garantiza la unidad de la identidad. Lo real, sin embargo, suele equipararse con lo material y se define en oposición a lo subjetivo; las ilusiones, aunque inevitables, no son más que mentiras. Aunque desde la aparición de *El extranjero* han pasado muchos años, esta visión de la realidad sigue siendo recreada en los mundos literarios, por ejemplo en la literatura minimalista de Quim Monzó, cuyo mejor ejemplo es *El porqué de las cosas*, o en la narrativa de los escritores más jóvenes tales como Ray Loriga, pero también en varios cuentos de Antonio Muñoz Molina, Pedro Zarraluki o Juan José Millas.

En los mundos literarios donde la realidad tan sólo consiste en lo material, en objetos y mecanismos frustrantes y se ve desprovista de lo subjetivo, los protagonistas funcionan como autómatas. No se dan cuenta de lo que les ocurre y no saben porqué lloran ni porqué mueren. La ausencia de sentido es tan chocante que, antes de convertirse en humor negro, la narrativa evoca el *pathos* de la desesperación existencial. Las drogas y el alcohol aparecen como los necesarios paliativos del dolor de vivir, e introducen el efecto de verosimilitud en el comportamiento automatizado de los personajes. En las primeras novelas de Loriga las pequeñas notas líricas sorprenden como en las canciones *punk*, o bien adquieren tonos seudorrománticos de las letras del *rock* inglés. La lectura de esta narrativa provoca una serie de efectos contradictorios: por un lado entretiene, por otro, frustra evocando así un vago sentido de culpa. El narrador, cuya desesperación se vislumbra a través de su aparente indiferencia, impone al lector la actitud mental de quien hace un esfuerzo para desdeñar el absurdo, pero no puede evitar el efecto que su percepción le provoca. Esta narrativa al negarse a proponer significado alguno para las vidas y el mundo que representa, un poco a pesar suyo, aumenta aún más la nostalgia de sentido. Las ficciones pesimistas, paradójicamente, contienen el germen de la ilusión que niegan con tanto fervor.

## Los usos de la violencia

Esta narrativa minimalista establece diálogo con el pop-art de Warhol, el teatro del absurdo de Beckett, o incluso con el teatro de crueldad de Artaud o Topor. El efecto traumático de la realidad, la cual queda demasiado cerca, se evoca mediante repeticiones de gestos, de palabras desprovistas de sentido y mediante escenas de violencia – frecuentemente exagerada, que se presenta con una indiferencia premeditada, cercana al *kamp* de *Pulp Fiction* o a la estética de las tiras cómicas. Quim Monzó afirma que le encantan las escenas de las películas donde se cortan las orejas (*Reservoir Dogs*), o se salpican de sangre los asientos de los coches (*Pulp Fiction*). Según Ray Loriga, la violencia es parte íntegra de la naturaleza humana. Somos tataranietos de cazadores y guerreros. Hoy en día, mientras la ley y las normas sociales nos prohíben asesinarnos mutuamente, es en el arte donde esa congénita necesidad de la violencia puede realizarse. Los protagonistas de las primeras novelas de Loriga (*Lo peor de todo, Héroes*), fantasean con 'dispararle a todo el mundo' (*Héroes*, 11).

El hermano mayor, en *Caídos del cielo*, realiza esta fantasía, por lo que paga con su propia vida.

El crítico de cine, Stephen Hunter, en su libro guía *Violent Screen*, explica que viendo las matanzas en la pantalla somos capaces de dar a nuestras emociones negativas la forma de una rabia justiciera que sirve para triunfar en aquel mundo ficticio, compensándonos de esta manera por nuestros fracasos en el mundo real. Gracias a los espectáculos violentos las personas débiles pueden entrar en los cuerpos de los grandes héroes, y viviendo sus aventuras, sentirse más poderosos ellos mismos. Pero, si uno se siente más grande por identificarse con un héroe violento, esto significa que, aunque no lo queramos admitir, definimos la grandeza en términos de violencia.

Mark Taylor afirma que en el pasado 'la indiferencia se pensaba como falta de diferencia, cuyo otro nombre es identidad' (*About Religion*, 250–1). Según ese modelo, cuanto más grande es la indiferencia, más fuerte es la identidad, y más respeto y reconocimiento se merece el sujeto. La mejor manera de demostrar la indiferencia y ganar la fama de esa especie de grandeza consiste en asumir riesgos y perpetrar la violencia. Éste es el esquema seguido por Don Juan Tenorio y Don Luis Mejía que miden su valor con el número 'en dos líneas separadas/ [de] muertos en desafío y [de] mujeres burladas' (105). El ganador de la apuesta, el héroe más grande, será el que en menos tiempo haga más daño con mejor fortuna, o sea, sin que le afecte a él, sin enamorarse, sin caer herido, manteniéndose inalterable. Obviamente este concepto del héroe no surge en el Romanticismo sino mucho antes, la grandeza de los dioses griegos se debía a la indiferencia con la que perpetraban las crueldades y por su condición de no ser afectables por nada de lo que normalmente conmueve a los humanos. La violencia es, evidentemente, un atributo del héroe mítico. Los mecanismos psíquicos humanos responsables de la creación de aquellos héroes indudablemente persisten y pueden explicar nuestra fascinación por los toreros, los superhombres como Rambo, Batman o James Bond. Igual puede explicarse el deseo de María de imitar a Diego (*Matador*), matando a sus amantes con el alfiler como si fuera una espada. En la misma película de Almodóvar, Ángel se acusa de la violación y de los asesinatos para demostrarse a sí mismo y a su maestro que no es un chico débil ni cobarde, como se lo repite su madre, y para estar a la altura de la fantasía mítica de la grandeza del macho. No cabe duda de que ve grandeza en la violencia aunque la violencia le marea.

Las contemporáneas interpretaciones de la violencia no la relacionan con la grandeza, sino, por el contrario, con la debilidad. Según Hannah Arendt, la violencia es lo opuesto del poder. Arendt mantiene que es la conciencia de la vulnerabilidad, la debilidad y de la impotencia lo que impulsa a la violencia, y que los medios violentos nunca logran restablecer el poder perdido. La violencia, por lo tanto, es, según Arendt, siempre inútil y expresa la carencia misma de sentido. Los líderes de estados o los líderes de pandillas, que usan medios violentos para triunfar sobre los demás, sufren de la falta de identidad y deben ser considerados como víctimas de sus desvaríos, en las que tarde o temprano se convierten, y no como héroes.

La interpretación de la violencia en el arte contemporáneo vacila entonces entre dos extremos; por un lado, aunque el público no siempre quiera admitirlo, es admirada como un atributo de la grandeza, la circunstancia erótica del héroe, y por el otro, es el síntoma de la debilidad, y define al anti-héroe moderno *in statu nascendi*. La primera interpretación corresponde a lo atávico, a la parte oscura y mítica de la naturaleza humana explorada por el Marqués de Sade o por Bataille. La segunda tiene el carácter ético y razonable que expresa el espíritu ilustrado y se burla de lo oscuro del alma. Mientras la primera interpretación enfatiza lo inevitable de que caigamos víctimas de nuestros instintos, la segunda concluye con el discurso sobre la responsabilidad humana, el dolor y la compasión.

Es difícil que en una obra de calidad, literatura o cine, no sean posibles ambas interpretaciones de la violencia. Las más recientes técnicas de representación de luchas, tiroteos y matanzas, despiertan, sin embargo, serios debates de carácter pedagógico. Los tiroteos y matanzas en varias películas, tales como *Matrix* o la española *Nadie conoce a nadie*, se contemplan, como fiestas de fuegos artificiales sin consecuencias reales. ¿Puede ser, que estas indiferentes y estetizadas representaciones de la violencia nos hagan perder una parte de su sentido? El espectador es capaz de simpatizar con los protagonistas tan sólo cuando percibe su dolor o su sufrimiento. La simpatía es una emoción difícil porque no es posible acceder directamente a los sentimientos de otra persona. Podemos imaginárnoslos, pero tan sólo cuando nuestra imaginación es excitada por ciertas señales que nos llegan del texto o de la película. Por ejemplo en *Reservoir Dogs* de Tarantino o en *Plata quemada* de Ricardo Piglia, oímos como los heridos gimen, vemos como sangran sus heridas y, al mismo tiempo, sus caras deformadas por el dolor y por el miedo. Los duros criminales se abrazan antes de morir como amantes. Todo eso está representado con tanto desgarramiento que es difícil seguir mirando. La recepción indiferente resulta totalmente imposible y, por lo tanto, nos vemos forzados a reflexionar sobre los efectos de la violencia. No podemos evitar preguntarnos cuál es el sentido de esta exhibición de heridas.

Por el contrario, en *Pulp Fiction*, como en los videojuegos, la gente revienta como muñequitos de papel, como insectos. Antes de morir pierden miembros, órganos, pero siguen moviéndose hasta que, según parece, la electricidad queda desconectada. No sólo los protagonistas mismos parecen indiferentes hacia sus mutilaciones, sino que también los directores parecen haberse propuesto representar los eventos más horribles de manera que los espectadores los sigan con la risa y los disfruten. Los miramos como dibujos animados, hipnotizados por la avalancha de imágenes desprovistas de sentido pero entretenidos. Ray Loriga sugiere que los chicos que entran en las escuelas con las pistolas y disparan a todo el mundo, lo hacen bajo la influencia de las películas como *Matrix* y no se dan cuenta de que lo que hacen es real.

Cuando los escritores pretenden imitar esta técnica de representación del cine en su escritura, y el efecto hipnotizante de la imagen ya no está allí, el producto final resulta, sin embargo, distinto. La literatura, con una especie de realismo traumático, expone, en vez de festejar, la rendición indiferente de la violencia. Los cuentos y novelas de Quim Monzó y de Ray Loriga nos hacen pensar en cómo se deteriora la existencia humana y cómo nuestra libertad queda limitada no sólo por condicionamientos de tipo social, sino también por las consecuencias de nuestras propias acciones, lo cual enfatiza la importancia de la responsabilidad personal y destaca el peligro de la pasividad. Más que impartir la indiferencia, este tipo de literatura parece una queja y, aunque no está desprovista de humor, la leemos como expresión del trauma causado por la vida misma. El humor, de todas maneras, suele aplicarse sobre todo a los relatos de eventos traumáticos. Como explica Pedro Zarraluki en la entrevista, 'cuando te caes por la calle en el suelo, alguien se va a reír, mientras tanto tú te has hecho daño en la muñeca y te duele' (51). La tragicomedia, según Zarraluki, es género español por excelencia.

En *La flor de mi secreto*, una de las varias tragicomedias de Almodóvar, Leo, al rebelarse contra su papel de escritora de novelas rosas, decide que el arte debe decir la verdad sobre la realidad con toda su carga de lo terrible, y escribe la novela *El frigorífico*, donde una serie de episodios naturalistas desembocan en asesinatos bestiales. Alicia, la agente de Leo y madre de un yonqui, por el contrario, cree que 'la realidad debería estar prohibida' y que el papel del arte es devolver al público la ilusión. Si Ángel defiende las novelas rosas de Amanda Gris y si la última escena de la película evoca este género, es porque una vez que la verdad triste sea dicha y asumida, la mentira se hace necesaria para que podamos olvidar un poco esa verdad. Álmodóvar gusta tanto porque es capaz de buscar compromisos entre la dolorosa verdad y el placer y ésta es una concesión bienvenida por el mercado. Una de las influencias del mercado en la producción literaria y cinematográfica parece ser precisamente ésta: la realidad presentada no puede ser únicamente terrible, asquerosa y aburrida; tiene que poseer atributos que diviertan al público: interés, risa o emoción distinta de la náusea.

## La subjetividad y lo otro real

La influencia del mercado obviamente no es el único factor del cambio de la visión de la realidad en la literatura postfranquista. La reflexión que impulsa este cambio es una consecuencia de la búsqueda existencial que se lleva a cabo dentro de la narrativa misma. '¿Por qué hemos de creer siempre que verdad y desastre han de ir inevitablemente juntos?' (148) pregunta uno de los protagonistas de *Visión del ahogado* de Juan José Millás, publicada en 1978. La percepción del desastre y del absurdo puede ser ilusoria, en la misma medida en la que lo es la percepción de lo sublime, sugiere Millás. El tremendismo nos deja a la misma distancia de la realidad que el subjetivismo idealista. Puesto que la realidad en sí es inaccesible, porque cada representación, por más realista que ambicione ser, contiene en sí lo subjetivo proyectado por la mente, no hay razón para creer que el pesimista esté más cerca de lo real que el idealista, que el materialista acierte más que el místico.

Según José María Merino y Juan José Millás, todo procede de la imaginación y ocurre dentro de la mente primero. Una ficción, mientras dure, puede ser tan real como la realidad y la realidad está inevitablemente impregnada de la ficción. En cierto sentido la ficción es todo lo que procede de la mente; los conceptos abstractos, la ética, el amor, y las ideas. Por lo tanto, la ficción no sólo ordena, nombra y connota los elementos de la realidad, sino que también garantiza nuestra libertad (política y personal) en el mundo real. La ficción constituye también el tejido de la conciencia, y, por lo tanto, según ella se forman las miradas que posamos en la gente y en las cosas. De estas miradas depende lo que veamos y el tamaño de lo visto, y luego, también, nuestros recuerdos de la realidad. Puede ser que por eso la realidad sea inquietante y la memoria se merezca el epíteto de traicionera. La mala cara en el espejo, el vaso y el vino resultan aburridos, la mente inmediatamente los suple con significados para que éstos luego acechen a la mente y para que entren en un juego de ficciones con ella. Nos proyectamos hacia el mundo que nos rodea. En todas partes nos vemos a nosotros mismos, sugiere Juan José Millás que admite su incapacidad de ver las cosas desde fuera. No hay más que ficciones y esto es inevitable, afirma Ray Loriga desde la misma perspectiva. Según Ricardo Piglia, existe la realidad de los hechos que puede distinguirse de una falsificación de la historia; hay libros de historia que mienten, pero, incluso así, lo único que podemos saber es lo que la realidad definitivamente no es. Solamente Antonio Muñoz Molina, el más realista de todos los entrevistados, insiste en que es posible, e incluso necesario, distinguir la realidad de la ficción, y que uno de los papeles de la literatura es enseñarle al lector cómo hacerlo. El único criterio de la veracidad de la visión del mundo presente en una obra literaria puede ser el efecto que tiene ésta para los mismos protagonistas. Si los protagonistas se estrellan, a menudo es porque su actitud hacia la realidad ha sido errónea. Como dice Antonio Muñoz Molina, 'la mejor literatura no sólo nos enseña a mirar con ojos más atentos hacia la realidad, sino también hacia la propia ficción' (*La realidad de la ficción*, 16), nos prepara a reconocer las ficciones falsas y confrontarnos con ellas.

Los protagonistas que viven la ficción, y buscan el sentido dentro de sí mismos, en los sueños y en la imaginación, olvidándose de la realidad en la medida de lo posible, pueden contraponerse a los protagonistas automatizados de los relatos minimalistas. Mientras en los relatos minimalistas la realidad resulta demasiado cercana, en la narrativa protagonizada por los soñadores, el mundo parece lejano e impregnado de la sustancia psíquica. La realidad refleja los estados mentales de los que la miran como en los poemas románticos. Las miradas de los individuos pretenden incorporar el mundo dentro de la consciencia y, cuando los protagonistas se alienan de la realidad exterior, siguen contemplando las sombras de lo real en sus ensoñaciones. Si para los protagonistas automatizados la realidad carece de sentido porque no la interpretan, para los soñadores la interpretación desbanca la experiencia de lo real, con lo cual el mundo concreto a veces se les pierde del todo. Si lo empírico fuera desdeñable, el modo más seguro de la satisfacción personal sería una ficción íntima; buscar los absolutos con los ojos cerrados penetrando espacios imaginados. Pero, esta actitud hacia la realidad tampoco resulta premiada con un final feliz; los protagonistas que intentan abandonar la realidad y vivir su propia ficción, como Ratliff de 'En otro país' de Piglia, Vicente Holgado de 'Trastornos de carácter' de Millás, o Elsa de *El silencio de las sirenas* de García Morales, descubren que su mundo interior se oscurece hacia dentro y les lleva hacia una (ir)realidad que resulta inaguantable y de donde algunos de ellos no vuelven nunca. Como explican Heidegger y Levinas, el sentido puro, el ideal, *el ser* están donde no podemos *estar* nosotros, o sea fuera de la dimensión temporal. Podríamos alcanzarlo en el momento de la muerte, pero la muerte nos quita la capacidad de disfrutarlo.

Ya que ubicamos el ideal fuera de la realidad vivida, el amor imposible nos parece el único verdadero. Los ojos verdes logran seducir a Fadrique y llevarle a las profundidades del lago en la Fuente de los Álamos, porque estos ojos le miran simultáneamente desde lo profundo del agua, desde dentro de su propia mente, y desde el momento de su muerte. Quizás sea así con todos los ideales, cuyo sentido, como sugiere Ricardo Piglia, irradia siempre desde 'la otra orilla' imaginada y real al mismo tiempo. La belleza traicionera de los ojos verdes no surge tan sólo como una proyección de los deseos de Fadrique sino también anuncia la realidad de su muerte. Tal vez sea una vaga consciencia de la realidad, y no de la ilusión, de sus alucinaciones lo que ahoga al héroe romántico de ésta y de varias otras historias. José María Merino en un cuento suyo llama a este mundo real que encontramos al cerrar los ojos 'el mar interior'. Consta que el peligro del naufragio en ese mar de dentro es aún más grande que el peligro del mar de fuera, porque es la memoria de la realidad ideal, pero inhabitable, la memoria oscura de la muerte.

Las formas imaginarias que emergen de esta memoria, cuando se manifiestan en el arte de los últimos años del siglo XX, no deben considerarse ya fantásticas en el sentido estricto de Todorov sino más bien como unas tentativas de ampliar, o incluso de profundizar nuestra visión de lo real. Lo real adquiere en esas obras un carácter protéico y pertenece tanto al dominio de lo propio como también al de la otredad. Nos encontramos en una realidad kafkiana, donde todo es real o nada lo es, y donde los límites de la realidad parecen indefinibles por criterios empíricos o racionales. No podemos distinguir entre lo real y lo sobrenatural y por lo tanto tampoco podemos distinguir entre una interpretación racional y otra milagrosa de lo que ocurre. Son narrativas que heredan la reflexividad intelectual de Borges planteando preguntas filosóficas sobre el carácter de la realidad y donde lo que resulta contrario al sentido común está pensado precisamente como un reto para él. Son narrativas conscientes de la historia del género fantástico del que se originan como también de las teorías críticas que se emplearon en el análisis de este género, y que incorporan ambas herencias en su discurso. La *otredad* forma una parte íntegra de la realidad representada, que se ensancha, abriéndose a lo desconocido, y es la realidad en este nuevo y amplio sentido que incluye los sueños la que triunfa al final sobre el principio subjetivo.

Según advierte la literatura, ni el refugio del mundo interior ni el poder del deseo deben sobreestimarse, porque por más poderosa que sea la ficción y la voluntad, el principio negativo de lo real al final siempre triunfa. Si nos acercamos demasiado, la realidad aburre, lo sublime mata, el otro se escapa, no nos comprendemos a nosotros mismos y si nos rebelamos contra todo eso, fracasamos. De ahí que la capacidad de (con)fundir de un modo benéfico la realidad y la ficción, lo objetivo y lo subjetivo, la apariencia de la verdad cruda y la del ideal resulte esencial en la narrativa contemporánea. La búsqueda de esta distancia perfecta, benéfica para el individuo, es el verdadero objeto del debate sobre el realismo en la narrativa y el cine de los años ochenta y los años noventa.

## El sentido según los entrevistados

Está en la forma, en la trayectoria del viaje, en el final de la historia, en la duda, en la belleza, en el deseo, en tu mirada y en la del otro, en la ficción proyectada hacia la realidad, en la realidad que ignora nuestros proyectos, en las grietas por las que entra la luz, en el riesgo, en el humor y en lo que nos inquieta. Definitivamente, siempre está en otra parte, incluso si esa otra parte se ubica dentro de nosotros mismos. Por eso lo más cerca del sentido es la búsqueda, y de todas las búsquedas las de más valor son las más conscientes; conscientes de tantas formas secretas de las que se disfraza el sentido y conscientes de cómo beneficiarse de él sin perderse y sin perderlo.

Ricardo Piglia

# Ricardo Piglia: Siempre en la otra orilla

Ricardo Piglia nació en Adrogué, en la provincia de Buenos Aires, en 1941, pero en 1955 su familia se mudó a Mar del Plata. Su primer libro de relatos, *La invasión* (o *El jaulario*), ganó el premio literario de Casa de las Américas en 1967. Ocho años después publicó su segundo libro de relatos, *Nombre falso*, y en 1980 su primera novela, *Respiración artificial*, que ha sido considerada como uno de los eventos literarios más importantes de los últimos veinte años en el mundo hispano. En 1992 apareció *La ciudad ausente* y en 1997 *Plata quemada*, galardonada con el Premio Planeta. Basándose en esta última novela, Marcelo Piñeyro rodó una película que en 1999 ganó el premio Goya a la mejor producción no española de habla hispana. Ricardo Piglia es también crítico y profesor de literatura. Ha publicado ensayos sobre Roberto Arlt, Jorge Luis Borges, Macedonio Fernández, Witold Gombrowicz, William Faulkner, Franz Kafka, James Joyce y varios otros. En su último libro, *Formas breves*, explora las múltiples relaciones entre vida y literatura. Este libro recibió el premio de la fundación Bartolomé March al mejor libro de ensayos literarios publicado ese año en España. El profesor Piglia ha trabajado en diversas universidades americanas y hace poco acaba de aceptar un puesto fijo en Princeton, donde ya había dado clases como profesor visitante y donde en mayo de 2000 se realizó nuestra entrevista.

La publicación de *Respiración artificial* debe considerarse como un evento muy importante porque esta novela reintroduce los conceptos del debate postmoderno, abandonado desde la publicación de *Juan sin tierra* de Goytisolo y, quizás, por llegar desde la otra orilla o bien por presentar sus planteamientos en términos menos antagónicos, recibe una acogida más amistosa que la trilogía del español exiliado. Durante la conversación nocturna en Concordia, esperando a Maggi, que nunca llegaría, Renzi y Tardewski tocan los problemas más esenciales de la literatura y de la filosofía del fin del siglo veinte, tales como utopía, parodia, exilio, disidencia, el margen y el trauma, que en los años posteriores resurgirían en la narrativa peninsular, resultando cruciales para su definición. Piglia puede verse, por lo tanto, como una especie de eslabón que une desde el otro lado del Atlántico la rebelión total de la escritura experimental con la narrativa de los ochenta y noventa, que retorna al lenguaje y a la estructura del argumento más realista pero no se olvida de las preocupaciones éticas y estéticas de sus predecesores. Indudablemente Piglia es uno de los precursores de lo que Santos Alonso llama 'renovación del realismo' en España.

Narra Tardewski, recordando su conversación con Renzi en Concordia:

> Pero ¿qué es el realismo? me dice Renzi. Una representación interpretada de la realidad, eso es el realismo, dijo Renzi. En el fondo, dijo después, Joyce se planteó un solo problema: ¿Cómo narrar los hechos reales? ¿Los hechos qué? le digo. Los hechos reales, me dice Renzi. Ah, le digo, había entendido los hechos morales. (184)

Esa equivocación es significativa, porque la pregunta sobre cómo contar los hechos morales resulta íntimamente relacionada. Se trata de encontrar tanto una nueva manera de contar lo que existe como también lo que no existe, en el sentido en que no existe el bien, el mal, el dolor y el horror, lo que sentimos o presentimos pero no podemos tocar. Ricardo Piglia propone representar lo no representable mediante desplazamiento y *otredad*. Relata los hechos reales desde el otro lugar y desde el otro tiempo, el futuro desde el pasado, el presente desde el exilio. El horror de la desaparición de Maggi, su probable sufrimiento, torturas y muerte a manos del régimen militar de Videla, se expresa mediante el dolor de otro y mediante otra muerte, la de Enrique Ossorio casi dos siglos antes. La historia de Maggi la evocan otras voces, las de Tardewski y Renzi, que esperan en vano a que Maggi se reúna con ellos aquella noche. La evocan aunque no la cuentan, pero es así como comparten con el lector la experiencia misma. ¿Quién describe mejor la desaparición que el que acude a una cita y espera en vano? Esta técnica narrativa la comenta Ricardo Piglia más tarde en un ensayo crítico, *Tres propuestas para el próximo milenio y cinco dificultades*:

> Hay un punto extremo, un lugar – digamos – al que parece imposible acercarse. Como si el lenguaje tuviera un borde, como si el lenguaje fuera un territorio con una frontera, después del cual está el desierto infinito y el silencio. ¿Cómo narrar el horror? ¿Cómo trasmitir la experiencia del horror y no sólo informar sobre él? Muchos escritores del siglo XX han enfrentado esta cuestión: Primo Levi, Osip Mandelstam, Paul Celan, solo para nombrar a los mejores. La experiencia de los campos de concentración, la experiencia del Gulag, la experiencia del genocidio. La literatura muestra que hay acontecimientos que son muy difíciles, casi imposibles, de trasmitir y suponen una relación nueva con los límites del lenguaje. (31–2)

> Me parece que la segunda de las propuestas . . . podría ser esta idea de desplazamiento y de distancia, el estilo es ese movimiento hacia otra enunciación, es una toma de distancia con respecto a la palabra propia. Hay otro que dice eso que, quizás, de otro modo no se puede decir. Un lugar de cruce, una escena única que permite condensar el sentido en una imagen . . . La verdad tiene la estructura de una ficción donde otro habla. Hay que hacer en el lenguaje un lugar para que el otro pueda hablar. La literatura sería el lugar en el que siempre es otro el que habla. Salir del centro, dejar que el lenguaje hable también en el borde, en lo que se oye, en lo que llega de otro. (36–7)

Este párrafo parece describir los procedimientos narrativos usados no solamente por Piglia sino también, por ejemplo, por Enrique Vila-Matas en sus novelas literarias y cuentos de ventrílocuos, por Cristina Fernández Cubas en sus cuentos de horror o por Antonio Muñoz Molina en *Sefarad*. En *Sefarad* nos hablan simultáneamente decenas de voces de distintos tiempos y de distintos espacios, como en una gran reunión de fantasmas que nos visitan para pasarnos sus mensajes, para que experimentemos lo que les ocurrió y para que estas experiencias formen parte de nuestra memoria aunque no fueron parte de nuestras vidas.

El escritor se pregunta cómo contar los hechos reales en la ficción, porque la realidad y la ficción se gobiernan por unas leyes diferentes. La nota que precede uno de los primeros cuentos de Ricardo Piglia, 'Mata-Hari 55', anuncia el interés del escritor en que la literatura sea un relato lo más cercano posible a la realidad:

> La mayor incomodidad de esta historia es ser cierta. Se equivocan los que afirman que es más fácil contar hechos verídicos que inventar una anécdota, sus relaciones y sus leyes. La realidad, es sabido, tiene una lógica esquiva; una lógica que parece, a ratos, imposible de narrar. Frente al riesgo de violentarla con la ficción, he preferido transcribir casi sin cambio el material grabado por mí en sucesivas entrevistas . . . R. P. (91)

Ese mismo interés en contar lo real de una manera impactante y fiel lo comparten todos los escritores que he entrevistado pero la definición de la realidad ha cambiado desde el siglo XIX y hoy incluye lo que hasta hace poco negaría el sentido común. Comentando sobre la narrativa de José María Merino, Alonso Santos explica:

> Ya no se trata de la objetividad fiel que perseguían los novelistas del siglo XIX, sino de múltiples perspectivas y visiones variadas; ya no se trata de una visión unívoca de la realidad, sino compleja, que se inicia en el interior del narrador o de los personajes antes de ajustarse a lo visible o invisible; ya no se trata tampoco de ser fiel a lo concreto, sino de concertar lo vivido e imaginado, lo sensible y lo abstracto. (13)

Pero, si la noción de la realidad hoy incluye las ficciones que la condicionan, la ficción también pretende incluir en sí la realidad. Se abre a ella, haciendo hincapié en todo lo que las une y no en lo que las separa, deshaciendo las fronteras fijas entre el mundo de la literatura y el mundo de la vida para que la lectura sea una experiencia real en el sentido en que le da el famoso cuento de Cortázar 'Continuidad de los parques'. En la narrativa peninsular contemporánea pueden observarse diversas señales de este acercamiento entre la realidad y la ficción – por ejemplo, la creciente popularidad de los folletines o reportajes literarios, un género entre la realidad y la literatura, publicados por la mayoría de los periódicos. Juan José Millas, Quim Monzó, Antonio Muñoz Molina insisten en que no hay diferencia esencial entre literatura y periodismo; al contrario, creen que varios reportajes suyos funcionan perfectamente como cuentos.

Por otro lado, hay un verdadero auge de cuentos que enfatizan lo raro, los elementos increíbles o surreales de la realidad. En uno de sus cuentos más conocidos, 'Nunca voy al cine', Enrique Vila-Matas hace un pequeño manifiesto de las rarezas y las sorpresas de la realidad, que superan las del cine, sugiriendo así que ambas, la realidad y la ficción, viven en una especie de simbiosis. En sus cuentos insólitos, José María Merino, Pedro Zarraluki y Cristina Fernández Cubas, sirviéndose de una gran variedad de técnicas narrativas, logran que el lector no dude de la realidad de lo que cuentan y que, en cambio, reflexione sobre su propio concepto de lo real y razonable. Los escritores no vacilan en confrontar al lector directamente, persuadiéndole de que 'la razón tiene sus límites precisamente porque el mundo carece de ellas' (Zarraluki, 'La mano del lagarto', 226).

Otro recurso narrativo destinado a construir puentes entre la realidad y la ficción y que prolifera en la reciente producción literaria es el uso de la metaficción. Las novelas o los cuentos, al narrar la historia, se refieren al mismo tiempo al proceso de su propia escritura. Los lectores acompañamos al narrador o a uno de los protagonistas en su esfuerzo creativo y así nos percibimos en el mismo nivel de realidad que él mientras, sin darnos cuenta, nos adentramos en el mundo ficticio. Es lo que ocurre, por ejemplo, en *El responsable de las ranas* y *Para amantes y ladrones* de Pedro Zarraluki, en 'El viajero perdido' y *Los invisibles* de José María Merino o en *Extraña forma de vida* y en *Bartebly y compañía* de Enrique Vila-Matas.

Es interesante destacar también que varios de los escritores entrevistados, en sus últimas novelas, anuncian al lector de manera directa que lo que cuentan no es ficción sino hechos reales. En *Las cosas que ya no existen*, Cristina Fernández Cubas se declara 'cansada de disfrazar recuerdos' y se propone 'contar únicamente la verdad' (12). El narrador de *Sefarad* reflexiona:

> da pereza o desgana inventar, rebajarse a una falsificación inevitablemente zurcida de literatura. Los hechos de la realidad dibujan tramas inesperadas a las que no puede atreverse la ficción . . . (214)

En *Los invisibles*, José María Merino se autorrepresenta como un escritor que considera el objetivo de convertir el relato de eventos verdaderos 'en un libro que tuviese verosimilitud en cuanto a ficción . . .' (274). Describe su encuentro con Adrián, el protagonista de su novela y la fuente de toda la información sobre lo ocurrido. Cuando el escritor se niega a incluir en la novela ciertos elementos de la historia contada por Adrián, éste se enfada y su punto de vista es el que finalmente triunfa en la novela:

> Yo creía que la literatura podía ser más flexible que la vida, y resulta que usted quiere hacerla aún más rígida. Si en la realidad los hechos que suceden son muchas veces azarosos, y no tienen coherencia, ni se sujetan a la lógica, ¿por qué pretender lo contrario en la literatura?
>
> . . .
>
> No lo entendería aunque se tratase de hechos inventados, pero yo le estoy narrando sucesos reales, verdaderamente experimentados por mí. No puedo entender sus objeciones. Si estuviésemos en la facultad, le diría que me suenan a academicismo anquilosado. Una ficción no puede tener menos derechos que la realidad. (274)

Otro tema esencial para la narrativa contemporánea peninsular y también para este libro de entrevistas, comentado en *Respiración artificial*, es el de la actitud hacia la realidad. La experiencia personal de Tardewski explica el final de las grandes narrativas anunciado por Lyotard. Al ver *Mein Kampf* como una consecuencia lógica del movimiento filosófico inaugurado por el *Discurso del Método*, al ver en el Holocausto un resultado del uso de la razón en busca de maneras de realizarse, el filósofo no puede evitar el abandono de la filosofía. Siendo lo suficientemente lúcido parar entender las sutiles conexiones entre las palabras y las cosas, debe escoger el fracaso en el sentido que da a la palabra la realidad burguesa. El fracaso aparece como la única actitud justificable desde el punto de vista ético porque el fracasado es quien se niega a beneficiarse del sistema al que condena.

La oposición entre la actitud pasiva y reflexiva del fracasado, como la de Tardewski, y la actitud apasionada y activa del luchador, como la de Maggi, se produce en varias novelas contemporáneas peninsulares. En *Visión del ahogado* de Juan José Millás, Luis el Vitaminas decide rebelarse contra la mediocridad de su mundo mientras que Jorge, su compañero, se mantiene cínico y reflexivo tratando tan sólo de conseguir el máximo placer y no falsear su percepción de la realidad que le rodea. Ambos inevitablemente fracasan. En la narrativa de Merino, los luchadores y los activistas aparecen como más peligrosos para los demás que los pensadores, que tan sólo corren el riesgo de perjudicarse a sí mismos. En las obras de Zarraluki la actividad, la pasión y la capacidad de rebelarse se admiran como principios femeninos y contrastan con la depresiva inactividad de los narradores masculinos. Similarmente, la narrativa de Muñoz Molina puede verse como un elogio a la acción, que se aprecia como una conexión con lo real.

La actitud de Tardewski hacia lo vivido puede definirse mediante el concepto brechtiano de *ostranenie,* una forma de mirar estando 'siempre afuera, a distancia, en otro lugar y poder así ver la realidad más allá del velo de los hábitos, de las costumbres' (195). Tardewski cree que 'el único modo de sobrevivir [es] matar toda ilusión. Ser reflexivo' (141). Por el contrario, Maggi 'tenía fe en las abstracciones . . . Las ideas abstractas lo ayudaban a tomar decisiones prácticas, con lo cual . . . dejaban de ser ideas abstractas'. Desde que los existencialistas popularizaron la visión del mundo según la cual las nociones abstractas, también las morales, se ven como ficciones mantenidas para el beneficio social a costa del perjuicio del individuo, se multiplican en la literatura occidental los antihéroes, cuyo parentesco con Merseault de Camus es indiscutible. No creen en los proyectos sociales, ni en valores éticos o amor, ni siquiera creen en la posibilidad de afectar de una manera significativa su propio destino. Poseen, sin embargo, una sensibilidad profunda, se sienten afectados por el sufrimiento de los demás, disfrutan de todo tipo de placeres sensoriales y tienen miedo a la muerte. Algunos, como Tardewski o como los narradores masculinos de las novelas de Zarraluki, son más reflexivos; otros, como los protagonistas de los cuentos de Quim Monzó, aparecen más automatizados. Los de las novelas de Ray Loriga son simplemente jóvenes rebeldes o individualistas egotistas y pícaros.

En la novela de Piglia la postmodernidad de Tardewski se ve contrastada con la actitud de Maggi, que más que moderna debe verse ya 'más allá de la postmodernidad' (éste es el título del estudio de Gonzalo Navajas sobre la novela peninsular del final del siglo veinte) porque Maggi se deja llevar por las ideas aunque es consciente de su carácter ilusorio. Los personajes de este tipo proliferan en la narrativa peninsular contemporánea. En *El responsable de las ranas* de Zarraluki, por ejemplo, los protagonistas imitan las locuras y las pasiones de los héroes del pasado para interiorizarlas y así adquirir la motivación para vivir. Hacen un consciente esfuerzo de apasionarse, para deshacerse de su lucidez cínica, que les deprime. Ansiolítico es una palabra que aparece tanto en literatura como en prensa cada vez con más frecuencia. Las obras de Juan José Millas posteriores a *Visión del ahogado* muestran cómo el mundo siempre nos llega mediado por ficciones y cómo proyectamos nuestra psique hacia la realidad independientemente de la distancia que adoptemos, por lo cual la lucidez pesimista no nos ubica más cerca de la verdad que la ingenuidad entusiasta.

Según explica Tardewski a Renzi, el pensamiento moderno se da cuenta de que está compuesto por pura forma, por una lógica aplicable e utilizable en la realización de cualquier proyecto, incluyendo el esbozado en *Mein Kampf* de Hitler. El positivismo lógico, practicado por Tardewski en Oxford, y, por otro lado, el existencialismo de Heidegger constituyen las últimas manifestaciones de la filosofía moderna, que ve su fin lógico en el horror del Holocausto. La lucidez postmoderna de los sobrevivientes, que anuncia la imposibilidad de cualquier proyecto positivo y se ocupa en de-construir los sistemas basados en los conceptos modernos, se ve, sin embargo, amenazada por su incompatibilidad con las necesidades de la psique humana, que, desprovista de ilusiones, pierde energías y se deprime. Al final el antihéroe y el filósofo postmoderno despiertan al tener que confrontar lo que Tardewski llama 'la segunda línea de reflexión: *cómo* hacer para existir' (231). Y no se trata únicamente del dinero, como sugiere cínicamente el exiliado filósofo polaco, sino también de la motivación necesaria para ganarlo. Como una especie de terapia surge, entonces, el esfuerzo de reintegrar en la vida las viejas ilusiones a pesar de que su falsedad, su carácter ficticio, ya se denunció y no deja lugar a dudas.

Éste fue el punto de partida de este libro y la pregunta que de manera más o menos directa hice a todos los escritores entrevistados: ¿Cómo restablecer la motivación, reinstalar las ilusiones que nos hagan querer vivir, en medio del panorama pesimista en el que nos hunde la lucidez postmoderna?

# Entrevista

*(Princeton, mayo 2000)*

**KOB** Una amiga argentina explica el despertar del interés por el tango, tanto en Argentina como en los Estados Unidos, con las recomendaciones de los psiquiatras. Según ella, los que bailan tango son personas a las que el psiquiatra ya no tiene otra cosa que recomendar para que encuentren el sentido a la vida y les dice que se vayan a bailar tango. Ellos empiezan a bailar y descubren 'el sentido trágico de la vida'. Ese problema con la motivación y la percepción generalizada de la falta de sentido parece característico de las democracias. Se dio repentinamente en España después de la muerte de Franco, en Europa Central después de la caída del comunismo. ¿Cómo fue en Argentina cuando terminó la dictadura?

**RP** Por un lado, esa tensión entre el sentido y la experiencia, entre la empiria pura y la aspiración a un valor, es la estructura misma de la novela como género. El héroe de la novela siempre está buscando una trascendencia. Por eso quisiera rescatarle a la cuestión ese sentido no inmediato, no coyuntural, que existe más allá de si la gente encuentra ese sentido bailando el tango, convirtiéndose en un caballero errante, o persiguiendo una ballena blanca, porque cada uno, sobre todo en la narración, tiene su manera de encontrarle solución a este dilema. Es un dilema propio de la sociedad moderna y del capitalismo.

Planteado este marco, diría que, por supuesto, la transición democrática o el fin de la experiencia de la dictadura militar produjo en Argentina una serie de efectos un poco superficiales. La sensación eufórica de que empezaba algo nuevo hacía perder de vista ciertos elementos de continuidad. Se ponía más énfasis en el momento de ruptura y se perdía de vista la continuidad, mientras que algunos elementos presentes en la época de los militares persistieron posteriormente en la época de la democracia. Hay que decir también que para muchos la etapa de la dictadura militar tenía la particularidad de definir claramente los contrincantes y los conflictos. Eso hacía que los riesgos y las posibilidades fueran no tanto más sencillos, pero por lo menos más nítidos.

**KOB** Entonces, pasado el momento del gran cambio y de euforia, cuando la gente se dio cuenta que todo eso ya había ocurrido, ¿se dio una especie de desilusión?

**RP** Creo que sí. Por supuesto que no se puede vivir sin ilusión. En Argentina se intentó construir una esperanza de cambio y, como esa esperanza de cambio se diluyó, se produjo una decepción. Hubo un gran momento eufórico, una gran ilusión en la época de Alfonsín, cuando se juzgó a los militares. Luego, cuando todo eso fue negociado posteriormente, se hizo presente una sensación de decepción. Yo siempre me acuerdo de una frase de Kafka que expresa bien esa sensación: 'Hay esperanza, pero no para nosotros'.[1]

**KOB** ¿Se nota esa desilusión en las obras literarias de los escritores más jóvenes, que empezaron a publicar después de la caída de la dictadura militar?

**RP** No estoy tan convencido de que la literatura reproduzca de una manera tan directa, con una periodicidad tan estricta, este tipo de cambios muy visibles en el plano social. El tiempo de la literatura es propio y no necesariamente sincrónico con lo que está sucediendo en la vida cotidiana y en la política. Dicho lo cual, es cierto que uno puede leer signos de presencia de estas cuestiones en los textos. No sé si eso es lo más interesante, pero es posible que se pueda detectar posiciones más escépticas en relación con las grandes epopeyas narrativas construidas en otros momentos. Podría considerarse un signo de la literatura escrita en los últimos años. La literatura tiene una relación menos directa con el universo social.

**KOB** ¿Está más centrada en la vida privada, las relaciones humanas?

**RP** Exactamente. Todo esto va acompañado por un interés en géneros, que podríamos considerar una de las mejores herencias de Borges. Hay más interés en los géneros menores, en la literatura considerada como 'literatura popular', por ejemplo el cuento, pero también la novela policial, la literatura de terror o formas de melodrama. Aparece también un registro temático que está en relación con lo que tú dices, sujetos más privados. Quizás en este punto la narración de las mujeres es especialmente interesante porque las mujeres viven la tensión entre lo público y lo privado de una manera distinta, menos nítida, más fluida, y siempre la han resuelto mejor. Hay un espacio muy amplio de la circulación de lo privado y lo público en el universo femenino, lo cual en Argentina pusieron en evidencia las Madres de la Plaza de Mayo. Las Madres de la Plaza de Mayo han politizado esferas de la vida totalmente ajenas a lo que en el mundo masculino se consideraba como 'político'. Hay textos escritos desde esta perspectiva que podrían calificarse como textos de 'denunciación femenina'. Estos textos no necesariamente tienen que estar escritos por mujeres, pero son los que disuelven la oposición tradicionalmente nítida entre lo público y lo privado. Otra característica que yo percibo es una circulación muy fluida entre géneros.

**KOB** En tu entrevista titulada *Conversación en Princeton*, dices que hoy no se publicaría *Ficciones* de Borges. ¿Te parece definitivamente mala la influencia de las leyes del mercado en el nivel de la producción literaria?

**RP** Un escritor no debe confundir el campo de la producción literaria con el de la circulación de los libros. Ese joven Borges, que posiblemente hoy esté en algún lugar, quizás lleve sus libros a las grandes editoriales, a Planeta, a Alfaguara, donde le dirán que sus relatos son muy difíciles, muy herméticos, muy intelectuales. Posiblemente, entonces, él publique su libro, digamos que son *Ficciones*, en una de las pequeñas editoriales literarias. Si lo hiciera, unos 15 o 20 años más tarde ese libro encontraría el mismo público que tiene hoy. El verdadero Borges en su momento pudo publicar sus libros en una editorial con una presencia muy fuerte, donde al mismo tiempo se publicaba Kafka o Faulkner. Un escritor, mientras está escribiendo, no puede dejarse influir por lo que está sucediendo en el espacio de la circulación y la distribución y no debe creer que el reconocimiento crítico y el éxito de ventas definen lo que es la literatura y deciden sobre su valor.

**KOB** Entonces, ¿no es un criterio del valor del libro el que mucha gente lo lea en los tranvías y en los autobuses?

**RP** No, aunque naturalmente es algo que los escritores agradecemos y que nos alegra. Todos escribimos para el público más amplio posible, pero al mismo tiempo todos escribimos para el público más amplio posible de gente interesada en la literatura. Los escritores debemos tener una posición firme y no dejarnos capturar por los brillos económicos, lo que no quiere decir que no debamos negociar.

**KOB** ¿Lo que tampoco quiere decir que la literatura popular no pueda ser buena?

**RP** Claro. Por eso mencionaba la fusión de géneros. La novela policíaca es un buen ejemplo, porque en cierto sentido el género viene a mediar en el conflicto entre la alta cultura y la cultura de masas. Como ejemplo pueden mencionarse los cuentos de Poe, que están en la gran tradición de la literatura moderna y al mismo tiempo de la literatura popular.

**KOB** En *Respiración artificial* el senador paralizado vislumbra en la otra orilla a lo lejos la construcción de la 'fábrica de sentido' (65). ¿Dónde está esta fábrica? ¿Cómo se produce el sentido? ¿Por qué hay que producirlo? ¿No es que está o no está en lo que uno hace?

**RP** Yo creo que está siempre en la otra orilla. Si uno lo tuviera consigo, sería pleno, tan pleno que ni siquiera se le ocurriría escribir. Debe ser la experiencia de los místicos. Uno, por supuesto, tiene atisbos de esta posibilidad en las relaciones sentimentales. Hay momentos cuando ese sentido emerge, pero son unos momentos muy fugaces. Esa idea de que hay que cruzar para llegar al otro lugar, donde creemos ver algo que brilla, algo que decidimos buscar, es el sentido mismo de la literatura. La literatura es algo que está por suceder, es inminencia de algo que se anuncia, aunque pueda parecer demasiado místico.

**KOB** En la *Conversación en Princeton* dices también que en nuestra época 'habría que matizar la definición de la experiencia' (6). ¿Cómo? ¿Por qué?

**RP** Todos pensamos haber vivido cosas que, en realidad, hemos visto en el cine o en la televisión. Todos alguna vez hemos estado en Venecia, aunque nunca hemos ido. Entonces, la idea de la experiencia como algo muy propio está puesta en cuestión. Debe estar preservada, pero se encuentra en peligro de ser borrada por la abundancia y el exceso de lo que vivimos por los medios de la cultura de masas. Por eso digo que la definición de la experiencia está muy coartada por la información. A veces la gente sustituye su inexperiencia por información, o sea, no vive las cosas como experiencias personales sino mediadas por todo un sistema de información de masas que ha creado una especie de falsa memoria personal.

**KOB** Pero así también se subvierte la noción de la realidad, ¿no?

**RP** También. La definición inicial, una de las primeras definiciones de la experiencia, se basa en la pregunta '¿de qué modo un sujeto conoce lo real?'. Todas las formas de desmaterialización, circulaciones múltiples, redes y demás, por un lado, son muy atractivas porque abren caminos nuevos, pero, al mismo tiempo, me parece que nos hacen olvidar esta simultaneidad que tiene la experiencia personal de ciertos hechos. Yo no tengo una posición apocalíptica respecto a este fenómeno, pero me parece que debemos tener clara la presencia de esta tensión.

**KOB** Maggi dice que 'todos los acontecimientos que uno puede contar sobre sí mismo no son más que manías' y que 'ya no hay experiencias . . . sólo hay ilusiones' (*Respiración artificial*, 41–2). ¿Quiere decir que todo lo que recordamos es inventado?

**RP** Muchos recuerdos que tenemos no son personales, pero los vivimos como propios. Estoy muy interesado en este movimiento entre lo que hemos vivido y recordamos y lo que recordamos como si lo hubiéramos vivido. Yo llevo un diario desde hace muchos años. Me acompaña casi como un acontecimiento más de la vida cotidiana. Pero hay un momento en que esa naturalidad de la escritura del diario se interrumpe porque me detengo a leerlo. Leo cosas que escribí hace veinte años, por ejemplo en Princeton. Aquí hay una casa donde estuve en 1981. Cuando paso junto a esta casa, trato de recordar qué hacía dentro de ella hace veinte años y recuerdo lo que pasaba. Luego voy al diario y resulta que me acuerdo de varias cosas que no están escritas y también que hay cosas escritas que no recuerdo. Entonces pienso que se ha ido desarrollando ese contraste entre la ilusión y la experiencia del que habla Maggi.

**KOB** 'Sólo los que mienten conocen la verdad' – dice Ratliff en 'En otro país' (46). ¿Es porque sólo así se crea la ilusión de que la verdad es accesible o que sería accesible tan solo al dejar de mentir?

**RP** Porque el que miente cree que esconde la verdad. El que miente es el que con más claridad imagina que hay una verdad que no debe ser conocida. La mentira es una relación con la verdad, se define a sí misma así. Lo que está diciendo Ratliff es que la verdad se hace más visible cuando alguien la está manipulando.

**KOB** ¿Y sin mentir la verdad se pierde? ¿Por qué?

**RP** Porque tiene que ser muy arrogante uno para decir 'tengo la verdad', 'soy la verdad', 'digo la verdad'. Esa enunciación es una enunciación difícil, de la que uno siempre duda. Si yo te digo ahora: 'te estoy diciendo la verdad', tú vas a pensar: 'algo pasa aquí, tienes que aclarármelo'. En cambio, la mentira sería una forma de enunciación que evita esta tensión.

**KOB** Aunque todo lo recordado sea interpretado, el que investiga pretenderá siempre distingui r entre lo que ocurrió y lo que pudo haber ocurrido, ¿o piensas que es una utopía creer poder hacerlo?

**RP** No, yo no creo que todo sea ficción. No creo que la historia sea un conjunto de hechos imaginarios o ficcionales o indecisos. En ese sentido me opongo a ciertas corrientes actuales que dudan de la posibilidad de la verificación de la experiencia, que solamente tienen en cuenta las formaciones discursivas y quieren ver los hechos con la incertidumbre de la ficción.

Es la cultura de masas la que ha liquidado la oposición entre la ficción y no ficción. Es cierto que en la cultura de masas es difícil identificar el lugar donde la tensión ficción/no ficción se disuelve. Muchos filósofos actuales están tan sumergidos en la cultura de masas que creen que lo que sucede en la cultura de masas ocurre en todos los lugares de la realidad. No creo que sea así.

La segunda lección viene de Borges. Yo pienso que una de las cosas más claras que Borges nos ha enseñado es que la ficción no depende sólo de quien nos enuncia el discurso, sino que uno puede leer como ficción algo que no es ficción. Borges dice: yo leo la filosofía como si fuera literatura fantástica. Así que la ficción depende también de quien recibe el discurso, del receptor.

**KOB** Sé que estudiaste historia. ¿Qué tipo de historia te interesó más? ¿La historia intelectual?

**RP** Cuando yo estudié, tuvimos en Argentina un grupo de historiadores profesionales muy buenos de formación tradicional. Cuando digo 'tradicionales', quiero decir gente que trabajaba en archivos. Yo me formé trabajando con un historiador argentino importante, Enrique Barba, que conocía de una manera absolutamente precisa tres años de la historia de Argentina. Esos tres años fueron un momento muy decisivo en nuestra historia, cuando en el siglo XIX llegó al poder Rosas. Lo que estudiaba Barba era el modo en que el poder de Rosas se había consolidado y constituido. Íbamos al archivo de la provincia de Buenos Aires, que era de una amplitud y una riqueza increíble, y yo le veía trabajar en este universo infinito del archivo con una microscopía de ir a buscar en el mar de la historia un acontecimiento para poder decir: 'esto fue así'. Él podía hablar sobre cualquier momento de la historia de Argentina, pero podía asegurar que lo que afirmaba de esos tres años que estudiaba era exactamente tal cual él lo decía.

**KOB** ¿Es verdad lo de las cartas de Kafka a Rainer Jaus sobre el extraño hombrecito, un exiliado austríaco que se dice pintor y se llama Adolf? ¿O es una ficción histórica?

**RP** No te debería contestar esa pregunta, te debería dejar con la duda. Es algo posible, algo que pudo haber sucedido, pero no hay evidencia. Lo que motivó este capítulo del libro es que me enteré de que realmente Hitler estuvo un año en Praga y que en aquel momento quería ser pintor. Posiblemente andaba por los mismos bares por donde andaba Kafka.

**KOB** ¿De dónde viene tu fascinación por la locura?

**RP** Sería un intento de exorcizar algo. Las cuestiones que retornan en la obra de un escritor son las cuestiones que uno está tratando de entender.

**KOB** 'Los alquimistas de sí mismos' (14), los que pretenden que la vida consista de las ilusiones y no de los hechos, como Ratliff, ¿tienden a vivir al borde de la locura?

**RP** La locura es un exceso de la realidad, a pesar de lo que se cree.

**KOB** ¿Un exceso de la realidad?

**RP** Creo que sí. La locura consiste en una enfermedad de lenguaje que se produce cuando la realidad es excesiva y no cuando uno se haya ido de ella. A veces se trata de tensión que se crea entre el exceso de la realidad y la ilusión, de la que hablamos al comienzo de la conversación. Esta tensión tiene distintos modos de matizarse y de funcionar.

**KOB** Pero, en tal caso, la locura es también un desenlace probable del exceso de ilusión, sobre todo si el héroe es intransigente, si es un intransigente 'alquimista de sí mismo'. ¿Crees que la última etapa del desarrollo de una ficción propia radicalmente distinta de la realidad viene a ser una especie de locura consciente?

**RP** Claro, como la locura de Don Quijote, ¿no? Se trata de alguien que quiere vivir una vida que tenga una intensidad mayor, una perfección formal mayor o una elegancia mayor, que no quiera admitir el carácter inesperado, confuso, informe de la experiencia. En ese sentido uno puede pensar en los alquimistas de sí mismos, gente que trata de construir su propio universo en el que la intensidad esté presente siempre.

**KOB** ¿Y que esté opuesto a la realidad?

**RP** Sí, porque la realidad no es intensa en el sentido en que estos personajes lo entienden. La realidad es para ellos el universo de la obligación, de la cotidianidad, de los lazos familiares, del trabajo, de los rituales sociales. En esa especie de opacidad se levantaría una ilusión de una aventura intensa, que por momentos se puede asimilar a eso que se llama la locura.

**KOB** En la literatura reciente se insiste mucho en este tipo de auto-sugestión, en poder imbuirse uno la pasión, la fe, y hasta la locura. ¿Cómo lo explicas? ¿Por la influencia del psicoanálisis?

**RP** El psicoanálisis nos diría que un sujeto no es uno solo, que tiene varias vías posibles para constituirse, que se están tramando simultáneamente. Uno como sujeto erótico tiene ciertas ilusiones y tiene otras como sujeto social. En fin, las distintas maneras de vivir crean unas alternativas que no siempre son compatibles. Entonces, uno puede ser engañado por alguna de estas alternativas de su propia personalidad. Podríamos decir que uno de estos sujetos múltiples que somos engaña a otros.

**KOB** Según Freud todo eso tiene lugar en el subconsciente. Sin embargo, ahora varios personajes, por ejemplo tu Ratliff, se están inventando un engaño conscientes de hacerlo.

**RP** No estoy tan seguro, pero, suponiendo que Ratliff se está fabricando un engaño, ese engaño no está referido sólo a sí mismo . . .

**KOB** Está imitando a Great Gatsby,[2] ¿no?

**RP** Yo hago que imite a Gatsby. Hay que notar, sin embargo, que Gatsby y Ratliff construyen una representación para seducir a una mujer. Se engañan a sí mismos diciendo que tal vez son alguien que no son, pero hay una especie de objetivo. Lo que no me parece interesante es un sujeto que se engaña a sí mismo por el solo hecho de hacerlo. Me parece mucho más interesante un sujeto que se engaña a sí mismo con la intención de ver si a través de esto consigue algo. Por ejemplo, el que quiere empezar a escribir se dice a sí mismo 'soy escritor'.

**KOB** Siempre la gente que se engaña lo hace para darse ánimo, intensidad, belleza . . .

**RP** Claro, si no lo hiciéramos, sería muy difícil vivir, supongo. También tendríamos que tener una idea de transparencia y de la verdad pura del sujeto, que ya desde Freud sabemos que es imposible. Freud nos dijo que el sujeto se autoengaña; cree que está haciendo una cosa por un motivo, pero, en realidad, la está haciendo por el otro motivo y él mismo no se da cuenta. A partir de ahí todo esto empieza a tener efectos en literatura. En la novelística contemporánea el inconsciente aparece con características nuevas. Lo que matizaría es la cuestión del engaño y le daría un poco de movimiento a esta cuestión.

**KOB** También es un tipo de autoengaño el que contiene la sabiduría popular americana: 'si sonríes, te sentirás feliz'.

**RP** Los norteamericanos han llevado ese tipo de políticas de autoayuda a una especie 'kitsch'; 'kitsch' es siempre optimista. Paradójicamete este tipo de 'kitsch' tiene orígenes importantísimos en la definición ética. Por ejemplo, Pascal dice que, si te arrodillas, creerás. Es lo mismo, aunque este caso es muy sofisticado y elegante.

**KOB** La insistencia en las ficciones propias coloca al protagonista en lo que llamaste 'la escena trágica' en *Conversación en Princeton* (16), porque su sistema de valores, sus leyes internas, serán inevitablemente diferentes del sistema de leyes del mundo en que se encuentra. ¿Por eso, quizás, el personaje loco, el personaje que inventa historias, resulta muy literario?

**RP** Es un personaje muy literario el que construye una versión de existencia propia y crea el lenguaje singular que reproduce sus conflictos con la realidad. Uno encuentra este tipo de situaciones de una manera muy repetida en el contexto donde vive. Mucha gente vive en situaciones de tales tensiones trágicas. Por lo tanto, no es un tema literario exclusivamente. Quizás sea uno de los temas modernos: una tensión entre lo que la sociedad establece y lo que el sujeto intenta imponer como propio.

**KOB** ¿Crees que es la sociedad la que decide quién está loco según lo que arbitrariamente se establece como 'normal'?

**RP** Eso seguro, pero parece también que la tensión se inicia como consecuencia de un deseo que no está reglamentado. El sujeto que experimenta un deseo que la sociedad no acepta tiende a vivirlo como una situación trágica.

**KOB** ¿Inventamos historias porque el sentido se da únicamente en una narrativa?

**RP** Estoy convencido de que el sentido se da únicamente bajo la forma de las narraciones. La narración no sólo es importante como un proceso social de intercambio, sino también es imprescindible para el sujeto mismo. El modo en que uno se cuenta su propia vida y el modo en que va modificando ese relato con el tiempo es como uno se da cuenta de quién es.

**KOB** Si el sentido se da solamente en la narrativa, ¿sería la motivación del lector la misma que el deseo del sujeto en su propia vida: la de llegar hasta el final de la historia, propia o leída, para saber cómo termina?

**RP** Bueno, por un lado, creo que la motivación del lector sería una aspiración a la forma. El sentido y la forma son lo mismo y la forma surge al final del relato. Por lo tanto, la búsqueda del sentido sería un modo de elaborar la relación con el final de las cosas, donde la vida se cierra, concluye y se puede definir. El final es el que decide el sentido de una vida. La literatura juega con esto: trabajar finales que no sean tan trágicos como son los finales en la vida, que son siempre despedidas o pérdidas u obviamente la muerte. La vida está muy pautada por este sistema de cierre porque los finales están inevitablemente estructurados, mientras que la literatura se esfuerza por construir sus propios finales.

**KOB** Creo que Kermode decía que leemos porque queremos experimentar nuestra propia muerte.

**RP** En *The sense of an ending.*

**KOB** El narrador de 'En otro país' explica cómo funciona el proceso de autoengaño consciente diciendo: 'El autoengaño es una forma perfecta. No es un error, no se debe confundir con una equivocación involuntaria. Se trata de una construcción deliberada, que está pensada para engañar al mismo que la construye'. Y al final pregunta: '¿Es posible la ficción de a uno? ¿O tiene que haber dos?' (46). ¿Qué crees tú?

**RP** Tiene que haber dos porque la ficción supone la creencia y creer es un trabajo de dos. El relato reconstruye a su manera lo que está en el origen de la narración, o sea, una situación oral donde uno le cuenta al otro una historia. Eso no quiere decir que los dos sean reales, existentes. La escritura ha perdido esa cara que estaba frente al narrador oral, pero ha mantenido la estructura de la relación, aunque la haya desmaterializado. Narrar supone siempre narrar a otro.

**KOB** ¿Quién es el otro? En la literatura es el lector, pero en el caso del amor, que también es una ficción, el otro sería el amante. ¿Un amor no correspondido sería un ejemplo de ficción de a uno? ¿Sería un ejemplo de ficción imposible?

**RP** Yo en alguna época pensaba que uno sólo se enamoraba de alguien que podía corresponderle, que el amor era algo que se construía entre las personas. Salvo que el sujeto viviera muy alienado, metido en su universo propio, la pasión suponía un signo que el otro emitía.

**KOB** Pero los signos pueden malentenderse.

**RP** Bueno, ahí empezamos; el que emite el signo puede arrepentirse, el sujeto puede volver atrás de un signo, pero no hay amor imposible en el comienzo de una pasión. Es imposible enamorarse de un objeto imposible, salvo que se interpreten mal los signos que emita este objeto. Uno puede enamorarse de un objeto imposible porque cree que es posible.

**KOB** O se autoengaña conscientemente, como en el caso de Ratliff y de Gatsby.

**RP** Yo no estoy tan seguro si Gatsby no tenía motivos para tener esperanza. Ella emitía signos de interés. Recuerdo una escena, que es una de las mejores que se han escrito, cuando Gatsby le muestra las camisas. El narrador les arma una cita, ella va a la espléndida casa de Gatsby, andan por los cuartos, llegan a su dormitorio y entonces él le empieza a mostrar sus camisas. Tira todas las camisas al aire como si fueran mariposas. En aquel momento ella tiene una sensación de felicidad increíble. Es un momento muy fugaz, pero importante. Si no fuera por la inseguridad respecto a los sentimientos de la mujer, la novela no tendría esa magia.

**KOB** Quiero preguntarte por el concepto de 'vivir en tercera persona'. Si vivimos en tercera persona, asumimos la ficción de uno a uno. Por lo tanto nos convertimos en el otro, en el público para nuestro propio relato. ¿Somos al mismo tiempo el que habla y el que oye?

**RP** Sí, siempre lo somos. Siempre estamos en ese juego de 'Borges y yo'. Al otro es a quien le pasan cosas. También es una cuestión de enunciación: es difícil enunciar en primera persona refiriéndose a uno mismo. Borges terminó su texto diciendo: 'no sé cuál de los dos escribe esta página' (51). La narración en tercera persona sería el resultado de la aspiración de mantener la distancia de uno mismo. Hay un tango cuyo sujeto aspira a 'poder vivir sin pensamiento' y a eso se refiere la tercera persona de Maggi: poder vivir la pura emoción, la pura sensación, lo que está pasando, sin tener la idea de que hay un sujeto que está con uno y que le está diciendo cosas.

**KOB** También se arma un espectáculo por uno y para uno mismo.

**RP** De todas maneras, es preferible este espectáculo, diría Maggi, al espectáculo confesional, de la falsa sinceridad, de la sinceridad sobreactuada en que un sujeto se exhibe a sí mismo. El sujeto que se exhibe tendrá como su contrario el sujeto de Brecht, que mantiene distancia hacia sí mismo.

**KOB** ¿Vivir en tercera persona supone sentirse condenado a la ironía? ¿Supone la conciencia de que todo ya ha ocurrido y ahora uno tan sólo repite los gestos y las palabras del pasado?

**RP** Nietzsche dice que Sócrates trae la ironía y que la ironía pone fin a la tragedia: el sentido religioso se ve sustituido con lo dionisíaco. Así la ironía sería una toma de distancia, sería una tercera persona. Por lo tanto, sería también, en cierto sentido, la idea de la repetición de cosas que antes eran vividas como excepcionales y dramáticas, porque la ironía siempre supone algo que se vuelve a ver. Por ejemplo, en la novela el narrador se mira a sí mismo en el pasado, como joven héroe, pensando: '¡cómo era yo de magnífico, de bellísimo, de ingenuo!'.

**KOB** ¿Eso tiene algo que ver con el hecho de que siempre dudamos de nuestra subjetividad, que no puede abarcarlo todo?

**RP** La subjetividad es lo menos importante. La novela es un laboratorio de sujetos que se creen historias, sujetos que se miran a sí mismos. La novela es básicamente una forma definida por ironía. Para muchos de los teóricos, como Nietzsche o Bakhtin, la novela empieza con Sócrates, o sea, termina lo trágico y empieza lo novelístico. El sujeto novelístico es el que se mira a sí mismo con ironía. Para mirarse a uno mismo con ironía hay que tener distancia y a menudo esa distancia supone una experiencia que ya sucedió y que uno vuelve a ver. Entonces, yo, por ejemplo, dentro de dos meses puedo contar con ironía esta conversación: 'nos vimos aquel día y habíamos comido a la noche . . ..' El que se mira a sí mismo en el pasado puede tener ironía respecto a sus experiencias.

**KOB** Según Girard, los sujetos de las grandes novelas del siglo XIX alcanzan este punto de ironía hacia sí mismos al final de la novela. En cambio, los héroes contemporáneos lo tienen desde el principio.

**RP** Es muy probable. Es un debate si la novela cuenta la historia desde el final y el sujeto ya lo sabe todo o el sujeto aprende mientras escribe y al final termina irónico. No es solamente una discusión entre las novelas antiguas y modernas sino que es un problema del género. A veces se empieza a contar la historia sabiéndolo todo y a veces se avanza aprendiendo con los hechos y se termina en la visión irónica.

**KOB** Eso quizás dependa también del tipo del narrador, porque el narrador omnisciente del siglo XIX puede tratar al sujeto como si fuera su hijo, que se desarrolla, crece y adquiere la consciencia. En cambio, el narrador en primera persona, que es al mismo tiempo protagonista de su historia, sólo lo sabe todo al final.

**RP** Creo que Paul de Mann es el que dice que cuando termina el camino, empieza el viaje. La idea es que, cuando termina la aventura y se sabe irónicamente el sentido que ha tenido, puede empezar el relato.

**KOB** En una de sus cartas a Renzi, Maggi escribe que 'hay un secreto, pero no tiene ninguna importancia'(*Respiracíon artificial*, 27), y un momento más tarde dice que necesita un confidente, un crédulo. Entonces, ¿no es importante el secreto, pero sí importa la confesión?

**RP** Lo importante del secreto no es su contenido, sino el acto de sustraer algo, el que excluye transparencia pura. En la vida uno tiene secretos, pero no tienen importancia. Lo que pasa es que, si los revelara, sería mucho más difícil la convivencia con otras personas. Por lo tanto, el secreto es un elemento muy importante en el movimiento de un relato y en el fluir de la experiencia de la vida.

**KOB** ¿La ilusión del secreto es lo que nos permite contar historias?

**RP** Por lo menos es lo que hace que nos interesen las historias, porque suponemos que hay un secreto.

**KOB** Ambos, Maggi y Tardewski, pretenden vivir 'sin ilusiones'. ¿Cómo es posible una búsqueda de sentido y el sentido mismo sin ilusiones?

**RP** Tardewski seguramente tiene esta posición porque es el espíritu negativo, la conciencia negativa misma. Por eso no sólo mata la ilusión en sí mismo sino que tiende a que los demás disuelvan sus ilusiones. En el caso de Maggi me parece que quizás el que quiera vivir sin ilusiones es el efecto de lo que le había pasado. En realidad la novela es la historia de su desaparición. Es un profesor de la escuela secundaria que ha salvado a uno de los chicos de la persecución y ahora él mismo se encuentra perseguido. Al comprender que el ejército está buscándolo, se comunica con Renzi. Se siente muy acorralado y quizás por todo eso en aquel momento estalle la duda. Maggi es un personaje muy contradictorio porque, por un lado, trata de educar a Renzi que hay que buscar la trascendencia, pero, por otro lado, él mismo no siempre está convencido.

**KOB** Por un lado, dice Tardewski que los dos, él y Maggi, entendían que el único método de sobrevivir era 'matar toda la ilusión' (141), pero, por otro, dice que 'las ideas abstractas lo ayudaban a tomar decisiones prácticas'. ¿Cuál es la diferencia entre las ilusiones y este tipo de conceptos?

**RP** Hay ilusiones que tienen una significación positiva, lo que podríamos decir de la trascendencia, de la utopía, etc. También hay ilusiones que tienen el sentido de engaño, de conformismo. Cuando Tardewski se refiere a 'ilusión' está diciendo que hay que tener una mirada lúcida, desconfiar de los otros, de las posibilidades de ayuda. Parece ser el resultado de la fuerza que para él tuvo la idea de que estaba solo y que no podía confiar en nadie.

La importancia de las ideas abstractas y de los conceptos se debe a que es una novela sobre los intelectuales que reivindica la importancia práctica del pensamiento. Maggi tiene que pensar para poder funcionar. Confía mucho en su pensamiento a la hora de tomar decisiones.

**KOB** Ambos asumen la conciencia de su fracaso individual, pero, mientras Tardewski usa ideas para sobrevivir, Maggi deja que las ideas hagan uso de él, podemos decir que tiene la ilusión de un proyecto social. ¿Simpatizas con alguno de ellos más que con el otro?

**RP** Me parecen interesantes los dos personajes porque son conscientes de su relación con el fracaso. Tardewski y Maggi son personajes que fracasan por motivos diferentes, aunque a ambos les ha afectado la historia. Tardewski hace del fracaso una forma en el sentido estético, no considera que valga la pena. No usa energía para cosas que ve como carentes de importancia, como el éxito o el reconocimiento social, el dinero, la carrera académica. No le interesa triunfar.

En el caso de Maggi, me parece que a esa mirada escéptica se agrega una cierta esperanza en la posibilidad histórica. Dice que tenemos que cultivar la mirada histórica, lo que supone mirar las cosas como si ya hubieran pasado. Yo me siento más cerca de él.

**KOB** ¿Cuál de esos personajes te parece posterior desde el punto de vista del proceso de desarrollo de la conciencia?

**RP** Me parece que Maggi es un personaje más arcaico que Tardewski, porque cree que es posible hacer algo socialmente, mientras que Tardewski es muy parecido a ciertos personajes de hoy que califican cualquier intento de transformación como una ilusión. Tardewski es un personaje muy negativo, o sea, crítico de las ilusiones de los demás, como los intelectuales que hoy niegan que las cosas vayan a mejorar, que la educación haga bien a la gente o que el acceso a Internet vaya a generalizar algún tipo de conocimiento. Tardewski se mantendría escéptico respecto a todas esas ideas, mientras que Maggi pensaría de un modo más optimista. Maggi creería que tal vez por Internet se podría llevar conocimiento a la gente. Se entusiasmaría pensando que, aunque las cosas están mal, pueden mejorar. Tardewski diría que las cosas están mal, pero van a ir cada vez peor.

**KOB** Entonces, ¿crees que Tardewski es como un intelectual contemporáneo típico?

**RP** Los que construyen hoy la opinión generalizada, los filósofos, los periodistas complementan la actitud de Tardewski con el epicureísmo. A su mirada escéptica se le agrega una especie de culto a la vida. Los que contribuyen a que se forme una opinión generalizada como la de Tardewski, los filósofos de masas, por ejemplo Savater, tienen una posición aristocrática o elitista. Lo que dicen es que ellos se dan cuenta de algo de lo que el conjunto no se percata. No tienen ilusiones, porque saben que son dudables.

**KOB** ¿Puede que haya relación entre la actitud de Tardewski y su situación de exilio? Mientras 'patriotismo' se define como fidelidad a las ideas, estar expatriado permite manipularlas e incluso traicionarlas.

**RP** Claro, tiene importancia el que Tardewski sea un desterrado. El hecho de que esté fuera del contexto de su lengua y de su cultura puede ayudarle a formarse esta mirada irónica.

**KOB** Parece que al evitar ilusiones nos colocamos más cerca de la verdad. Maggi dice algo que me ha gustado mucho: 'En el telar de estas falsas ilusiones se tejen nuestras desdichas' (67). Un ejemplo de ilusión falsa que da es la ilusión de la paloma de que sin aire le sería más fácil volar.

**RP** Estamos acotando la definición de la ilusión, distinguiendo la ilusión como sentido o esperanza, y, por otro lado, como engaño o visión falsa. La ilusión es algo que uno arrastra y de lo que está intentado desprenderse, lo cual es muy difícil.

**KOB** ¿Es, entonces, una ilusión falsa que para acercarse al ideal hay que deshacerse de la realidad?

**RP** No lo veo así. Me parece legítima la idea de que la realidad es imposible, que la realidad está manipulada o que la realidad es para la policía y que, por lo tanto, hay que construirse una realidad alternativa. Esta posición se opone a la resignación pura. No siempre estamos haciendo lo que la realidad aspira que hagamos y no siempre estamos pendientes de la eficacia real o práctica de lo que hacemos. Si siempre estuviéramos atentos a la noción de la realidad como espacio vivencial y como prueba de la eficacia de nuestra propia vida, estaríamos cerca del modelo económico, muy claro, donde la medida exacta de todo es el dinero.

**KOB** ¿Existe, entonces, una distancia ideal de la realidad?

**RP** Yo no podría escribir si no fuera capaz de salir de la realidad y de mí mismo. Todas las mañanas me levanto, me tomo un café y me siento a trabajar por unas dos o tres horas. Es lo más real que hay para mí. Necesito ciertos rituales de corte con la realidad, como, por ejemplo, desconectar el teléfono. Son cuestiones prácticas y mínimas, pero tengo que desligarme de situaciones que en otro registro funcionan como experiencias muy valiosas, porque quizás me llame un amigo para invitarme a salir y quizás me esté perdiendo una experiencia fascinante. Sin embargo, tengo que creer que ese corte es positivo.

**KOB** Hablando de los filósofos que forman la opinión popular, ¿te convence la visión del futuro de Castells, según la cual somos testigos del principio del fin de los nacionalismos, patriotismos, por lo menos en el mundo occidental?

**RP** Me parece que es lo que está sucediendo. Por un lado, lo veo en los hechos. Por ejemplo, surge una política mundial que tiende a esos mismos procedimientos discursivos, lingüísticos, territoriales y políticos que usaban los estados.

Por otro lado, creo que la crisis de la tradición, de la que se habla, tiene mucho que ver con que el estado antes se encargaba de construir una tradición nacional y de interesar a los sujetos en la historia. El estado promovía la educación con intereses políticos muy definidos: construir ciudadanos que corroboren el orden establecido, construir un estado nacional, una tradición de la cultura propia. Como el estado ya no está interesado ni en existir, ni en cumplir esa función, el interés de construir esa tradición desaparece también y hay una crisis increíble de la educación. Si no lo impulsa el estado, es muy difícil conseguir que otros sujetos se ocupen. Las consecuencias de la desaparición del estado son vistas de una manera distinta por varios pensadores.

**KOB** ¿Cómo las ves tú?

**RP** Es una cuestión muy complicada. Ojalá que el estado se retire de su función represiva, pero el estado mantiene esa función y, en cambio, se retira de su función de construcción de sujetos. Otro efecto es la tensión que se da entre las culturas locales y la cultura mundial. No hay mediación entre la literatura mundial y las literaturas locales, lo que ya fue anticipado por Joyce o por Borges.

**KOB** ¿Cuál es tu actitud hacia el realismo?

**RP** El realismo es un elemento imprescindible en la construcción de una novela. No se puede evitar incluir registros de representación. Por lo tanto, no creo en la noción de la literatura fantástica, o sea, de la literatura que no tenga elementos de lo real.

Sin embargo, me interesa más detectar la ficción y su funcionamiento dentro de lo real que lo que hacen los realistas: buscar los signos de la realidad en la ficción. Yo voy a la realidad para ver cómo funciona la ficción del estado, cómo funciona la ficción política, cómo circulan todas esas ficciones que construyen diferentes aspectos de la realidad. Me parece que ése es el modo en que el escritor tiene que intervenir políticamente.

Un escritor o un crítico es alguien que tiene la capacidad de detectar formas de construcción de creencias y de ficciones que actúan en el mundo social, pero que a veces están ocultas a los sujetos que las viven.

Me gustan más las novelas que producen efectos en la realidad que las novelas que están producidas por los efectos que la realidad tiene en ellas, o sea, las novelas en las que lo único que se aprende es cómo era una ciudad en determinada época.

**KOB** ¿Crees que los pensadores, por ejemplo los utópicos, son responsables de los efectos que sus ficciones producen en la realidad, de las desdichas de sus seguidores?

**RP** No. Yo creo que no puede existir un pensamiento que no aspire a trascendencia y a construcción de un mundo alternativo. Me parece que la función central del pensamiento utópico es la crítica del presente. El pensamiento utópico tiende a hacer visible esa pretensión del sentido de la cual hablamos antes. El problema empieza cuando esas utopías se realizan. Tardewski diría que la utopía es siempre algo que se busca, que es esa construcción en la otra orilla a la que aspiramos de la cual hablaba el senador.

**KOB** ¿Dirías, entonces, que las rebeliones desempeñan un rol positivo siempre cuando fracasen?

**RP** No sé si siempre cuando fracasen. Diría más bien que cuando las utopías se cristalizan como forma, cuando llegan a constituirse como un elemento de la realidad, habitualmente se vuelven muy persuasivas, tienden a imponer sobre los demás sus visiones de la vida perfecta.

A mí me interesan mucho los viejos anarquistas que vivían la sociedad utópica en su vida privada. Reproducían en su vida personal el modo en que ellos se imaginaban cómo debería ser la vida social: vivían sin dinero o eran vegetarianos, hacían gimnasia, no se casaban, tenían relaciones sexuales libres en comunidad. Me parece que es un buen ejemplo del funcionamiento del pensamiento utópico – aquél que en principio empieza a utilizar esa noción en función de su propia existencia y trata de vivir utópicamente su propia vida.

**KOB** Entonces, quizás las rebeliones sean valiosas no siempre cuando fracasen, sino siempre cuando no se conviertan en sistemas . . .

**RP** . . . estatales.

**KOB** ¿Por qué la desintegración es una de las formas persistentes de la verdad?

**RP** En la novela hay dos momentos que concentran un comentario al respecto. Uno es la historia del amigo de la juventud de Tardewski, que siempre ve lo que falla, y el otro el relato del que está en el hospital y les cuenta a sus compañeros lo que ve por la ventana, aunque no ve nada.

**KOB** Son dos actitudes contrarias.

**RP** Claro, Maggi y Tardewski representan esas actitudes opuestas. Maggi tiende más a decirle a la gente: 'mira, qué lindo está', y Tardewski tiende a decir: 'mira, qué horrible'.

**KOB** ¿Y una de esas miradas está más cerca de la verdad que la otra?

**RP** No sé. Yo soy el que mira la escena, como dice uno de los personajes en 'En otro país'. Yo, entre Maggi y Tardewski, soy el que mira la escena. Soy Renzi. Hay una tensión entre esas dos actitudes en el libro y Renzi es el objeto de esta tensión. La conclusión del libro no cierra esta oposición.

**KOB** El sentido común asume que el pesimista es más realista. ¿Por qué?

**RP** Debemos asumir que tiene que ser el optimista el que está más cerca de la verdad por lo dicho desde el principio, que solamente la trascendencia y solamente la idea de que la realidad puede ser modificada construye sentido. Si pensamos que las cosas son como son y que siempre serán como han sido o incluso cada vez peor, estamos negando la trascendencia, estamos negando la posibilidad del sentido.

**KOB** ¿Cómo sabemos, entonces, cuándo nos acercamos y cuándo nos alejamos de la verdad?

**RP** Supongamos que usamos la noción de la verdad como una descripción de la situación. Si alguien me preguntara qué entiendo por la verdad, contestaría que por la verdad entiendo que esta sociedad es una sociedad injusta, que se está produciendo una serie de crímenes continuamente y es preciso que esto se detenga y que esta situación cambie. Esto me parece la verdad al mismo tiempo en el sentido epistemológico y ético. No me gusta la gente que dice que las cosas están bien cuando mira a su alrededor y ve situaciones horribles. Entonces, la verdad es un lugar que no podría definir, aunque puedo ver cómo ciertos sujetos se acercan y se alejan de él.

A nivel personal, creo que para un sujeto la verdad es su deseo, aunque no siempre uno es capaz de descubrirlo y no siempre es capaz de estar a la altura de lo que descubra.

**KOB** ¿Y esos descubrimientos de la verdad personal se hacen como una especie de epifanías en un sentido místico?

**RP** Sí, un poco místico. Tienen que ver con experiencias. Por ejemplo, llegué a Princeton con una tormenta, un viento muy fuerte. Iba a encontrarme con un amigo, dejé la maleta y me fui a la biblioteca. A la salida de la biblioteca hay un banco. Me senté allí e inmediatamente me empecé a encontrar con los amigos que iban a la biblioteca. Fue una gran alegría. Salí con ellos caminando, me caí y me rompí una costilla. Pasó todo el tiempo del semestre y ayer me volví a sentar en el mismo banco y también los amigos se paraban a saludarme porque sabían que yo ya me iba y en aquel momento tuve una sensación rara, como si algún sentido hubiera de emerger. Quizás no lo llamaría una epifanía, pero así surgen, en momentos como ese.

Aquella situación podía considerarse como alegoría de mi vida: alguien que llega a la ciudad y va a la biblioteca. En esta situación se me ocurre lo que diría mi madre (una especie de discurso social, estabilizado, convencional), que lo que necesito hacer antes de salir es desempacar las cosas, acomodar la ropa. Pero yo me fui sin hacerlo, siguiendo mi propio impulso. Hay relaciones con la verdad propia que pueden verse como este impulso, que va en contra del discurso social y que nos sorprende.

**KOB** Entonces, ¿la verdad propia se busca volviendo a los mismos lugares?

**RP** Es una de las construcciones clásicas de las tramas literarias. El deseo se manifiesta por la repetición. Cuando uno logra percibir la repetición, puede ser que perciba que lo que se repite, aunque parezca diferente, es una pulsión del deseo, lo que uno busca.

**KOB** ¿Gombrovich te inspiró a crear el personaje de Tardewski?

**RP** Tardewski tiene rasgos que vienen de Gombrovich, elementos de su biografía, por ejemplo de cuando llegó a Buenos Aires. Gombrovich es un personaje al que admiro muchísimo. Su posición en Buenos Aires fue muy interesante. Durante sus primeros años en Buenos Aires, del 39 al 45 es casi un 'clochard', y, al mismo tiempo, es un escritor del nivel de Kafka. Lo sabe y comenta con los otros: 'yo soy un escritor importantísimo'. Encarnaba muy bien su propia teoría de 'máscara', aunque la actuación es también algo que le permite sobrevivir. Era una época muy difícil; vivía en condiciones extremas. Había perdido el contacto con la embajada polaca. Se conectó por fin con un pequeño grupo de polacos, algunos de los que tenían un poco de plata, y buscó maneras de comer increíbles, por ejemplo iba a los velorios.

**KOB** Como Lazarillo de Tormes.

**RP** Sí, como en picaresca. Claro, como él era un extranjero muy elegante, le dejaban entrar. Hay muchas historias muy interesantes de ese periodo. En algún momento le pusieron en contacto con un escritor aristocrático, arcaizante, castizo, de una familia muy tradicional y de mucho dinero, con la idea de que Gombrovich trabajara como su secretario ayudándole con su correspondencia o con las traducciones. Gombrovich necesitaba realmente ese trabajo. El aristócrata lo recibió y le mostró uno tras otro sus muebles antiguos y al final el objeto que consideraba más valioso de todos. En aquel momento Gombrovich dijo que esto en su casa se lo daban a los sirvientes y así perdió el empleo.

**KOB** En *Conversación en Princeton* afirmas que la literatura es la experiencia más intensa que conoces. Pareces creer en la prioridad de la literatura sobre la realidad y, sin embargo, la estructura de tus novelas, compuestas de los microrrelatos entre los que pasea el narrador, se parece a la de la vida. Por lo menos leer tu novela se parece mucho más a pasearse por la vida que leer la novela de Márquez. ¿Es un accidente o es una búsqueda consciente de la representación de la experiencia vivida?

**RP** Lo que dices tiene que ver con la pregunta sobre si hay una oposición entre la vida y la literatura. Si hay una oposición entre la vida y la literatura, me quedo con la literatura, pero quizás no la haya. Tu pregunta tiende a decir que esta oposición no es real, en el sentido que en la literatura uno encuentra formas que tienen que ver con la vida y en la vida encuentra formas que tienen que ver con la literatura. Estoy de acuerdo en que algunos de mis textos tienden a reproducir una experiencia cotidiana vivida de manera muy fuerte. Me gustaría que mi novela lograra trasmitir esa sensación como las de Hemingway, que escribe una novela para contar cómo es salir a navegar. Lo que pasa es que resulta muy difícil hacer eso. Para contar cómo es salir a navegar sería necesario trasladar la forma de la experiencia misma a la literatura.

**KOB** Cuando escribes un relato que narra cómo es salir a navegar, tienes que encontrar al otro allí en el mar. En ese momento, esa ausencia de otros, necesaria como condición de la escritura, se convierte en la presencia de otros dentro de la ficción.

**RP** Sí, claro. Hay que hacer una diferencia entre lo que serían las condiciones imaginarias de la escritura y su tema. Las condiciones suponen un corte con la realidad, el paso al otro lado, al otro lugar de la enunciación. Cuando estoy muy pegado a quien soy, lo que escribo es muy mecánico. Cuando consigo por fin encontrar otra voz, empiezo a escribir. Eso significa en mi juicio un tipo de ritual que supone aislamiento. La ilusión máxima es meterme en una casa tres meses y ponerme a escribir lo que he hecho. Ese, sin embargo, no es un tema interesante de la escritura. No escribes sobre un tipo que está allí solo escribiendo. La literatura es un procedimiento por el que uno hace ese juego de aislamiento, pero ese juego de aislamiento supone inmediatamente una situación múltiple, con muchísimas personas que se cuelan allí dentro de ese mundo vacío.

**KOB** ¿Cuál es, entonces, la importancia de los otros para la producción del sentido en la narración?

**RP** Lo entiendo como un modo de construir historias. Habitualmente es un cuento de alguien que busca a otra persona, que tiene un secreto o algo que el protagonista desea. A veces esto se hace más complejo, porque, cuando llega a la persona buscada, esta persona deriva a otra. El héroe siempre está buscando al otro. Me gusta mucho este tipo de estructura en los relatos que leo. Me gusta mucho también narrarla; siempre estoy escribiendo la historia del otro, o sea de aquél que el héroe está buscando.

**KOB** En tus relatos sobre los mundos masculinos, la cara del otro aparece a menudo como la amenaza, como una posibilidad de muerte.

**RP** También el otro buscado podría tener esa cara. Por ejemplo, en *El corazón de las tinieblas* cuando Marlow encuentra a Kurtz,[3] la sensación es que el héroe está buscando la historia del otro, contando la propia, pero nunca se sabe lo que va a encontrar allí.

**KOB** ¿Cómo fue que te interesaste por representar en tus cuentos y novelas los mundos masculinos marginales del boxeo, del crimen, de la droga?

**RP** Es una primera etapa de mi escritura literaria, lo que no quiere decir que en esa primera etapa no haya textos escritos ahora. Mi primer libro de cuentos, que se llama *La invasión*, inicialmente lo iba a titular *Entre hombres* porque era un juego de disputas masculinas. Lo que me interesaba en esas relaciones tenía que ver con ciertos usos de la sexualidad que parecían ajenos a las reglas del universo dentro del cual se desarrollaban. En las relaciones de pasiones en lugar del exceso de virilidad aparecían elementos femeninos. Nunca me interesó el universo de la cultura gay, que me parece tener su sentido y su función, pero lo asocio con la perspectiva social de la clase media, que está buscando una legitimidad como se busca la legitimidad a través del matrimonio. Yo estoy interesado en un tipo de sujeto que lucha por su masculinidad en un contexto mucho menos estabilizado que el de la clase media, en una especie de marginalidad.

**KOB** De costumbre el sentido que surge de esos mundos masculinos se basa en la experiencia de un héroe que vence los obstáculos, mientras que en tus cuentos, o en *Plata quemada*, lo que se destaca en las narraciones se podría ver como una desintegración, deconstrucción o parodia de esos mundos.

**RP** Me interesaba lo que sucede con los sujetos que están obligados a vencer, siempre en situaciones de desafío extremo, de confrontación, si se incluye la pasión, no la pasión como conquista de la mujer, sino una pasión que tiene como objeto a otro hombre. En cierta época iba mucho a ver boxeo y me sorprendió enterarme de la proliferación de las experiencias homosexuales en aquel mundo. Se me presentaba una especie de situación paródica del mundo masculino. El campeón mundial de boxeo era como la condensación de masculinidad generalizada. Allí me apareció el interés narrativo.

**KOB** *Plata quemada* se basa en los hechos que ocurrieron en 1965. ¿Qué te inspiró a escribirla en los años noventa?

**RP** El relato de los boxeadores es del 68. Cuando estaba escribiendo este relato, empecé a escribir *Plata quemada*. Del 69 al 71 escribí una primera versión de *Plata quemada* que no me convenció y que dejé al lado. El manuscrito se quedó en una de las cajas que en un momento dado llevé a la casa de mi hermano. Muchos años después mi hermano me llamó por algo y me recordó que tenía aquellas cajas mías. Abrí la primera caja y me encontré el manuscrito de *Plata quemada*. Miré esta primera versión y me di cuenta que no la había podido resolver porque estaba muy pegada a los hechos. Escribí la segunda versión con la idea de jugar con el género testimonial escribiendo una ficción inspirada por aquellos hechos.

**KOB** Quizás haya sido un momento más propicio para la publicación de la novela ahora, cuando en la sociedad gobierna más que nada la obsesión del dinero.

**RP** Sí. También, si hubiera publicado el libro en aquel momento, quizás la violencia política que vino después habría borrado totalmente el impacto producido por ese hecho, convirtiéndolo en un hecho casi habitual. Publicado en los años noventa volvía a tener un sentido que desde hacía tiempo ya se había borrado.

**KOB** En estos relatos de los mundos masculinos el otro funciona también como una señal de la resistencia de la realidad, y por lo tanto, como un elemento necesario de la estructura del relato, del desarrollo de la trama narrativa.

**RP** Sí, por supuesto. También esos relatos vienen a ser versiones de un relato del encierro. Yo ahora empiezo a verlo desde cierta distancia porque parecen relatos escritos por otros. También *Plata quemada* termina con el encierro. Hay un relato de *La invasión*, que se llama 'El calabozo', donde Renzi aparece por primera vez. Renzi está en el ejército y lo mandan al calabozo por algo que hace. Hay dos soldados que están encerrados con él y Renzi se da cuenta que es una pareja. Los está mirando y surge una situación de mucha violencia. Las situaciones de los mundos masculinos están ligadas narrativamente a las situaciones del encierro.

**KOB** Otro elemento casi siempre presente en tus obras es el dinero o la ficción del dinero . . .

**RP** El dinero sí me parece algo importantísimo. Cuando leo una ficción me interesa mucho el rol que el dinero juega, cómo teje relatos circulando entre la gente. El tema del dinero es uno de esos temas visibles que siempre hay que tratar de recordar, porque se convierte en algo tan natural que nos olvidamos de que se trata de algo construido, un signo que nos mueve y nos obliga a un intercambio múltiple. Me parece un gran tema, un gran motor de tramas.

**KOB** Uno de los protagonistas de *Plata quemada* dice: 'La droga es como dinero. Lo importante es saber que uno lo tiene y recién entonces puede empezar la vida' (44).

**RP** No es autobiográfica la novela, está claro, ¿verdad?

**KOB** Claro está, pero lo que me estaba preguntando era cómo interpretabas a tus protagonistas.

**RP** Éste fue el motor de la escritura del libro. Tenía los hechos y tenía a los personajes definidos de un modo muy general y lo importante era entender porqué esos personajes se comportaban así.

**KOB** Mientras lo estabas escribiendo, ¿qué función dabas a la droga?

**RP** Yo creo que la droga es por un lado un elemento real o realista. En la cárcel no se puede vivir sin droga. La droga siempre funcionó en el mundo de la pesada, de los tipos que roban con armas y matan. Estos tipos se drogan antes de ir. Lo mismo pasa en el ejército. Por ejemplo, la Segunda Guerra Mundial se hizo con anfetamina.

Por otro lado, sobre la relación entre la droga y el dinero en la sociedad, no se trata sino en lo más visible. Mientras tanto la droga es la mercancía pura. El capitalismo trató de inventar la mercancía pura, es decir, la mercancía que el consumidor no pudiera dejar de tomar, y esa mercancía pura es droga. Por eso la droga es una metáfora perfecta del funcionamiento de la sociedad. La adicción es un modelo de la sociedad de consumo.

**KOB** Los protagonistas de *Plata quemada* son unos de los pocos protagonistas tuyos que no reflexionan, que no viven de acuerdo con unas ficciones, que no se autoengañan. Se me ocurrió que quizás la droga podría funcionar como un sustituto de esas ficciones que producen la motivación para tus otros personajes.

**RP** Eso es una buena interpretación. Para mí fue un modo de variar. Me imagino que quiero escribir cada libro distinto del libro anterior. Como había escrito ya libros sobre intelectuales, me pareció una buena manera de escribir sobre personajes completamente diferentes. Ellos también tienen que reflexionar de cierta manera, aunque las suyas sean unas ideas muy locas.

**KOB** Otra cita me hizo pensar mucho: 'La maldad . . . no es algo que se haga con la voluntad. Es una luz que viene y que te lleva' (73). ¿Qué estabas pensando cuando escribiste esa frase?

**RP** Si te digo lo que estaba pensando, te echas a reír. Estaba pensando en la idea del demonio, del mal puro.

**KOB** Me ha hecho pensar también en una percepción mística.

**RP** Sí, un poco. Es la idea de ser arrastrado por algo que uno sabe que está mal, una idea opuesta a la de un mal involuntario o del mal racionalizado. Hay mucha gente malvada que se cree buenísima. Aquí el sujeto está haciendo algo que sabe que está mal, pero se siente llevado por la tentación, por algo que no puede resistir. Ésa era para mí la idea más importante del libro. Fue una novela difícil en un sentido metafísico por la difícil tarea de encontrar la idea fija de cada personaje, una idea que los haga existir. Sabía que la novela empezaría a funcionar cuando yo pudiera descubrir en los personajes una motivación que, al mismo tiempo, no podía ser la motivación por la que yo y mis amigos nos movemos.

**KOB** Nene piensa que si Dorda hubiera vivido en los tiempos del general San Martín habría sido un héroe. ¿Sugiere que es el contexto social el que convierte al personaje en un criminal o un héroe?

**RP** Al escribir esta novela yo pensé mucho en la guerra. Imaginé a estos tipos como un pelotón acorralado por las fuerzas enemigas. En muchos sentidos concebí esta novela como una novela de guerra. Entonces se me ocurrió que estos criminales eran héroes. En la guerra los enemigos son terribles, atroces, pero para su propia patria son héroes.

**KOB** ¿En qué estás trabajando ahora?

**RP** Ahora estoy trabajando en una novela policíaca. Renzi es uno de los personajes y la intriga está relacionada con ciertas cuestiones enigmáticas que tienen que ver con Tolstoi.

**KOB** ¿Mundo masculino?

**RP** No. El personaje más interesante, más inteligente, el detective de la novela, es una mujer. Ella descifra el enigma y lo hace de una manera muy elegante, razonando de una manera lúcida, en contra del estereotipo.

Pedro Zarraluki

# Pedro Zarraluki: Sobre la retorcida belleza de la vida

Aunque su apellido es vasco, Pedro Zarraluki nació en Barcelona en 1954, donde ha crecido y donde vive hoy con su mujer, Concha, y sus dos hijos. Sus padres son pintores y su apartamento está decorado con varios cuadros suyos. Pedro empezó estudiando psicología, pero no le resultaron atractivas las tendencias conductistas que dominaban el departamento en aquella época, por lo cual se pasó a la filología hispánica. Al cambiar de carrera surgieron tantas dificultades administrativas con el reconocimiento de las asignaturas y de su status en la universidad que dejó la carrera sin acabar. Con un grupo de anarquistas abrió un restaurante de lujo que de día cobraba la comida a los ricos y de noche se la regalaba a los pobres. A pesar de su enorme popularidad el restaurante pronto cayó en bancarrota. Aunque hoy ya no se siente anarquista, Pedro no ha perdido su interés por la gastronomía, lo cual resulta evidente durante la lectura de su obra literaria. Además desde hace varios años es propietario del *Café Salambó*, un concurrido restaurante del barrio de Gracia, sitio de frecuentes tertulias y reuniones literarias, conocido también por su espléndida cocina. El escritor alterna los deberes de la administración de *Salambó* con su socio, poeta. En los meses libres de obligaciones gastronómicas, cada socio se dedica plenamente a la escritura. Desde 2002, 'un jurado conformado por autores de reconocido prestigio y representativos de las generaciones que componen el actual panorama literario español'(www.premiosalambo.com) galardona con el Premio Salambó la mejor novela del año. El objetivo del premio es 'reconocer la calidad literaria por encima de cualquier otra consideración'. En 2002 el Premio Salambó lo recibió Javier Cercas por *Soldados de Salamina* y en 2003 Javier Marías por *Tu rostro mañana (Fiebre y lanza I)*.

Pedro Zarraluki debutó con el libro de cuentos *Galería de enormidades* en 1983, seguido por otros dos: *Tres trayectos innobles* y *Retrato de familia con catástrofe*. En 1990 su primera novela, *El responsable de las ranas*, ganó los premios Ciudad de Barcelona y El Ojo Crítico de Radio Nacional de España y en 1994 la segunda, *La historia del silencio*, el Premio Herralde de Novela. En 1997 y 1999 se publicaron las dos siguientes: *Hotel Astoria* y *Para amantes y ladrones*. Varios cuentos suyos han aparecido en antologías de narrativa breve contemporánea. En una de ellas leí, por primera vez, un cuento de Zarraluki y me quedé fascinada.

'Páginas inglesas' es un relato de una indiscutible herencia borgiana, perfecto desde el punto de vista formal, de una lógica impecable que lleva a un final absurdo y sorprendente, acabando por pervertir lo que inicialmente resultaba obvio. Cuenta la historia de una trampa trigonométrica, sofisticada y sencilla al mismo tiempo, cuya obviedad escapa al sentido común. Al morir un hombre rico divide su herencia entre sus dos hijos. El hijo mayor es serio, taciturno, industrioso, tacaño y solitario. Seguramente invertiría bien la riqueza del padre y la multiplicaría. El hijo menor es un vividor que desperdicia sus energías y el dinero en los placeres mundanos y al que encanta viajar sin descanso. El padre lo sabe y precisamente por eso se lo deja todo al más joven bajo la condición de que nunca aparezca en un mismo sitio del mundo a la misma hora. Si esto ocurriera, lo perdería todo y la herencia pasaría automáticamente a su hermano. El hijo mayor tiene el derecho de citar al menor y éste tiene que acudir siempre cuando las citas se produzcan en lugares que visite por primera vez. El padre prevé que el hijo mayor finalmente ganará y que el otro disfrutará de la herencia por algún tiempo y, al caer en la trampa de su hermano, se despreocupará totalmente de su pérdida. Las condiciones tan particulares que diseña el viejo hacen que la división de sus bienes sea el resultado directo de la confrontación de los caracteres de sus hijos. Además de la corrosiva lógica borgiana, este cuento, como tantos otros de Zarraluki, ofrece una mirada sorprendentemente lúcida y comprensiva en las psiques humanas y sus interacciones mutuas. Gracias a esa mirada, que dota a los textos del calor y del humor de los gestos más personales, sus cuentos, conceptualmente tan ambiciosos, resultan menos secos que los cuentos de Borges y su lectura más amena.

Esta capacidad de observar y el deseo de comprender, de admirar o de tolerar a los demás, no sin reírse de ellos un poco, es lo que hace al narrador en primera persona de las novelas de Zarraluki tan 'simpático'. Este narrador se deja querer y a Zarraluki lo leemos con tanto placer porque nos gusta escucharle y nos gusta interpretar las cosas como él las interpreta. El personaje del narrador, sus ideas éticas, sus intereses y su sensibilidad parecen, hasta cierto punto, representativos de los intelectuales españoles progresivos de la generación de los años cincuenta. Son así, tolerantes individualistas, con mentes abiertas hacia todas las diferencias y rarezas del mundo de cerca y de lejos, atentos a las más agudas cuestiones existenciales y filosóficas y un poco desmotivados por todo ese bagaje intelectual asumido, proclives a la tristeza, de la que les salva el humor y esa misma curiosidad por todo que acaba por cansarles.

El realismo psicológico de la narrativa de Zarraluki está impregnado de pasión comprimida por el intelecto y disimulada por las bromas. En sus textos cada pequeño detalle puede adquirir un sentido profundo y unas consecuencias imprevisibles. El narrador mismo, aunque es el protagonista principal y no un lejano observador galdosiano, vive a través de los demás, de los gestos, miradas y palabras que le ofrecen y con los que lo amoldan, lo irritan o lo seducen. Si, como mantienen los críticos, la narrativa española contemporánea se ha alejado de los temas sociales y políticos para concentrarse en los pequeños mundos de las relaciones íntimas de unos pocos individuos, las novelas de Zarraluki constituyen uno de los mejores ejemplos de esta tendencia siempre cuando la 'pequeñez' del mundo no tenga nada que ver con límites geográficos o culturales. En las páginas de sus libros aparecen personajes de diferentes procedencias, nacionalidades, culturas e, incluso, de diferentes especies, como, por ejemplo, el monstruoso lagarto o la langosta. El amor, la amistad y los encuentros casuales, tanto en los trenes, en los aeropuertos, como en los bancos de los parques y en las bibliotecas locales, los vive el narrador de Zarraluki como verdaderas aventuras en su sentido original de expedición hacia los desconocidos, fascinantes y peligrosos territorios de la *otredad*.

Otra constante de las novelas de Zarraluki es la presencia del arte; dentro de la historia contada hay siempre otras historias y el texto que tenemos entre las manos aparece a menudo en relación con su propia escritura. Esta característica metaficticia, tan propia de la literatura del final del siglo XX, no es meramente consecuencia de una moda, sino más bien de la importancia del proceso creativo en la vida del individuo contemporáneo de la que nos habla el escritor. Por un lado, el arte es la fuente de lo sublime, provee deseos y pasiones, permite ver la trascendencia en lo aparentemente trivial. Por otro, funciona como una especie de ejercicio autocognitivo y de terapia, suministrando motivación y comprensión de uno mismo, de los demás y de los esquemas existenciales que se repiten. *El responsable de las ranas* se abre con una escena en la que el narrador, necesitado de un ansiolítico, está viendo la tele esperando que ocurra algo que le ayude a levantarse de la cama. Es un joven escritor que acaba de ganar el concurso del mejor cuento sobre la ciudad de Barcelona y que, gracias a ese éxito, colabora en una revista local. El editor de la revista le pide que escriba biografías ejemplares de notables personajes del pasado. La búsqueda en los archivos que emprende el narrador, el proceso de la escritura, las historias mismas, un amor y unas amistades funcionan a lo largo de la novela como las fuentes de su motivación y de su interés por la vida, pero al final todas esas fuentes acaban y, en la última escena, una vez más vemos al narrador en su sofá enfrente de la tele. Vuelve a sentirse desmotivado, pero esta vez es diferente, porque al mismo tiempo experimenta una especie de gratitud por todas las experiencias de los últimos meses. En *El responsable de las ranas* la vida aparece como una serie de episodios en los que el deseo sigue su trayectoria habitual de la fascinación al desencanto, pero la intensidad de la experiencia no pierde valor por ser fugaz y por dejar tras de sí sentimientos de desolación y tristeza.

Esta visión fragmentaria de la existencia emocional propia de la primera novela, cede en *La historia del silencio* a la epopeya del amor monógamo, que pasa por sus crisis, rupturas y periodos de infidelidad, pero que al final perdura mostrándose como un refugio indispensable tanto en los tiempos de la rutina como en los de las catástrofes. En esta novela la metaficción se establece de manera más original ya que, como anuncia la primera frase, el libro 'trata de cómo no llegó a escribirse otro libro que debería haberse titulado *La historia del silencio*' (13). Narra el proceso de la búsqueda de la ilusión y trascendencia en lo que no existe, en la ausencia, en la oscuridad y en la nada, una búsqueda que, como nos asegura el narrador, 'no pudo ser más decepcionante'. Sin embargo, al final de la historia, cuando la pareja de amantes decide dejar su libro sobre el silencio y escribir, en cambio, sobre el peligro, no se resignan a la mediocridad burguesa, ni a la grisalla de todos los días. Tienen delante de ellos llena de sol Managua, renuevan su pasión en el Caribe, que palpita con tentaciones y amenazas. Así la realidad recuperada no aparece desdeñable, ni como el mejor de los mundos posibles, sino más bien como un equilibrio frágil y precioso que permite experimentar algunos momentos de felicidad.

La frágil belleza de la realidad compartida es uno de los temas de la última novela de Pedro Zarraluki, *Para amantes y ladrones*. Allí el narrador es un joven cocinero y mozo de limpieza en casa de un viejo editor, que invita a un grupo de escritores, sus amigos, para pedirle a cada uno que escriba un cuento sobre el mismo tema. Durante los escasos días de retiro, el narrador cocina, sirve y limpia, pero nunca deja de observar y de pensar en los que le rodean. La narración convierte la gastronomía en un verdadero proceso creativo, inferior quizás tan sólo al de la escritura, pero la comida, como arte, no logra nunca una existencia autónoma. Funciona como uno de los tantos factores del proceso creativo que en esta novela se retrata en su contexto más amplio, de manera que pueden contemplarse las sutiles relaciones entre los cuentos que surgen bajo sus plumas y las expresiones de los ojos, los labios, los trajes, las obsesiones, los vicios y manías, las rutinas, las experiencias vitales y las relaciones mutuas de los escritores. Por otro lado, *Para amantes y ladrones* es una historia del contagio o de la inspiración. Los impulsos almacenados durante aquellos días bastan para que el joven cocinero se convierta en escritor y recuerde aquella iniciación suya en el reino del arte con la creación del texto que el lector tiene entre las manos.

# Entrevista
*(Barcelona, mayo 1998)*

**KOB** ¿Qué es 'la fuerza psicomotriz'?[1]

**PZ** La fuerza psicomotriz es la energía elemental, la fuerza que hace que te muevas. Por eso en *El responsable de las ranas* usé una cita de Cioran: 'No haber hecho nunca nada y, sin embargo, morir extenuado', y otra de Capote, 'algunos se levantan por la mañana, no porque importa que lo hagan, sino porque no importaría si no lo hicieran'. La frase de Capote define este tipo de motivación básica que yo llamé 'la fuerza psicomotriz'.

**KOB** ¿Y por qué uno necesita motivación para levantarse por la mañana? ¿No es natural?

**PZ** Sí, es natural levantarse, pero hay una acidia del estado de ánimo que se lo puede impedir a uno. Yo me levanto muy pronto por la mañana por un tipo de empecinamiento, porque pienso que tengo que hacerlo, pero hay otro tipo de personas. Por ejemplo, tengo a un amigo que le cuesta mucho levantarse porque no encuentra motivos porqué hacerlo y yo le entiendo . . .

**KOB** En *El responsable de las ranas* los protagonistas se concentran en la búsqueda de este tipo de motivos. ¿Qué maneras hay de motivarse a uno mismo?

**PZ** Una manera importantísima es el ejercicio de una actividad artística, por ejemplo. Lo que motiva a mucha gente es el trabajo, pero a la mayoría de la gente no les gusta su trabajo. Cuando no tienes un trabajo que te gusta, no encuentras razones para la actividad. Entonces, una actividad artística es lo que te puede sustituir la pasión que te falta en tus actividades profesionales. Muchas personas se dedican al arte precisamente porqué les motiva levantarse, como es el caso del protagonista principal de *El responsable de las ranas*.

**KOB** Los protagonistas de esa novela descubren que uno puede adquirir entusiasmo imitando las locuras de los héroes del pasado. ¿Cómo es posible que nos contagiemos con la locura de otros?

**PZ** El protagonista de esa novela vive mucho en las biografías que escribe. Estas biografías parecen enloquecidas aunque todas son de personajes reales. Estuve mucho tiempo buscando biografías en la biblioteca central, porque quería que parecieran inventadas y que fueran reales. Tenía que ser gente muy poco conocida, pero con unas vidas muy extrañas.

**KOB** Además terminaban con catástrofes, no eran vidas de éxito . . .

**PZ** No, no todas eran fracasadas. Barnaum, por ejemplo, el que llevó el circo a los Estados Unidos, era un personaje exitoso, pero toda su vida era delirante. Fabricó una sirena con un cadáver de una anciana y una cola de delfín y reprodujo en Nueva York las cataratas del Niágara hasta que la Sociedad de Agua de Nueva York le tuvo que parar porque estaba consumiendo demasiada agua; esto parece un chiste y es verdad.

**KOB** Pero los demás fracasan.

**PZ** Sí, la mayoría de los personajes cuyas biografías escoge el protagonista fracasan. Las escoge así porque estas biografías le sirven para explicarse la vida, para explicarse el fracaso, para explicarse 'la fuerza psicomotriz' a través de terceros, porque él es un elemento pasivo. Aparte, claro, las escribe para pagarse el sustento de la vida; o sea le pagan por ello.

**KOB** ¿Y por qué esta fascinación con el fracaso?

**PZ** Es un tópico que no hay grandeza más grande que fracasar a lo grande. Son mucho más interesantes los personajes que fracasan que los que triunfan. Los que triunfan no tienen mucho interés, sobre todo desde el punto de vista literario.

**KOB** Pero también en la vida el fracaso es inevitable tarde o temprano.

**PZ** La vida es un fracaso. Si la literatura nos hace creer lo contrario porque las historias acaban bien, es una trampa. Las historias ficticias que acaban bien es porque acaban allí. En cambio, la vida sigue y viviendo encontramos muchos fracasos parciales hasta el total de estar muerto. Pues esto provoca un pensamiento melancólico: puedo acabar aquí y acabar bien o puedo engañarme pensando que esto va a seguir bien y, luego, desilusionarme.

**KOB** ¿Entonces lo importante sería fracasar de una manera bonita?

**PZ** Hay que fracasar bellamente. Hay que ser muy grande en la propia miseria. Los que lo consiguen se convierten en personajes decididamente atractivos.

**KOB** También en *Hotel Astoria*, como tú lo pusiste en contraportada, Ana, la protagonista principal 'se contagiará del sueño parisino de otra mujer e intentará hacerlo realidad'. La imitación del entusiasmo de otra persona, ¿es tan sólo un motivo literario?

**PZ** Las emociones y el ansia de los demás es nuestra comida espiritual. Nos alimentamos espiritualmente de los demás al contagiarnos de sus emociones. Entonces, no hay compañía más buena que la del entusiasta que nos contagia con su entusiasmo. El entusiasmo pasa de persona a persona como una corriente eléctrica. Creo que la posibilidad de este contagio es uno de los motivos importantísimos para vivir y para estar contento con la vida.

**KOB** Pero en la novela no solamente usas la palabra 'entusiasmo', se habla de la locura como si fuera una especie de entusiasmo absoluto. ¿Por qué la locura? ¿Qué pretenden encontrar los protagonistas en la locura?

**PZ** Como creador, yo pienso que toda obra de arte debe ser un paseo por el filo de la navaja. Todos tenemos un punto de la locura y todos tenemos un punto enorme también de la mediocridad, pues si eres demasiado sensato te caes por el lado de la mediocridad. A la hora de escribir o de pintar, hay que arriesgar, o sea, ir por el filo del cuchillo. Y, luego, a la hora de leer, lo bonito es ver cómo se pasean arriesgando los personajes que aparecen en una obra.

**KOB** ¿O cómo saltan desde el filo de la navaja a los abismos de la locura?

**PZ** Efectivamente. Sin embargo, nota que yo hablo de jugar con la locura, no de la locura verdadera. Aquí al lado hay un centro de esquizofrénicos, de paranoicos. Entonces, por la mañana, les dan una pastilla y les sueltan a que paseen por el barrio. Una mujer pasa por delante de nuestra casa todas las mañanas, muy temprano, cuando yo aún estoy en la cama, y habla sola. Ella está loca de verdad y esa locura ya no tiene contagio, da miedo. Cuando era estudiante, en la época del LSD, se jugaba con la locura a través del ácido. Yo siempre tuve mucho miedo a eso. Una de las cosas que intelectualmente no soporto es perder el control de mí mismo. Digamos que yo soy alguien que admira jugar con la locura pero, al mismo tiempo, estoy muy incapacitado porque le tengo pánico.

**KOB** En *El responsable de las ranas* al protagonista principal no le salen bien las biografías que le han encargado; el editor nunca está contento. Sólo cuando Laura se sienta y termina una de las últimas biografías comenzadas por él, el editor está fascinado. ¿Por qué a él no le salen las biografías y a ella sí?

**PZ** Laura es un personaje interesante porque se arriesga con su propia vida, con su cordura; lo arriesga todo. Por eso el narrador la admira. Él es pasivo, pero sabe admirar. Por saber arriesgarse, ella es la buena escritora, él sólo escribe de vez en cuando.

**KOB** Me acuerdo de la escena cuando el narrador se ata a un palo en el jardín durante una tempestad para comprender mejor cómo Turner experimentaba una tormenta en el mar y para ser capaz de simpatizar con el pintor a la hora de escribir su biografía. Pero más que una imitación resulta una farsa, mientras que Laura realmente imita a la protagonista cuya biografía describe.

**PZ** Exactamente. Laura sí sabe imitar la literatura en su vida, él no. Él a lo más llega – como bien lo has dicho – a una cosa patética de atarse a un palo que termina por caérsele encima . . . Yo quería que él fuera un personaje muy lúcido, pero muy poco interesante y muy convencido de que él es muy poco interesante. Y sin embargo, él sabe que hay cosas interesantísimas en el mundo, por ejemplo Laura, que es un regalo que le hace la vida. Laura vive y escribe con intensidad no porque sea más feliz ni porque haga cosas mejores, sino porque tiene una energía que él no tiene y, entonces, él se limita a mirarla.

**KOB** Girard, un crítico francés, juzgó que el error (o el pecado) de los héroes de las grandes novelas realistas del siglo XIX consistía en que deseaban a seres humanos con una fuerza con la que sólo debían desear a Dios. Según Girard, es por lo que castigan a sus protagonistas los escritores realistas tales como Flaubert, Stendhal, Balzac, Dostoyevski o Proust. Éste evidentemente no es el punto de vista de un autor contemporáneo, como tú. ¿Qué cambió?

**PZ** Una cosa fundamental. Dicen que hay cinco historias para escribir novelas, que siempre vuelven sobre lo mismo. Una de las cinco historias responde a la pregunta: ¿Qué diablos hacemos aquí? ¿Adónde vamos a parar? Es una pregunta sin respuesta, salvo de orden religioso. Ya que no hay una respuesta clara, la eterna búsqueda de esta respuesta es uno de los grandes motores de la literatura, de la tristeza, del existencialismo y de lo que quieras. Hay que envidiar a los creyentes que tienen fe, porque tienen la explicación y la salida. Si no eres creyente, el agnosticismo lleva a una pérdida de estabilidad, porque no tienes la manera de justificar las cosas. Muchísimos personajes de la novela contemporánea van naufragando por esta falta de creencia religiosa. Pero esto es lo lógico para el que no sea creyente.

**KOB** ¿De qué manera la gente de hoy nos podemos sustituir aquella motivación religiosa, la fe perdida?

**PZ** Yo no soy creyente, entonces no tengo esta tabla de salvación, pero tengo lo que definiría como una alegría de *voyeur*. Creo que el mundo en que vivimos es de una enorme riqueza y complejidad y eso a mí me basta. Ésta es mi postura vital, no sólo la postura literaria. Por ejemplo, a la hora de escribir soy muy aficionado a los detalles, a fijarme en las cosas – ¿cómo están hechas? ¿cómo se mueven? –, en la importancia de una palabra en un momento determinado. Es decir, me gusta ver y ésa es mi justificación, eso es lo que me hace levantarme de la cama. En la cama no veo nada. El hecho en sí de vivir, probar una comida, hablar con alguien y ver, ver, es lo que motiva en la vida y es lo que me interesa a la hora de escribir. Cuando mis personajes están alegres, es lo que les lleva a estar alegres. Son *voyeurs*.

**KOB** Entonces, a los que dicen que no importa lo que estamos haciendo ahora porque no quedará de eso ni una huella dentro de veinte millones de años, ¿responderías que no importa que importe?

**PZ** No, no importa demasiado. Ni importa que importe. A mí me gusta pensar eso y me gustan los personajes que huyen hacia adelante, los personajes cuya vida es una carrera aunque prevés cómo se van a estrellar y supongo que ellos lo prevén también. Una de las biografías que escribe el narrador de *El responsable de las ranas* es la de Mungo Park, el explorador que va a África muchas veces y al final lo matan en el mar. Yo me inventé su muerte porque no se sabe cómo murió. Él está en un remolino con la barca y le están disparando unas tribus salvajes. Ya han muerto todos, sólo queda él y entonces desde la punta de la canoa grita: '¡Sólo un esfuerzo más!' (119), y un segundo más tarde se muere. Un personaje que es capaz de gritar: '¡Sólo un esfuerzo más!' un segundo antes de morir, es admirable, ¿no? Su muerte es todo un espectáculo para los grandes *voyeurs*. Es un gusto ver a los que viven intensamente.

**KOB** ¿La vida como un espectáculo?

**PZ** Sí, digamos que la mezcla del voyeurismo con riesgo intelectual son los dos puntos de la literatura.

**KOB** Entonces, ¿los *voyeurs* necesitan a los demás, a los que toman riesgos y convierten sus vidas en espectáculos, para observarlos y para contar luego sus historias? – ¿Los necesitan porque no saben crear espectáculo ellos mismos para sí mismos?

**PZ** Sí. Yo, por ejemplo, no soy muy lanzado. Vivo en esta ciudad, en este barrio. No tengo una vida aventurera, pero sí tengo el lado artístico. Creo que los escritores vampirizamos mucho la realidad, lo que vemos. Al mismo tiempo, la gente que vive intensamente también necesita su cronista y el cronista es el escritor. Yo no defiendo un costumbrismo al hablar de la literatura, no me considero un escritor costumbrista, pero sí creo que es importantísimo retratar tu mundo a la hora de escribir, o por lo menos el espíritu que alienta tu mundo. Y en esta medida sí, el escritor es un cronista de los grandes locos y de los grandes aventureros, los grandes amargados y los grandes fracasados, y de los grandes mendigos de su época.

**KOB** En *El responsable de las ranas* todo termina como empezó: el protagonista frente a la tele necesitado de un ansiolítico. ¿Sería una visión pesimista de la vida?

**PZ** No, realista porque la vida es así y él lo vive con resignación. Es una novela de planteamiento muy especial. Se murió un amigo mío. Eso me produjo una gran tristeza y me propuse una cosa muy enloquecida: escribir una comedia sobre la muerte de mi amigo. Pareció un contrasentido. Incluso puede parecer una falta de respeto, pero no lo era. En aquella época quería trabajar la tragicomedia. La tragicomedia es un género muy español. Cuando estudié arte, *La Celestina* fue un libro importantísimo para mí porque descubrí en él un mundo que me gustaba mucho: la mezcla de lo trágico y lo cómico, que es lo más verídico, porque la vida es así. Cuando te caes por la calle en el suelo, alguien se va a reír, mientras tanto tú te has hecho daño en la muñeca y te duele. Entonces, me propuse recrear ese sentimiento tragicómico de la vida a la hora de escribir sobre la muerte de mi amigo. El pintor, Russo, en la novela hace el papel de mi amigo. La Historia debía de reflejar esa mezcla de tristeza y de alegría de vivir, de motivación y de no motivación, una mezcla de todo. La vida en forma de ciclos que se van repitiendo. No quería ser pesimista, es que la vida es así.

**KOB** Y al final, a pesar de que Laura lo abandona, el narrador no se arrepiente de haber vivido un amor con ella.

**PZ** No. ¿Cómo se va a arrepentir? Él sabe que ella se tiene que ir porque ella tiene una energía que a él le falta y por eso él siempre se va a quedar atrás. Es lo contrario de *La historia del silencio* donde la mujer es también la que tiene más energía y la que se va, pero el protagonista no es pasivo; se va detrás de ella y la busca. Está dispuesto a cruzar el océano, si hace falta, por amor. El de las ranas se queda allí porque no es capaz de hacer nada nunca y sabe que Laura acabará subiendo Kilimanjaro, porque necesita hacer cosas en su vida. En su casa, con él ella se muere de aburrimiento después de cierto tiempo y por eso no puede quedarse.

**KOB** O sea, ¿el que una cosa termine no disminuye su valor?

**PZ** En absoluto.

**KOB** ¿Por qué crees que en la literatura de hoy hay tantos protagonistas con el problema de falta de energía y falta de motivación?

**PZ** La falta de motivación, creo, es una característica de las sociedades acomodadas. Evidentemente, la generación que vivía la Segunda Guerra Mundial no tenía problema de falta de motivación. Tenía problemas más serios. Cuando una sociedad se acomoda, no tiene problemas serios, la gente vive normal, no hay guerras, no hay hambre, por lo que hay una desmotivación. Aquí se notó muchísimo, porque se pensaba que, cuando acabara la dictadura, iba a haber una vida y una literatura en España maravillosa por haberse muerto el dictador y por no haber censura. Y hubo un desencanto. Se habló mucho del desencanto. Llegó la democracia y la vida seguía siendo igual. ¿Qué es lo que pasa? Y, claro, el dictador ya no estaba, eso era lo importante, pero la vida no era distinta por eso. No hubo cambios espectaculares inmediatamente. Si te había dolido una muela antes, no te dejaba de doler ahora. Luego hubo un florecimiento de la literatura, pero no inmediatamente. No era que: 'se ha muerto Franco y todo es mejor'. Era mucho más complicado todo.

El desencanto es típico de las sociedades que viven bien, porque hay gente que se aburre si tiene comida, si tiene satisfechas las necesidades básicas. Cuando les falta la motivación biológica, les resulta difícil encontrar motivación más allá.

**KOB** Además del problema de falta de motivación, yo noto en la literatura española hoy el problema de la indiferencia. Hay protagonistas indiferentes e incluso narradores indiferentes que lo retratan todo como si fueran autómatas. Dicen que la indiferencia es el resultado de un trauma. Pero, ¿trauma de qué? Se trata de los escritores jóvenes que no pueden recordar los desastres de la Guerra Civil ni de la dictadura.

**PZ** Aquí en los años ochenta ha sucedido una cosa a nivel político que ha influido en la literatura. En los años ochenta se gestaron las Olimpiadas y Madrid fue la capital cultural de Europa. Fueron unos años en que Europa toleró que entrase dinero en España, porque España tenía que mejorar su economía para poder constituir parte de Europa, para estar al nivel del resto de los países. Entonces, fue una década cuando había mucho dinero en España. Incluso el estado aceptaba préstamos sin que los prestamistas tuvieran que identificarse, lo que es totalmente irregular. Los famosos pagarés resultaron en mucha corrupción, como luego se vio. Hubo corrupción y la gente ganaba mucho dinero. Esto relajó la potencia moral de la sociedad. Fue lo que acabó con el gobierno socialista, que tenía su parte de culpa, pero también era algo inevitable. Esa relajación moral de la sociedad entera influyó en la literatura. Hubo una literatura muy vacua, que pasada una década ya ves que es muy vacía y que no hay nada allí. Y ahora yo creo que hay un regreso en la literatura, por ejemplo, a plantearte problemas éticos, hacerte preguntas y eso. Hay una necesidad de volver a ello después de aquellos años de vacuidad.

**KOB** ¿Cuál era la actitud hacia la realidad española de aquella generación a la que le tocó construir democracia después de la muerte de Franco?

**PZ** No era mi generación, sino la inmediatamente anterior sobre la que cayó una enorme responsabilidad, que fue hacer España, construir España y salir del famoso mito de la España negra o de la división en las dos Españas, del famoso poema de Machado: 'una de las dos Españas ha de helarte el corazón . . .'.[2] La tarea que se plantearon fue terminar el eterno enfrentamiento.

El carácter español no se gusta. Ayer bajando con el coche vi una pintada: 'Ódiate ya, mañana puede que sea demasiado tarde'. Esto es muy español. Somos una sociedad que no se gusta a sí misma y esto es muy peculiar de aquí. Entonces la tarea fue acabar con eso, con la España negra, siempre enfrentados unos con otros, siempre miserables y todo lo bonito está en París o en Nueva York. Querían que la gente se diera cuenta de que en Barcelona también suceden cosas, que también es una ciudad bonita que funciona. La responsabilidad de llevar a cabo todos esos cambios cayó en la gente que ahora tienen unos cincuenta años, que hicieron muchas cosas bien e hicieron muchas cosas mal. Yo ya llegué un poco más tarde y la gente que ahora tiene treinta años crecieron acostumbrados a lo nuevo.

**KOB** ¿Qué es lo que hicieron mal?

**PZ** La relajación moral; crearon y apoyaron un gobierno socialista que sólo era economicista. Por ejemplo, durante veinte años del gobierno socialista no legalizaron el aborto, excepto en casos extremos, y ¡ahora lo va a legalizar la derecha! No tiene sentido. Es la izquierda la que debe hacer estas cosas. En el caso contrario es un abandono de la ideología que se anuncia, es una relajación moral. En consecuencia, ha habido una crisis ideológica, seguida por una gran crisis de los partidos políticos.

**KOB** Y todo eso, ¿cómo influyó en la vida de la generación más joven que ahora entra en la vida adulta?

**PZ** Yo creo que se abre un periodo interesantísimo, porque a la gente joven no le interesa la cuestión política tradicional, lo que no quiere decir que no tengan inquietudes. Otra tontería que se dice mucho es que los jóvenes no creen en nada, sólo piensan en ganar dinero. Eso es mentira. Lo que pasa es que no se van a apuntar al partido socialista, o al comunista, o al PP, o a ninguno, porque no creen en los partidos y hacen muy bien. Entonces, creo que se abrirá una época muy interesante, no sólo aquí, sino en toda Europa; una época de nuevas vías para canalizar las inquietudes ideológicas. Los chavales, que no creen en nada a nivel político, sin embargo, se apuntan a las ONG. . .

**KOB** ¿Qué son las ONG?

**PZ** Son las organizaciones no gubernamentales que ayudan al Tercer Mundo o a los que necesiten ayuda aquí. Estas cosas sí funcionan muy bien. Los jóvenes se apuntan a la Cruz Roja porque quieren ayudar los domingos a los necesitados, cosas de voluntariado. Una parte de la sociedad civil se organiza ella sola al margen de los políticos y funciona mucho mejor. Los jóvenes están yendo más por aquí. El movimiento 'Okupa', de casas ocupadas, aquí, en Barcelona es muy activo. Hay casas ocupadas que se convierten en centros culturales, de música y de arte, por ejemplo.

**KOB** ¿Y es legal?

**PZ** No. ¡Qué va! Llega la policía, los saca, y entonces, hay manifestaciones. También ellos, los jóvenes de hoy, han de ofrecer resistencia a la sociedad en la que van a instalarse. Han de buscar una sociedad mejor. Si la vía de los partidos políticos no funciona, han de buscar otras vías, ¿no? Es lo que dice George Steiner, dice que hay que leer mucho, no sólo para cultivarse o para disfrutar leyendo sino también para aprender a ofrecer resistencia, que es una cosa que se olvida. El lector no ha de ser dócil. Ha de enfrentarse a lo que está leyendo. Y ésa es la postura interesante tanto para el lector como para el escritor y, entonces, la vida en la sociedad se basa en el mismo principio. Hay que ofrecer resistencia a todo.

**KOB** ¿Por qué la resistencia? ¿Por qué la rebelión? ¿Por qué tienen para ti tanto valor?

**PZ** Tienen valor porque son la semilla de la que luego germinan cosas. Tienen valor porque es la expresión de inquietudes.

**KOB** Pero, ¿no es que se fracasa la mayoría de las veces?

**PZ** Sí. Ahora se habla mucho del Mayo Francés porque se acerca el aniversario. El otro día hablaba con una escritora que es comunista y que despreciaba totalmente el Mayo Francés porque la rebelión era inocente, porque no llevaba a ningún lado, porque los que eran tan rebeldes entonces ahora son diputados y son gordos y ganan mucho dinero. Bueno, sí, sabemos que el fracaso es adonde vamos siempre, pero eso no quita grandeza a la lucha. El Mayo Francés, dicen que no consiguió nada. Yo creo que sí consiguió. Consiguió expresar tan brutalmente unas inquietudes que ahora somos quienes somos, porque hubo un Mayo Francés; aunque a nivel político no consiguieron nada. Ahora consideramos normales muchas cosas que si no hubiera habido el Mayo Francés ni nos las plantearíamos. El Mayo Francés es una cuestión espiritual.

**KOB** Ricardo Pigila dijo que uno es libre siempre cuando sea capaz de rebelarse.

**PZ** Sí, evidentemente. Además, en la sociedad esa función la tienen que cumplir los jóvenes. Son los que deben abrir los caminos.

**KOB** Muchos de tus protagonistas se rebelan contra la mediocridad. ¿En nombre de qué?

**PZ** Pues en la vida, cuando te descuidas, si te da igual, si te relajas, enseguida eres muy poco interesante. Haces una cosa muy vulgar de tu vida; te pones lo más cómodo y allí, sentado en el sillón, viendo la televisión, absorbes la basura que echen. Como ya mencionado, Steiner decía, que hay que ofrecer resistencia a todo, también a ti mismo y a que te da la gana de ver la tele porque estás cansado y a que no te apetece leer cuando llegas de trabajar y estás hecho polvo. Hay que intentar hacer algo interesante con tu vida. Todos tenemos una parte de mediocridad, como la tenemos de locura. Si no la resistimos somos mediocres sencillamente. Por eso los personajes de mis novelas intentan rebelarse contra su propia mediocridad.

**KOB** En tus novelas las que se rebelan más son las mujeres. ¿Crees que las mujeres tenemos más capacidad de rebelarnos?

**PZ** A mí me parece que son mucho más interesantes las mujeres que los hombres. Siempre me he llevado mejor con las mujeres que con los hombres. La virilidad no me parece intelectualmente interesante. No hablo de que me gusten las chicas, no estoy queriendo decir eso. Quiero decir que el mundo masculino a mí me parece muy poco atractivo. Creo que la mujer, gracias a haber estado muy oprimida en España, especialmente porque la dictadura era masculina, ha tenido que llevar una lucha para conseguir trabajo en la sociedad. A nivel cultural actualmente es mucho más interesante el discurso que elaboran las mujeres que el que elaboran los hombres. Por ejemplo, en España las que leen son las mujeres. Los hombres no leen y eso está demostrado.

**KOB** Y, sin embargo, esa rebelión femenina, por ejemplo en tu *Hotel Astoria*, se lleva a cabo en nombre de hoteles de lujo, abrigos de piel, drogas, paisajes exóticos y aventuras amorosas breves. ¿No es vulgar?

**PZ** Bueno, es que la vida tampoco nos da muchas opciones. A mí no me parece vulgar querer aventuras o querer viajar. Son cosas aquellas que te da la vida.

**KOB** Laura de *El responsable de las ranas*, por ejemplo, distingue entre una actitud frívola ante la vida y una actitud noble mediante el dolor y el sufrimiento.

**PZ** Porque Laura es un personaje tan vital como autodestructivo.

**KOB** ¿Crees entonces que el sufrimiento, el dolor aplicado a uno mismo, hace las cosas más nobles? ¿Sublima lo vulgar?

**PZ** Sin duda, creo que sí. Es que todos somos vulgares, todos hacemos lo mismo: comemos, vamos al servicio, dormimos. Entonces, hacer de tu vida algo interesante no es fácil y, a veces, lo que estás haciendo es una estupidez. Ocurre también que al intentar hacer algo interesante, te estás haciendo daño. Al observar la vida amorosa de muchas personas, parece que lo que les gusta es pasarlo mal y es porque en la búsqueda todos nos perdemos todo el rato. A nivel personal, a mí lo que me gustaría es mantener la placidez, arriesgando y todo, pero durmiendo bien, no estar siempre enervado. Mis personajes son muy enervados. Laura indudablemente duerme mal, pero tampoco estoy de parte del narrador que se mantiene tan quieto que no arriesga nada. Es una de las preguntas que se plantea el libro: ¿Quién tiene la razón? ¿Ella, aunque acaba haciéndose mucho daño y yéndose de viaje a un sitio rarísimo donde va a coger la malaria? ¿Para qué diablos va allí? ¿O él, que no se mueve de su sitio aunque al final sólo le rodean las ranas? Ella está buscando, mientras él está observando. Irene en *La historia del silencio*, igual que Laura en *El responsable de las ranas*, se va porque está harta de todo. Se va a Nicaragua porque está harta de sí misma y busca algo. En realidad, varias amigas mías se fueron a Nicaragua por similares motivos e incluso un par de ellas viven allí y son felices pues ¿por qué no lo van a hacer?

**KOB** Cuando el Buscón de Quevedo al final del libro piensa mudarse a vivir a América el narrador advierte que 'nunca mejora su estado quien muda solamente de lugar' (127). ¿No estás de acuerdo?

**PZ** Sí, eres tú, aquí o en Nicaragua, y el problema, si lo llevas dentro, viaja contigo. Pero, en la medida en que eso significa ofrecer resistencia, es bueno y creo que es válido. También pertenece a la tradición cultural del mundo urbano, buscar un mundo paradisíaco, de vida más sencilla, más pobre, en el campo. ¿Por qué un médico se apunta a 'Médicos sin fronteras' y está en El Cairo, en un hospital de mierda, curando las heridas a unos niños africanos? Porque quiere hacer algo interesante con su vida, ¿no? ¿Por qué lo hace? Busca ser feliz de alguna manera, busca sentirse bien y dormir tranquilo. Y lo que hace tiene mucho valor.

**KOB** En tus cuentos aparece a menudo lo monstruoso.

**PZ** Todos llevamos dentro algo terrible, ¿no? Uno de los libros fundamentales para mí es *El corazón de las tinieblas* de Conrad. Me descubrió la profundidad necesaria que debe tener un texto. La literatura es adentrarse en la selva de uno mismo y descubrir el horror que hay dentro. En el fondo de la profundidad es la muerte, la miseria, son las vísceras. Y eso es el horror, es el lado monstruoso de las cosas. *El corazón de las tinieblas* es el libro ejemplar donde el que viaja, viaja hacia el horror que está dentro. Por eso escribí en un ejercicio muy borgiano de apropiación de textos 'El diario de Kurtz', que no sale en el libro de Conrad. Era un acto de apropiación de un libro que me fascinaba.

**KOB** En *La historia del silencio*, si todo termina bien para la pareja de los protagonistas principales, es gracias a que se dan cuenta de la proximidad del horror, de la catástrofe . . .

**PZ** Pues sí, claro. En *La historia del silencio* todo acaba bien porque los protagonistas se dan cuenta de que hay que negociar con la vida, porque no es perfecta. Logran entender que a veces hay que aprender a vivir con lo que sucede, con las circunstancias, como se dan. Esta actitud de compromiso es importante, sobre todo, en las relaciones con los demás porque los demás son personas autónomas con sus problemas, con sus miserias, con sus grandezas, con sus fragilidades y sus poderes. El narrador y su mujer, Irene, llegan a descubrir el horror, que allí no es el horror metafísico sino es lo miserable que somos y lo egoísta que somos. Entonces, para no pelearse siempre con la vida y con el otro, deciden negociar, y él va a Nicaragua porque descubre que la quiere, y eso es más importante que todas las tonterías que él o ella puedan hacer.

**KOB** Pero también ocurre otra cosa; se suicida el marido de Olga, una amiga de los dos, y eso les hace vislumbrar de la proximidad de la catástrofe.

**PZ** Hay un horror en la última instancia que es no aguantar más, no soportar más que es lo que le ocurre a aquel hombre. No se soporta más mutilado, como está después de su accidente, y decide acabar. Igual que hay un miedo de locura, hay un miedo de suicidio. El suicidio tiene algo de los abismos, la atracción del abismo. El miedo que despierta el suicidio de alguien conocido se convierte en un pánico muy interiorizado y puede ayudar a que uno busque motivación porque no quiere acabar cayendo en la nada.

**KOB** No sé si te acuerdas del cuento de Borges, 'El inmortal', donde se explica que, si la gente fuéramos inmortales, todo nos sería indiferente porque todo repetiría una infinita cantidad de veces . . .

**PZ** Sobre eso se ha escrito mucho, sobre todo en ciencia ficción. Hay muchos cuentos sobre cómo la humanidad ha llegado a la inmortalidad y entonces la gente ha pedido que alguien les mate, porque la inmortalidad les resulta insostenible. Pero quizás sea un condimento necesario de la belleza de la vida. La vida es bella por lo mismo que es cruel, porque todo es efímero. Digamos que esa retorcida belleza de la vida es uno de los más importantes temas de la literatura.

**KOB** Entonces, ¿la búsqueda del horror que está dentro de uno viene a ser lo mismo que la búsqueda de lo sublime?

**PZ** Sí. Es llegar al centro del laberinto y tocar la campanita. Es un sitio peligrosísimo, porque ¿adónde vas cuando ya has llegado al centro? Conocerse a sí mismo es muy importante, pero sería horrible conocerse del todo uno mismo, no sorprenderse a uno mismo. Felizmente nos sorprendemos a veces, con cosas no necesariamente buenas, pero aún así es una forma de riqueza.

**KOB** Un día el narrador, buscando a su mujer, Irene, va a la biblioteca y allí comprende algo importante. ¿Qué?

**PZ** Aquella escena es un homenaje a Italo Calvino. Italo Calvino tiene todo un cuerpo teórico de lo que es la literatura que a mí me gusta mucho, y que me parece muy literario. Él dice que el libro que recoge todos los libros, el que es el compendio total, es el más breve de todos: el alfabeto. Todos los libros son combinaciones del alfabeto. Italo Calvino decía que en las bibliotecas los libros hablan entre ellos y Enrique Vila-Matas decía que todos hablaban menos un libro, el mío, porque era *La historia del silencio*, entonces estaba callado allí sin decir nada.

Los grandes lectores, cuando están en la biblioteca, oyen cuando los libros se murmullan porque están hablando unos con otros. Italo Calvino también dice que la literatura es un río y lo que deben hacer los escritores es añadir algo a ese río y ya con eso han hecho mucho.

Y, entonces, en aquel momento, en la biblioteca, al oír a los libros hablar, él la entiende a ella porque entiende que todo está relacionado, entiende la enorme complejidad de las cosas, entiende que ella, como una persona, es una enorme complejidad.

**KOB** ¿Comprende también que ella toma la vida como la literatura?

**PZ** Bueno, él también la toma así. Obviamente los dos son personajes totalmente impregnados de la literatura.

**KOB** Entonces, ¿intentar comprenderle a una persona es como comprender una biblioteca llena de libros?

**PZ** Es que nunca se comprende totalmente. En la relación con los demás – y es un poco lo que quería expresar en este libro – hay que aprender a disfrutar de los demás haciéndoles disfrutar, o sea, no haciendo daño. Hay que tener mucho cuidado y hay que hacer mucho esfuerzo precisamente porque nunca se entiende del todo a la otra persona. Una mujer, aunque sea tu compañera y vivas con ella muchos años, no acabas de comprenderla; y volvemos a lo mismo, sería horrible comprenderla totalmente y saber, prever lo que va a hacer. Y las parejas, como los personajes de ese libro, tienen la obligación de sorprender a la gente que les quiere para hacerles la vida más divertida, para hacerles disfrutar de las cosas. El problema que tiene la pareja de *La historia del silencio* es que viven muy inmersos en los libros, y no hacen ningún esfuerzo por su relación, y eso es lo que hace que estalle al final la cosa.

**KOB** En *Hotel Astoria*, Ana, la protagonista principal, decide librarse de todo lo que la fastidia, de la mediocridad generalizada de las cosas, y de las personas y realiza su plan sin fijarse en que tenga que herir a los demás. El narrador parece simpatizar con ella. ¿Y el autor también?

**PZ** Sí, pero cuidado, allí hablo de la mediocridad ambiental de España en aquellos años de la dictadura, no hablo de la mediocridad existencial. Ana triunfa sobre los demás porque triunfa la historia, es inevitable. Ella es la primera habitante de la España de hoy, en una España aún anclada en el pasado. Ella es cruel, pero tampoco puede no serlo. Hay toda una serie de personajes que quedaron en el pasado irremediablemente y ella sale sola adelante.

Por ejemplo, el personaje del chófer, de Paulino, lo recogí de un hombre ya mayor, que se murió hace unos años, que limpiaba mi otro bar. Había sido el chofer de un ministro y era el típico perro franquista, el ser pequeño que acostumbraba a obedecer a los 'grandes' hombres de la dictadura y este hombre añoraba los años gloriosos de cuando el ministro venía a Barcelona y él con el uniforme lo llevaba en el coche negro oficial y vivía en aquella gloria asquerosa. A este hombre la historia le había pasado por encima. Estaba limpiando un bar de jovencitos melenudos y preguntándose qué había pasado en este país que el que era el chófer de un ministro ahora estaba limpiando un bar. En España la dictadura cayó no por una resistencia popular contra ella, aunque sí la hubo, sino porque se pudría. El mismo dictador, que sumió a España en la miseria, creó las condiciones de una generación nueva que iba a acabar con él.

**KOB** En esta misma novela se retratan en una luz muy negativa todos esos personajes a quienes importa demasiado salvarse. ¿Por qué ha de ser malo?

**PZ** Hay una frase que yo decía mucho cuando era jovencito, que me escribió un amigo que conocí fugazmente, dedicándome un libro. Ponía: 'Animo, valor y miedo: Más vale morir que perder la vida'. Es una frase muy del Mayo Francés. Querer salvarse es lógico, pero no a costa de todo, renunciando a todo para salvarse. Es lo que Ana desprecia porque intuye que hay que arriesgarse.

**KOB** Esos personajes que se quieren salvar a toda costa, ¿son inmorales, malos o más bien mediocres?

**PZ** Son mediocres. No quería que fuera una visión de buenos y malos, o sea, los policías y empresarios franquistas – malos – y los que luchan contra la dictadura – buenos – porque es una visión muy convencional. También, porque la vida no es así. Hay personajes que sólo sobreviven y hacen lo que tienen que hacer para ir tirando, como el pistolero que era un comunista y, luego, se convierte en guardaespaldas de un empresario franquista. Por otro lado, está claro que si no se hubiera transformado, habría ido a la cárcel. Es decir que todo es muy complicado.

**KOB** Y lo moral e inmoral, entonces, ¿cómo lo entiendes?

**PZ** Yo hablaría más bien de ética. La definiría por exclusión. Creo que existe la maldad, otro gran tema de la literatura. Creo que hay gente mala, no creo en la bondad natural de todos. Igual que tenemos el amor dentro, tenemos un punto de egoísmo que nos puede hacer ser malos, por ejemplo hacer daño a alguien. Entonces, ha de haber un código, has de regirte por algún tipo de código de valores, en el cual lo más importante es no hacer daño a los demás. Soy muy intolerante con los que hacen daño a los demás. En cambio, soy muy benévolo con los que se hacen daño a sí mismos.

Hay otra cosa de Steiner que me gusta. Él habla mucho de la cortesía. Creo que la cortesía es lo más sagrado en nuestra relación con el mundo. Hay que ser enormemente cortés.

**KOB** ¿Quieres decir que es una cuestión ética la cortesía?

**PZ** Sí. Yo creo que ser cortés, ser educado, intentar no hacer daño, parece una tontería, pero es importantísimo, casi lo más importante. La cortesía es mucho más de lo que parece en primera instancia. Por ejemplo, Steiner dice que leer es un acto de cortesía, que es como recibir a un invitado en casa, y hay que saber ser respetuoso con el libro que estás leyendo. Por lo mismo que has de ofrecer resistencia, has de ser respetuoso. Esto me parece un buen código de conducta, es algo más que una cuestión estética.

**KOB** ¿Cómo es tu lector ideal?

**PZ** Muchas personas leen para no pensar. Desde luego, éste no sería el lector ideal. El lector ideal es el que piensa en lo que está leyendo, el que reflexiona, el que trabaja el texto, porque dicen que el libro lo acaba de escribir el lector al interpretarlo.

**KOB** Mencionaste algunos escritores y críticos que te influyeron. Mencionaste a Calvino, Nabokov, a Conrad, a Borges, a Steiner, ¿quién más?

**PZ** Leíamos de todo. Mi generación leímos muchas traducciones muy malas de libros muy buenos. Ahora se traduce bien, pero en aquella época era horrible. Además muchas traducciones venían de Sudamérica, entonces, claro, estábamos leyendo a Capote en argentino. A mí me influyó tanto Capote como Maupassant, Nabokov, Conrad o Stevenson, los clásicos de la literatura de aventuras, como Simenon y, luego, Salinger y varios otros autores americanos y franceses. No había muchos escritores en España como ahora.

En los años setenta ya no estaban censurados Dos Pasos y Hemingway, entonces llegaban sus libros y los leíamos. Claro, en aquella época leíamos contra la censura. Por ejemplo *Si te dicen que caí* de Marsé lo compré en una librería en la que tú entrabas, esperabas allí mirando libros, entonces el dependiente te hacía una señal de que no había nadie y, como en los castillos de terror, girabas una estantería, te metías allí, la volvías a cerrar y tenías otra librería detrás, que eran todos los libros prohibidos: una maravilla. Sólo hay una cosa mejor que un libro y es un libro que te han prohibido a leer.

Juan José Millás

# Juan José Millás: Vivir de la huida

Juan José Millás nace en Valencia, en 1946, pero a los 6 años se traslada con su familia a Madrid. Se instalan en un barrio cuyo ambiente lúgubre evoca la tercera novela de Millás, *El jardín vacío*. El futuro escritor asiste a un colegio de curas y es un mal estudiante, aunque desde pequeño se aficiona a la lectura. Durante su juventud, por la noche estudia filosofía y por la mañana trabaja en la Caja Postal de Ahorros. En 1968 deja la carrera y, ya casado, se traslada a Miraflores de la Sierra para impartir cursos en un colegio. Dos años más tarde, regresa a Madrid y se dedica a la alfarería. Luego supera unas oposiciones de administrativo para Iberia. Trabaja de ocho a tres y por las tardes se dedica a la escritura. En 1975, cuando muere Franco y España empieza a incorporase al mundo democrático, nace el hijo de Millás, Juan, y sale publicada y premiada su primera novela *Cerbero con las sombras*. Ambientada en un sótano húmedo donde vive el protagonista principal, *Cerbero con las sombras* representa la angustiosa conciencia de un joven que huyó de su padre. A partir de entonces, Millás publica un libro tras otro convirtiéndose en uno de los narradores más leídos y admirados. Por orden cronológico sus obras más importantes son: *Visión del ahogado, Papel mojado, Letra muerta, El desorden de tu nombre, El jardín vacío, La primavera de luto, Volver a casa, Ella imagina y otras obsesiones de Vicente Holgado, Tonto, muerto, bastardo e invisible, La soledad era esto* (Premio Nadal), *El orden alfabético, No mires debajo de la cama* y finalmente *Dos mujeres en Praga*, que recibe el Premio Primavera de novela en 2002. Sin descuidar nunca la literatura, Millás escribe artículos y comentarios sobre temas variados en *El País* y en otros medios, que más tarde se recogen y publican en forma de libros: *Algo que te concierne, Cuentos a la intemperie, Cuerpo y prótesis* y *Articuentos*. Como escribe Fernando Valls en la introducción a este último volumen,

> es en los artículos donde Millás ensaya, experimenta, con una manera distinta de encarar la realidad, de insuflarle savia nueva a sus novelas. Y es en el cruce de géneros (artículo/cuento/fábula/novela, periodismo/literatura) donde surge esa regeneración enriquecedora para el conjunto de su obra. (7)

Y más adelante;

> No creo que exista entre nosotros otro autor que haya puesto en cuestión, con tanta lucidez, la mala utilización que del poder han hecho los políticos, la demagogia de los sindicatos o la hipocondría de los nacionalistas . . . (13)

Pero, los brevísimos ensayos de Millás que se publican en la prensa comentan también las cuestiones de la existencia cotidiana, la relación del individuo con su propio cuerpo, con los objetos y las personas que le rodean; lo que concierne a todo el mundo y los eventos aparentemente lejanos como el hundimiento del Kursk. En el ensayo dedicado a la tragedia del submarino ruso, Millás cita la nota dejada por un oficial:

> «13.15 todos los tripulantes de los compartimientos sexto, séptimo y octavo pasaron al noveno. Hay 23 personas aquí. Tomamos esta decisión como consecuencia del accidente. Ninguno de nosotros puede subir a la superficie. Escribo a ciegas». ('Escribir/ 2', 279)

Millás sugiere que la literatura y la realidad se unen precisamente en momentos de horror como aquél y alega que la nota del oficial aunque es un documento real constituye una obra maestra de ficción. Propone que veamos la literatura como una estrategia destinada a combatir el horror trasladándolo al ámbito ficticio aunque por eso no deja de ser real. 'Escribo a ciegas' (280) añade al final del ensayo.

Juan José Millás primero imagina el degradante y amenazador mundo de los jóvenes depresivos. Sus protagonistas buscan caminos para liberarse del humillante y opresivo ambiente de su barrio, que concentra en sí los efectos del casi medio siglo del gobierno de Franco. El abandono del barrio y el paso de la adolescencia a la vida adulta no conlleva, sin embargo, la sensación de libertad. Luis el Vitaminas, protagonista principal de *Visión del ahogado*, se siente atrapado dentro de la realidad burguesa que le predestina a una vida típica de trabajo y de familia y se ve encasillado por el idioma que corrobora las pautas de esta realidad. Siente que 'las frases hechas le rodean y desprestigian su actitud por lo que decide que uno debe limitarse a actuar' (204), y como 'las pocas veces que [ha] tenido la sensación de ser dueño de [sí], de dirigir [su] propia suerte . . . coincidieron siempre con el desarrollo de una actividad delictiva' (48), el joven abandona a su mujer y a su hija recién nacida y, en nombre de la autenticidad, se dedica a atracar farmacias. Al final de su odisea, enfermo de la garganta, se esconde en el sótano del edificio donde vive su esposa y, alucinando de fiebre y por sobredosis de optalidones, proclama su grandeza espiritual que es 'ajena a los sucesos exteriores' (205). No logra suicidarse porque un lavado de estómago lo devuelve a la vida y lo convierte en el objeto de burlas de sus vecinos. Su mejor amigo, Jorge, que mientras tanto había logrado seducir a la esposa de Luis a quien secretamente amaba, disgustado por la situación, renuncia a su amor y abandona a la mujer concluyendo que 'en el fondo de las decisiones importantes no había grandeza ni verdad, sino una puerta falsa que conducía al desengaño' (58).

Mientras en la realidad las decisiones y los actos llevan al fracaso y desembocan en lo ridículo, los caminos imaginarios son los únicos que a veces no desilusionan y de cuando en cuando abren puertas a los espacios secretos de la felicidad. Juan José Millás, maestro de la pesadilla, logra crear también las más memorables escenas de deseo, éxtasis y placer. Lo bello de la vida no viene como milagro o como accidente, sino más bien como resultado de un consciente proceso mental y un esfuerzo de la imaginación. Los protagonistas que logran ser felices son los que dejan de 'detectar grietas y defectos en multitud de asuntos' (127) y proyectan las imágenes deseadas 'sobre la pantalla de la realidad' (196), porque han descubierto que 'los ojos, más que recibirlos emiten los espectros que se ordenan en el espacio' (196). Para experimentar un amor feliz, es necesario proyectar hacia la realidad simultáneamente los deseos propios y los de la persona amada. También es posible imaginar un espacio común, por ejemplo una habitación que se amuebla entre los dos, y coincidir allí para hacer el amor, como Vicente Holgado.

Un día, Vicente Holgado, acostado en el sofá de tal habitación imaginaria, en un hotel de Europa Central, vuelve a imaginar que su ojo posee la capacidad de transportarse por el aire y lo manda a la habitación contigua donde una mujer se ducha. En este momento aquella mujer también tiene fantasía de un hotel e imagina que alguien la observa. Cuando ve el ojo de Vicente flotando en el aire junto a su pecho, lo 'atrap[a] con el movimiento rápido con el que se atrapa a una mosca en pleno vuelo . . . se quit[a] las gafas, y se coloca el ojo recién cazado' (*Ella imagina*, 41). Desde entonces Vicente se queda tuerto y empieza a sentirse muy atraído a la mujer que tiene su ojo, porque se ve a sí mismo dentro de ella. Suelen encontrarse en la habitación del hotel imaginado, aunque a veces les resulta difícil dar con el túnel que conduce allá donde espera el amante. Es fácil confundirse entre los pasillos oscuros del mundo interior de uno mismo y hay peligro de dar, por ejemplo, con el cuarto de la niñez, o algún espacio totalmente desconocido de donde no se puede volver. Por otro lado, los que imaginan comparten la conciencia de que 'si dejan de imaginar . . ., puede suceder una catástrofe' (49).

En la narrativa de Millás, los recuerdos, las ideas y las fantasías se mezclan con las sensaciones físicas, y cada emoción tiene su lugar determinado en el cuerpo; el horror, por ejemplo se filtra por los ojos hasta el estómago y se establece en el pecho en forma de angustia (*Algo que te concierne*, 21). El cuerpo es la patria, la frontera de la realidad y 'objeto de invasiones y guerras' (22), y es el territorio donde transcurren los dramas de las ficciones de Millás. En sus primeras novelas el discurso psicosomático va acompañado de reflexiones filosóficas complejas y de la estética de lo feo y lo turbio. En las novelas posteriores, el lenguaje del escritor adquiere transparencia y sencillez, sin que se pierdan sus metáforas más sorprendentes. La sobriedad narrativa aplicada a las situaciones extraordinarias, que proliferan en sus novelas y cuentos, hace que éstos sean, simultáneamente, de lectura amena y reflexión profunda. La ficción, los sueños y la realidad se funden en múltiples juegos metaliterarios, y los protagonistas cruzan las fronteras entre el mundo imaginado y el mundo exterior con un esfuerzo mental. Por ejemplo, en *El orden alfabético*, el niño se traslada a su mundo imaginario con tan sólo un abrir y cerrar de ojos. Allí, en aquel mundo inicialmente perfecto, empiezan a perderse letras y palabras, y, en consecuencia, desaparecen los objetos que no se pueden nombrar. Esta descomposición del universo imaginario coincide con la pérdida del orden y de la seguridad de la niñez, con la muerte del padre y con el paso al caos del consumo anárquico de la conciencia madura.

Su última novela, *Dos mujeres en Praga*, conjuga el tono surreal de los cuentos sobre Vicente Holgado con la seriedad de los dramas psicológicos tales como *La soledad era esto* y *Visión del ahogado*. Retorna en ella la visión de la vida como un ejercicio voluntario de imaginación, desarrollada anteriormente en *El desorden de tu nombre*. La imaginación funciona en ambas novelas como un poder adivinatorio o *cuasi* mágico pues afecta los hechos en función de los deseos; lo que los protagonistas imaginan resulta real, por lo menos hasta cierto punto. Pero, mientras en *El desorden de tu nombre* la imaginación se proyecta hacia el futuro, en *Dos mujeres en Praga* reconstruye el pasado y con él la identidad de los protagonistas. Para los personajes de esta novela lo vivido importa menos que las historias que, según creen, les fue destinado vivir. Su identidad se establece no tanto mediante los actos sino más bien a través de lo que quisieran haber hecho, de acuerdo o, incluso, en contra de sus deseos. Comenta el narrador hacia el final de la historia:

> Así nos hacemos también las personas reales: en una contradicción permanente con nuestros deseos. Damos la vida por lo irreal y desatendemos lo real. Amé a quienes no tuve y desamé a quien quise, decía Vicente Aleixandre, creo, uno de los pocos poetas que he leído con provecho. (227)

De hecho también el lugar de la acción, Praga, es irreal, inventado. Las dos mujeres que protagonizan este libro comparten un apartamento en Madrid. Una de ellas sueña con escribir, la otra sueña con ser y pretende que escriban de ella proporcionándole así la vida que se le va. La primera pretende ser zurda y fantasea con una enfermedad, la segunda es zurda y está enferma. La primera se tapa el ojo derecho para ver la realidad de un modo extremado y plano con lo que cree poder evitar en su escritura 'lugares comunes, tópicos, estereotipos, cosas sin interés' (18). La segunda cuenta la historia de su vida a un joven escritor cambiando los detalles más esenciales cada vez que se reúnen. Como Penélope, hace y deshace su historia, o más bien construye su pasado como una telaraña de historias posibles, sin que nunca llegue a establecerse su identidad de un modo inequívoco. Cuando muere, nadie sabe quién era en realidad. Esta mujer, indudablemente el personaje más importante y más conmovedor de la novela, parece vivir sus únicos momentos felices precisamente cuando imagina lo que pudo haber sido y lo que nunca fue.

Hoy, Juan José Millás vive con su familia en una casa con jardín cerca del aeropuerto de Madrid. Parece que ha dejado de fumar. Cuando hablamos en su estudio, en el tercer piso de la casa, el aire acondicionado está puesto al máximo y hace un frío que hiela.

## Entrevista

*(Madrid, julio 1999)*

**KOB** ¿Habías escrito algo antes de *Cerbero con las sombras*?

**JJM** En realidad, había hecho un intento con una novela, pero no la traté de publicar nunca porque era una primera novela en la que, claro, cometí todas las torpezas posibles. Fue lo primero que escribí que tenía el tipo de unidad que, según mi criterio, debe tener un relato.

**KOB** ¿Y cuál fue el primer tema, la primera obsesión, que te estimuló a escribir aquella primera novela que nunca se publicó?

**JJM** Era una novela que transcurría en un pueblo de la sierra de Madrid. Había un personaje que vivía solo allí y que daba clases como yo. Yo me había retirado allí para vivir un tiempo de silencio, utilizando la expresión de Luis Martín Santos. Habíamos pasado unos años muy agitados en la universidad y, entonces, tuve la oportunidad de irme a trabajar a aquel pueblo, donde me puse a escribir una novela que partía justamente de mi situación.

**KOB** ¿A qué años exactamente te refieres?

**JJM** Desde el 67 hasta la muerte de Franco, incluso durante la transición. Todos esos años fueron muy excitantes.

**KOB** ¿Participaste de una manera activa en las rebeliones de aquellos años?

**JJM** Era prácticamente imposible quedarse fuera si estabas en la Universidad, como estaba yo en aquellos momentos, o más tarde en el trabajo. Nos organizábamos a través de los sindicatos, que entonces eran ilegales, pero muy activos. Era imposible vivir al margen de lo que pasaba.

**KOB** Los protagonistas de las dos siguientes novelas tuyas, *Visión del ahogado* y *El jardín vacío*, son unos jóvenes viejos de espíritu, que parecen traumatizados por la época en que les tocó vivir. ¿Por qué la situación política de los últimos años de franquismo dio origen a un protagonista mediocre, deprimido, traumatizado, y no un héroe, por ejemplo?

**JJM** Nuestros modelos literarios eran antihéroes, por ejemplo los del existencialismo, que estaba muy presente. Por otra parte, la propia situación que vivíamos no era nada heroica. Se recordaba muchas veces que Franco murió en cama. En *Visión del ahogado* intenté contar los últimos años de la descomposición del franquismo a través de la descomposición de una pareja que había estado unida exclusivamente por razones de índole política, por la lucha. A medida que el incentivo de la lucha política desaparecía se iban encontrando con que tenían poco en común. Mi intención fue comentar la transición sin nombrar la dictadura y de hecho creo que ese recurso resultó eficaz. Hace dos o tres años estuvo aquí un profesor que me contó que en

Harvard estaban utilizando *Visión del ahogado* para contar la transición española. Yo creo que es una novela que refleja muy bien la atmósfera de aquellos años.

Igualmente *El jardín vacío* era un intento de escribir una novela sobre el franquismo sin nombrarlo. El tipo de miedo y de amenaza que se respira es justamente el de una dictadura como la de Franco aunque no se menciona directamente. En esta novela hay también otros elementos quizás más importantes desde el punto de vista personal, como es el intento de contar el barrio. Dudé si debía escribir esa novela en aquel momento. Tenía treinta años. Un sexto sentido me dijo que posiblemente no era una novela para escribir a los treinta años sino que era una novela para escribir a los cuarenta y que debía esperar, pero se me impuso y no pude dejar de escribirla.

Esa novela tuvo muchísimas dificultades para abrirse camino, para ser publicada. Ahora ya es una novela que tiene una vida más o menos normal, fue reeditada varias veces y me ha dado algunas satisfacciones. Por ejemplo, Sobejano en una encuesta la mencionó entre las veinte novelas mejores del siglo, pero, fuera de esas satisfacciones puntuales, siempre sentí que en el caso de esa novela nunca hubo una proporción entre el esfuerzo personal y lo que ella me devolvió. Fueron tres años de trabajo, de arriesgar, de imbuirme totalmente en la escritura y siempre pensé que no me había dado ni el diez por ciento de lo que había invertido en ella. En cierto modo, *El orden alfabético* es una versión a los cincuenta años de esa novela. Es un regreso también a una enciclopedia; el personaje de *El jardín vacío* viene a un barrio a buscar una enciclopedia. Hay una oscura relación entre ambas novelas.

**KOB** *El orden alfabético* es mucho menos oscura . . .

**JJM** Por supuesto, hay más oficio y una conquista del pensamiento paradójico, la ironía. Yo creo que siempre hubo ironía en mi literatura, de un modo soterrado, negro, pero era un modo tan espeso, tan negro, que quizás produjera el rechazo del lector porque yo tenía un modo de acercarme a los temas un poco duro. Lo que me dieron los años fue aprender a abarcar los mismos temas pero con una distancia que introduce la ironía o la paradoja, haciendo más digerible la lectura.

**KOB** La visión de la vida que presentas en *El jardín vacío* es una paulatina corrupción de la carne que viene junto al decaimiento del espíritu. El protagonista vuelve a sus orígenes donde el padre es un asesino y la madre su cómplice. Todos los personajes degeneran entre las crueldades que observan y las que perpetran. ¿De dónde viene esa fascinación por el tremendismo?

**JJM** Creo que el tremendismo de esa novela tiene una vertiente existencialista.

**KOB** En tus novelas hay otro tipo de fenómeno que parece fuertemente relacionado con el existencialismo. Los protagonistas son muy sensibles a todo tipo de sensaciones corporales y las tratan como mensajes que intentan descifrar.

**JJM** No sé si tiene que ver con el existencialismo, pero yo siempre he pensado que el cuerpo es una medida de todo. Es un tema recurrente en toda mi obra cuentística y también periodística. Puede ser que haya una influencia porque hubo un momento en que el existencialismo, tanto Sartre como Camus, fue muy importante vitalmente para nosotros. Fueron unos momentos en que vivíamos muy desgarrados y muy desesperados y quizás el existencialismo dio una cobertura intelectual a un tipo de desesperación que era muy cutre y muy provinciana, una desesperación de vivir en familias muy locas, que eran un reflejo de la dictadura, donde todo estaba prohibido. El existencialismo magnificaba la percepción de la situación. Camus me sigue pareciendo un autor importantísimo. *La caída*, que la crítica suele considerar como una obra menor, en mi opinión es importantísima, de una madurez enorme. Sigo leyendo con gusto a Sartre, últimamente, por ejemplo, su autobiografía. Evidentemente estos escritores han creado un sedimento. Aunque ahora ya no los necesitemos como cobertura para nuestra situación emocional, indudablemente han dejado huellas importantes en nuestra generación, mezclados también con las lecturas políticas. Sería muy complejo deslindar y explicar cómo nos influyeron, porque nosotros, en cierto sentido, fuimos la última generación que hemos leído todo de una manera indiscriminada. No se puede separar, no se puede hacer una distinción de cómo se mezcló todo en nuestra conciencia.

**KOB** Entonces, quizás fuera no solamente una cobertura intelectual sino también, en cierto sentido, es posible que las ideas existenciales motivaran el desgarramiento.

**JJM** No. Yo creo que en un principio el existencialismo le dio contenido a nuestros sentimientos. Vimos en él un espejo, un espejo que nos gustaba porque nos devolvía nuestra desesperación magnificada. Nuestra desesperación era, en un sentido espantoso, de clase media sin estética propia. De repente descubrimos una estética de la desesperación. A su vez puede ser que esta estética originara la desesperación, pero en un primer momento era un espejo en que nos gustaba mirarnos.

**KOB** Sin embargo, en *Visión del ahogado* parece que estás ridiculizando aquella pátina intelectual que inspira al protagonista principal, Luis, a una rebelión contra la mediocridad, que en última instancia resulta simplemente idiota y cursi. Luis, que se quiere creer un héroe, termina asaltando farmacias e intenta cometer suicidio tragando pastillas para la gripe.

**JJM** Eso formaba parte de la lectura existencial de la vida: cualquier movimiento finalmente resulta grotesco por grande que quiera ser.

**KOB** En *El jardín vacío* aparecen las circulares, que parecen cargadas de significados existencialistas y políticos al mismo tiempo. ¿Cuál es su función?

**JJM** Las circulares constituyen un fenómeno universal que pertenece a la cultura popular. En España aún siguen apareciendo de vez en cuando. Abres el buzón de las cartas y ves una hoja con una oración, a lo mejor a San Judas Tadeo, donde alguien dice que tienes que hacer treinta copias y distribuirlas y te cuenta que hubo una serie de casos de gente que no lo hizo y le pasó una serie de desgracias. Aparece por rachas, ahora un poco menos. Las circulares de la novela imitan este tipo de circulares con la diferencia de que el personaje, a través de las circulares, crea una sociedad ultraclandestina que conecta con la clandestinidad política.

**KOB** Las circulares son anónimas. Los que las reciben no saben quién se las ha mandado.

**JJM** No. Y ellos tienen que mandarlas anónimamente también.

**KOB** ¿Sería, entonces, un símbolo de todas aquellas actividades que, según sabemos, mucha gente hacía en la dictadura pero nadie lo admitía?

**JJM** Sí, es una situación fronteriza.

**KOB** En *Visión del ahogado*, Luis, que se lanza a actuar a toda costa, Jorge, a quien se le pasa la vida sin que consiga nada, y Julia, que imagina historias sentimentales, mantienen debates larguísimos acerca de las actitudes de cada uno de ellos. ¿Cuál de aquellas actitudes es la que criticas más?

**JJM** Recuerdo que desde el punto de vista formal, en aquel momento, dudaba si me interesaba más en la novela el aparato reflexivo o el aparato narrativo. De hecho, en esa novela hay personajes que se encargan de reflexionar y otros que se encargan exclusivamente de actuar. Esta división entre la reflexión y actuación refleja mi duda personal, como escritor, de hacia dónde me interesa ir: si hacia un relato donde predominen los aspectos reflexivos o hacia un relato donde predominen los aspectos narrativos. La presión ambiental era muy fuerte a favor de los textos reflexivos porque eran los últimos años del experimentalismo. Yo finalmente me fui decantando por la narración pensando que la reflexión no debe estar explícita, sino que debe estar encapsulada; que la reflexión, que es el motor de la novela, debe ocupar el espacio que en un buen coche ocupa el motor. La sensación que tiene el pasajero que viaja en un buen coche es que el coche no tiene motor porque el motor no se oye ni se ve.

En esta novela queda así reflejada una duda mía, que era una duda de varios novelistas del momento, porque en los 70 la presión de la literatura experimental sigue siendo muy fuerte en España. Una novela que se entienda, cuyo argumento se entienda, o simplemente que tenga un argumento está muy mal vista. Esta presión, creo, está expresada en *Visión del ahogado* a través de los personajes que o bien reflexionan o bien actúan, pero que son incapaces de actuar y de reflexionar a la vez.

**KOB** En *El jardín vacío* y también en *Visión del ahogado* aparece la reflexión de que la sociedad y los ideales forman a los protagonistas en función de unos intereses ajenos y nunca en función de sus propios intereses. ¿A qué ideales y a qué intereses te refieres?

**JJM** Algo que me obsesionaba mucho en aquel momento era cómo se crean los modelos del comportamiento, los modelos amorosos. Por ejemplo, en *Visión del ahogado* hay toda una generación cuyos modelos amorosos y, por lo tanto, modelos del comportamiento sentimental proceden del bolero en general. Ellos siempre están buscando amores desgraciados, no porque esto realmente forme parte de su deseo, sino para responder a esos modelos.

**KOB** Por ejemplo, Julia tiende a interpretar la vida según los textos de los boleros, dramatizarla como si fuera una ficción. Su amante, Jorge, constantemente la critica por eso. ¿Tiene razón él?

**JJM** No creo que sea solamente Julia la que esté enganchada al bolero, la que esté sentimentalmente formada por la letra del bolero. Pienso que sus compañeros, Luis y Jorge, también. Creo que están todos enganchados aunque uno se resista más que otro a ese tipo de formación. Allí se establece una lucha entre el deseo propio y el deseo ajeno y una lucha por saber si es realmente posible tener un deseo propio. En la realidad tan hostil en que vivía nuestra generación no había modelos de comportamiento medianamente dignos. Lo que me interesaba en aquellos momentos era cómo escapábamos de esa realidad a través de unos modelos literarios, el cine, la canción y, por lo tanto, creamos unos modelos absolutamente irreales de comportamiento existencial y amoroso. En cierto momento de la juventud viene el tiempo de la reflexión, cuando te preguntas con qué materiales está montada la identidad que te has creado. ¿Estará basada sobre un deseo propio o sobre un deseo ajeno? Y, entonces, aparecen otras preguntas de índole existencialista: si es posible tener una identidad propia o si es posible aceptar como propia la que se ha heredado o la que se ha imitado.

**KOB** En general, en tu ficción las mujeres funcionan de una manera distinta que los hombres, pues son capaces de motivarse mejor y también son más simpáticas . . .

**JJM** En algún momento he tenido la percepción de que las mujeres eran más valientes que los hombres en el sentido de que una mujer puede matar por amor y un hombre no. Creo que los hombres están mucho más presos de las convenciones sociales, de la trama de los intereses económicos. La mujer tiene una relación menos sólida con todo eso y, por lo tanto, es más capaz de mandar todo al carajo para empezar de nuevo. Es una intuición que quizás se debe a que nuestra generación ha recibido una educación muy machista, muy misógina y, por lo tanto, hemos tenido que plantearnos la pregunta de por qué nos habían inyectado ese modelo tan machista de mujer. Además, irónicamente de costumbre nos lo enseñaba la madre, que era la que estaba en casa y tenía tiempo de criarnos. Nosotros hemos tenido que replantearnos la vida aspecto por aspecto, cuadrícula por cuadrícula. Ese cuestionamiento ha facilitado el descubrimiento de las zonas femeninas que hay en uno y ha permitido que la afición por lo femenino aflorara. Eso me hizo ver que las mujeres eran más interesantes que los hombres porque estaban menos vinculadas a la realidad que los hombres. El hombre forma parte de la trama y la mujer está en la trama pero nunca llega a formar parte de ella.

Ese sentimiento, real o no, pero que ha funcionado en mi cabeza, ha hecho que de allí salgan personajes con mayor capacidad de cuestionarse la realidad en que viven y, si no les gusta, salir de ella. Es el caso, por ejemplo, de la protagonista de *La soledad era esto*, Elena, que en un momento determinado se da cuenta de que no le interesa la vida que lleva y es capaz de romper con esa vida pese a que la alternativa es nada.

**KOB** ¿Una rebelión similar ocurre en *El desorden de tu nombre*?

**JJM** Sí, la rebelión de Laura es mucho menos aparatosa que la de Julio Orgaz y, sin embargo, es una loca en el sentido de que puede poner todo patas arriba en cualquier momento, mientras que en el hombre siempre hay un cálculo de lo que se juega.

**KOB** En *La soledad era esto* empiezas con un narrador en tercera persona y terminas dejándole a la protagonista contar sus experiencias ella misma. ¿Cuál es la función de este recurso?

**JJM** Como si ella hubiera arrebatado la voz al narrador diciendo: 'Ahora me quiero contar yo'. Yo comparo esta dinámica con una especie de relación tipo médico–paciente. El narrador sería el médico, un médico que está haciendo tu historial, y en un determinado momento tú decides que tú eres quien quiere contar tu enfermedad y, entonces, arrebatas el historial médico y sigues escribiendo desde el punto donde el médico lo dejó. Ya no quiere ser contado sino que quiere contarse.

**KOB** En *El orden alfabético* el proceso es inverso. La novela empieza en primera persona y termina en tercera.

**JJM** Como si el paciente dijera: 'Estoy harto de escribir mi historial para el médico. Que lo siga escribiendo un narrador'.

**KOB** Elena, de *La soledad era esto*, es también una fumadora de hachís. ¿Cuál es el papel de esta dependencia dentro del mundo que Elena se ha creado?

**JJM** La dependencia del hachís en el caso de Elena simboliza la adherencia a ese mundo del que ella quiere desprenderse, al mundo de su marido, al mundo de su madre. Yo creo que el hachís representa justamente la metáfora de todas esas dependencias. Cuando Elena decide tomar las riendas de su vida, empieza a dejar de fumar.

**KOB** Hay otro cuento tuyo, 'La primavera de luto', donde la protagonista también se llama Elena y también está abusando de las substancias químicas, que en su caso no es hachís sino tranquilizantes. Elena mata a su amante y nos quedamos con la sospecha de que también había matado a su marido, pero no se dio cuenta de haberlo matado por haberse tranquilizado siempre de una manera perfecta.

**JJM** Esa necesidad de narcotizarse está muy presente en el mundo contemporáneo. Es una manera de escapar de la realidad y de la conciencia.

**KOB** Hay otras maneras de escapar que presentas en tu ficción, por ejemplo imaginar. En tu cuento 'La puerta secreta', encontramos a Vicente Holgado en su cama imaginando viajes a realidades lejanas y exóticas porque aborrece profundamente la realidad en que le toca vivir. En una ocasión imagina una realidad que es casi igual a la suya con la única diferencia de que todo lo que en su realidad está a la izquierda en la realidad imaginada está a la derecha y de que todas las cosas se ven más iluminadas y, cuando sale a la calle, hasta los transeúntes son más amenos. Vicente se queda allí feliz y deja de imaginar. ¿Es posible que nuestra imaginación sea tan poderosa? ¿Somos capaces de cambiar nuestra realidad vital de esta manera?

**JJM** No solamente es posible sino que esa zona que llamamos irreal es la que construye la que llamamos real porque todo lo que podemos ver son proyecciones de nuestros fantasmas. Para que este magnetófono existiera alguien tuvo que pensarlo, o sea, fue un fantasma. Todo fue un fantasma antes de ser un objeto real. De manera que lo que llamamos 'imaginario', no sólo es real sino que es la zona más grande de la realidad de la que nos están cayendo encima materiales todo el tiempo. Todo lo que seas capaz de imaginar, los sacapuntas y las botellas, los vasos, son proyecciones de nuestros fantasmas. Ese cuento de 'La puerta secreta' es un ensayo de lo que quería hacer en *El orden alfabético*: articular lo real y lo irreal, que son dos mundos desarticulados habitualmente y uno de ellos negado. Vivimos en un mundo donde lo imaginario no tiene carta de naturaleza ninguna, no se estudia en los colegios. Mientras se enseña a los alumnos dónde tienen el hígado, la vejiga, no se les enseña nada de esa capacidad de imaginar que también tienen dentro. En cierto modo la educación consiste en la represión de esa facultad de imaginar de manera que no veamos sino lo que esperamos ver. Todos conocemos el cuento del rey desnudo, donde todo un pueblo ve al rey vestido aunque está desnudo porque les han dicho que lo deben ver vestido. Solamente un niño que no está culturizado lo ve desnudo. Esto nos pasa a todos desde que nos levantamos hasta que nos acostamos. Vemos lo que nos dicen que tenemos que ver o lo que esperamos ver. Y si conociéramos mejor esa zona de la realidad, si fuéramos capaces de trabajar más en el lado de lo imaginario, de articularlo con el mundo real, las cosas serían distintas.

**KOB** En otro cuento, 'Los trastornos de carácter', encontramos a Vicente en una situación similar: sin entusiasmo hacia la realidad de afuera y con ganas de penetrar la realidad del interior de los armarios empotrados. ¿Adónde llega viajando a través de sus misteriosos conductos?

**JJM** A la conciencia quizás, que es un espacio muy confuso.

**KOB** En este cuento el narrador es el vecino de Vicente, que vive en un apartamento igual, aunque con una simetría inversa, un poco como el que se imaginó Vicente de 'La puerta secreta'. ¿Sería un error imaginar a este narrador como un alter ego de Vicente o como un Vicente que cruzó por la puerta secreta, que se encontró con la realidad iluminada y sobrevivió a su protagonista?

**JJM** No, porque realmente es eso lo que está sucediendo: la relación entre esos dos apartamentos es una relación especular y, por lo tanto, si todo está situado en forma de espejo, ¿por qué no lo estarían los individuos que habitan estos apartamentos también? Yo he tenido siempre una incapacidad tremenda para ver las cosas desde afuera, o sea, globalmente. Probablemente es un problema mental. No sé qué habitación hay aquí debajo. (Estamos sentados en el estudio del escritor, que se encuentra en el tercer piso de su chalé.) Recuerdo que siendo pequeño, en el colegio, nos mandaron dibujar un plano de nuestra casa y todo el mundo lo hizo correctamente: un rectángulo y, dentro de él, las habitaciones. Yo no me lo podía representar en la mente, así que me imaginé entrar en casa y seguir de una habitación a la otra y al final en el dibujo me salió una especie de tubo digestivo, porque no tenía una percepción global desde fuera sino una percepción microscópica.

De repente, ya muy mayor, me di cuenta de que en las casas los apartamentos estaban ubicados en forma de espejo para que las bajadas del agua coincidan y por otras necesidades de orden económico. Para mí fue un descubrimiento asombroso porque me di cuenta hasta qué punto la realidad era especular y que lo que tomamos por sus extensiones son sus reflejos.

**KOB** El protagonista principal de *El desorden de tu nombre* conjuga la imaginación, la escritura, el psicoanálisis y la acción. Así logra escribir una novela que sorprendentemente coincide con la vida. ¿Puede uno inventar la vida primero y vivirla luego?

**JJM** En este caso son dos situaciones paralelas que demuestran lo frágil que es a veces la distinción entre lo real y lo imaginario. Este individuo cree que ha encontrado un argumento estupendo para una novela sin darse cuenta de que es precisamente lo que le está ocurriendo.

No solamente puede uno inventar la vida primero sino que el deseo es el motor de todo, o sea, que inventamos las cosas antes de vivirlas y luego las vivimos. Las parejas se casan y antes de tener un hijo ya sueñan si tendrá ojos azules o verdes, o sea, los hijos son hijos del deseo. Y, cuando queremos ser escritores, primero soñamos con ser escritores. Todo se vive antes en la imaginación como una forma de preparación para la vida real.

**KOB** ¿Cuál es la función del psicoanálisis en esta novela?

**JJM** El psicoanálisis es el único método materialista que se conoce para investigar la realidad psíquica que forma parte de la realidad real. En esta novela el psicoanálisis cumple la función de coser esas zonas de la realidad vital y de la imaginaria.

**KOB** El protagonista principal de *El desorden de tu nombre* aparece de una manera diferente de los anteriores personajes tuyos, por ejemplo los del *El jardín vacío* y de *Visión del ahogado*. ¿A qué se debe esa diferencia?

**JJM** Lo que me parece más destacable de este personaje, en distinción a los que mencionas, es que en aquellas primeras novelas los personajes, a medida que se degradan por dentro, se degradan por fuera. En *El desorden de tu nombre* esto se invierte porque cuanto más degradado está por dentro Julio, mayor es su éxito social. Éste es un dato nuevo.

**KOB** ¿Y cómo se entiende?

**JJM** Se debe a que tengo más años y, por lo tanto, una visión menos unívoca de la realidad y pienso que esas cosas son compatibles.

**KOB** Dijiste que el deseo es el motor de todo. ¿Lo ves como un peligro?

**JJM** Realizar los sueños siempre es un peligro. Dado que antes de que las cosas ocurran, primero las soñamos, hay que tener mucho cuidado con los sueños, porque ¡se cumplen seguro!

**KOB** En dos novelas tuyas, en *El jardín vacío* y en *El orden alfabético*, el protagonista principal intenta encontrar la enciclopedia que le había inspirado mucho cuando era niño. El papel de la enciclopedia en tu visión del mundo parece importantísimo, parece que ha ocupado el mismo lugar del libro sagrado, de la Biblia. ¿Es así?

**JJM** El papel importante de la enciclopedia es evidente. Lo que no entiendo es por qué contrapones la enciclopedia y la Biblia. Yo soy un furibundo lector de la Biblia y me parece la fuente de grandes relatos de nuestra cultura. La Biblia contiene las estructuras narrativas básicas, y lo que hemos hecho los escritores no es más que repetir la Biblia. En la Biblia está alcanzado al cien por cien el sueño de *El desorden de tu nombre*, que es mezclar la novela con el cuento. La Biblia es una novela llena de cuentos. Incluso contiene cuentos de quince líneas que han determinado la existencia de los hombres. Yo daría mi mano derecha por escribir un cuento de quince líneas como 'La torre de Babel'.[1] ¡Qué clase de sabiduría narrativa hay allí que ha arrastrado tanto interés!

Yo no lo vivo con ningún tipo de incompatibilidad: soy un buen lector de las enciclopedias, pero soy también un gran lector de la Biblia.

**KOB** Pero el libro en que se buscan los orígenes es la enciclopedia.

**JJM** En la novela sí, pero como la pregunta era personal . . . La novela alude al hecho de que en todas las casas burguesas, de clase media, poco cultas en España, había solamente tres libros: la enciclopedia, la Biblia y la guía telefónica, que son los tres pilares de nuestra formación. Hay un chiste muy conocido acerca de la guía telefónica que expresa la idea de que este libro formaba parte de nuestra biblioteca. Un loco está leyendo la guía telefónica y se le acerca otro loco y le pregunta: '¿Te la estás aprendiendo de memoria?' Entonces el primero responde: 'No, de memoria no. Comprendiéndola'. Pues nosotros habíamos leído la guía telefónica así, comprendiéndola.

**KOB** Hemos hablado mucho sobre los protagonistas tuyos que de diferentes maneras conjugan la ficción con la vida. ¿Cómo lo has hecho tú?

**JJM** Siendo novelista y, por lo tanto, viviendo de eso. Convirtiendo en un modo de vida algo que parece imposible como tal. Tengo la sensación de que me he escapado. Me he escapado de la oficina, de una vida convencional. Me he escapado justamente por el lado de la ficción. Vendo cosas que no sirven para nada, pero he conseguido vivir de eso. En cierto modo he conseguido convertir en una manera de vida lo que en mi infancia era un modo de huir de la realidad. Yo huía de la realidad a través del cine y de los libros y he conseguido vivir de esa huida.

**KOB** Sé que durante los últimos años estás conjugando también la literatura con el periodismo. Ambos forman la percepción que la gente tiene de la realidad. ¿En qué difieren para ti?

**JJM** Yo, de verdad, cuando hago periodismo no tengo la impresión de no estar haciendo literatura. La única diferencia para mí es que tengo que entregar a fecha fija y que tengo un espacio predeterminado. El tipo de periodismo que yo hago es muy literario. Escribo muchos cuentos de una columna. No soy como esos escritores que se quitan el sombrero de hacer literatura y se ponen el de hacer periodismo. Yo trabajo con el mismo sombrero todo el rato.

**KOB** ¿Te parece que el trabajo periodístico ha influido de alguna manera en tu labor literaria?

**JJM** Me ha enseñado cosas, por ejemplo, me ha enseñado a ser muy económico. Por lo tanto, me ha hecho valorar más el género del cuento y el de la novela corta, que son los géneros hacia los que me dirijo cada vez con más intensidad. Ha habido un intercambio de materiales porque también la labor periodística se ha enriquecido de la literaria. Básicamente no son cosas distintas para mí.

**KOB** ¿Estás, entonces, en desacuerdo con las personas que se quejan de que el mercado, debido a que impone la necesidad de cierta facilidad de lectura, ha hecho bajar el nivel de la producción literaria?

**JJM** Yo no sé si eso ha pasado porque creo que no tenemos la perspectiva suficiente para juzgarlo. La literatura está en permanente cambio. Es cierto que ha desaparecido un tipo de lector. Creo que nosotros hemos sido la última generación que hemos leído, la última generación que estábamos dispuestos a leer también las cosas que no entendíamos. Se están produciendo ciertos cambios. Lo que ocurre es que estos cambios están muy pegados a los ojos y todavía no los distinguimos bien. En el siglo pasado de manera idéntica se acusaba al mercado de quitarle el aura al arte.

Lo que sucede es que las cosas que no se escriben con intención literaria pasan a veces a la historia de la literatura, como es el caso de la Biblia, o de toda la obra de Freud. También las cosas que hace veinte años se consideraban como malas, ahora se consideran como buenas, y viceversa. Es un territorio demasiado inestable como para aventurar opiniones sobre lo que ha pasado en las últimas décadas.

**KOB** ¿Por qué crees que el lector de hoy no está dispuesto a leer las cosas que no entiende?

**JJM** Quizás la lectura tenga que competir con otras cosas como la televisión, la música, el Internet. Nosotros solamente teníamos un juguete, que era la lectura, por lo que no tenía competencia posible. Leíamos todo lo que nos caía en las manos.

**KOB** Y de lo que leías, ¿qué te ha influido más?

**JJM** Te podría decir la novela francesa del XIX, la tradición cuentística rusa del XIX y XX, los primeros treinta años de la literatura europea del XX, toda la tradición cuentística norteamericana y el periodismo; y, después de que dijera todo esto, tú dirías: '¡Caramba! Este chico, ¡de qué manera tan ordenada ha leído!'. Pero es mentira, porque no he leído de un modo ordenado. Además he leído muchísima filosofía y para mí la filosofía ha sido importantísima. He estudiado filosofía y me interesa como discurso. En los últimos años me interesa mucho el discurso científico, el discurso de la física, sobre todo de la física subatómica. Todo el estructuralismo ha sido muy importante en mi formación, especialmente Foucault. Si hay un personaje fundamental en mi formación es Foucault. Lacan me interesa menos. Me interesa más leer cosas sobre Lacan que a Lacan porque no le entiendo.

**KOB** ¿Qué obras tuyas están traducidas al inglés?

**JJM** En este momento se están traduciendo dos, contratadas por una editorial de Londres, *La soledad era esto* y *El desorden de tu nombre*. El mercado inglés y el americano son muy endogámicos porque tienen de todo y no necesitan nada de fuera. Son mercados muy difíciles para cualquier lengua que no sea inglesa. En los Estados

Unidos tienen que tener razones extraliterarias para traducir a los escritores hispanos, tienen que ser negros que han matado a su padre o lesbianas que han matado a una cuñada.

**KOB** ¿De dónde viene la obsesión con el inglés que tiene el padre del *El orden alfabético*?

**JJM** Eso tiene mucho que ver con la torre de Babel y con la fantasía de un idioma único que se está reproduciendo en la tradición inglesa. Entre los que hablan el inglés existe la ilusión de que es un idioma con el que de vez en cuando nos entendemos y, por lo tanto, podemos construir una torre común comunicándonos con él. Sin embargo, el inglés del noventa por cien de la población es un inglés de aeropuerto, un inglés muy pobre, una especie de esperanto.

**KOB** Leí tu artículo en *El País* del último domingo en el que comentabas las últimas elecciones en Madrid diciendo que no venció la derecha sino El Corte Inglés. ¿Qué querías decir?

**JJM** Esto está muy bien expresado en *El orden alfabético*: todo aquello que no es susceptible de convertirse en hábito de consumo no existe. Esta situación ocurre en España como en cualquier otro país.

José María Merino

# José María Merino: El mar interior—sobre el poder de la imaginación

José María Merino nació en La Coruña en 1941 y residió durante muchos años en León. Comenzó escribiendo poesía, pero son sus novelas y cuentos los que le han dado premios literarios y reconocimiento internacional. Por su primera narrativa publicada, *Novela de Andrés Choz*, recibió en 1976 el Premio Novelas y Cuentos, al que le siguió el Premio Nacional de la Crítica en 1985 por *La orilla oscura*, el Premio de Literatura Juvenil en 1993 por *Los trenes del verano/No soy un libro* y el Premio Miguel Delibes de Narrativa por *Las visiones de Lucrecia* en 1996. Entre sus contemporáneos se le considera un maestro del relato breve.

Debido a que trabajó varios años en el Ministerio de Educación y en la Administración de Cultura, el mundo de la enseñanza ha sido siempre una referencia importante para él. *El oro de los sueños* se ha leído mucho en los colegios y se ha traducido a varios idiomas, incluido el inglés. Por lo tanto, José María Merino tiene mucha relación con la gente joven y, a menudo, va a institutos y colegios a dar charlas literarias. Ha viajado a diferentes lugares del mundo. Desde hace tres años se dedica casi exclusivamente al trabajo literario. Vive en Madrid, en un apartamento espacioso y decorado con esmero, rodeado de su familia.

En la realidad que surge de su narrativa lo cotidiano y concreto se funde con las dimensiones secretas de los sueños, de los mitos y de lo desconocido. Lo mundano se ve rodeado por, y sumergido en, lo infinito e impenetrable. La identidad y la memoria humana se forjan precisamente en la lucha por reconciliar estos ámbitos: lo actual y lo ideal o la realidad y la ficción. Las experiencias más significativas, sin embargo, parecen ser las de pérdida del equilibrio, de extraviarse en lo que no existe o, como diría Merino, en lo que pertenece a la realidad primaria, la de los sueños, nuestro mar interior.

Como explica Gonzalo Sobejano, en la narrativa de Merino

> la ficción significa lo imaginativo, lo creativo, el sueño y la ensoñación, lo extraño, lo extraordinario; la realidad equivaldría a lo ordinario, lo razonable, lo esperable, la vigilia, lo común y familiar . . . [La] ficción es la forma en que procede la poesía del corazón en su búsqueda del valor de los valores mientras el reducto de la realidad, o la realidad reducida, tiene mucho que ver con la prosa del mundo, con los límites de la vida diaria. (*Aproximaciones críticas . . .*, 246)

Sobejano admite que las incursiones en lo imaginario en la narrativa de Merino son impresionantes, pero más aún le interesan los necesarios retornos de sus personajes a la realidad, impuesta por 'el trabajo y la enfermedad, el deber y el cuerpo'. Estos retornos, según el crítico, conmueven más porque se representan como 'vuelta agradecida al puerto seguro del hábito o la habitación delicada, pues es terrible perderse en lo extraño'. Aunque la realidad triunfe siempre al final, no solamente en la vida sino también en la ficción misma, no me resulta tan claro que en la narrativa de

Merino estos finales signifiquen siempre un alivio y tampoco me parece fácil, sobre todo en las últimas obras del escritor, dibujar una línea clara entre la realidad y la ficción.

En los cuentos y en las novelas de José María Merino, la ficción afecta la realidad de maneras diversas: como un modelo que se realiza, como un deseo o una obsesión que deforma el mundo a través de los cuerpos en que se impregna, a través de la literatura que inspira estos deseos, como un ideal que empuja a la acción y, finalmente, como un elemento integral de la vida individual y política en forma de sueños, mentiras, imágenes creadas, el mundo de los simulacros o de lo virtual. Representativo del primero de los casos es 'El nacimiento en el desván'. Su protagonista construye en el ático un belén que resulta ser una copia tan perfecta de su propio pueblo que parece el pueblo mismo vivo. De hecho un día las figuras de los habitantes en el belén empiezan a moverse. El artista, asustado, cubre su obra con una manta y escapa de su propia creación a las calles del pueblo real, donde, de acuerdo con la teoría de Sobejano, parece respirar con alivio. Ese alivio, sin embargo, se desvanece de manera inmediata cuando encuentra el cuerpo de su vieja asistenta, que yace en el patio con las ropas desgarradas y una enorme herida abierta en la espalda. Este bestial asesinato, seguido por otros similares, sugiere la presencia de un extraño monstruo en la vecindad. Después de varios días, durante los que perecen más y más víctimas, el artista sube al desván para refugiarse esta vez en su pequeño pueblo ficticio, quita la manta del nacimiento y debajo de ella ve a su gato alargando la zarpa hacia la figurita que representa al artista mismo, a él. Atrapa al gato, vuelve a cubrir la maqueta, cierra con llave el desván y echa la llave al pozo. Aquí la vuelta a la realidad supone un gran alivio y el cuento, sin lugar a dudas, nos advierte contra los peligros de los modelos perfectos porque, sin que éste sea el deseo del autor, pueden convertirse en realidad.

Esta oposición entre el peligro de la ficción y el refugio de la realidad no resulta, sin embargo, tan obvia en los cuentos posteriores, tales como 'La imposibilidad de la memoria', en las novelas cortas 'El mar interior' o 'El misterio Vallota' ni en la última novela de Merino, *Los invisibles*. En 'El mar interior', Octavio nace dotado de una imaginación muy rica, por lo cual resulta menos hábil para las cuestiones materiales de la vida. Su padre se lo reprocha diciendo: 'Yo quería que tú fueses alguien . . . Que ganases un día dinero y pudieses reírte del mundo' (182). En una sociedad en la que faltan oportunidades para individuos imaginativos y poco prácticos como Octavio, esta voz paternal, que lo llama a la realidad con constantes reproches, le impulsa a aceptar el trabajo de traficante de drogas y así contribuye a su muerte. En el momento de morir, Octavio logra recuperar dentro de sí el inmenso mar y recluirse dentro de su mundo interior, un mundo imaginado. El retorno de Octavio a la realidad tan sólo le proporciona infortunios y es la ficción la que le alivia a lo largo de su vida y también en su último instante.

En 'La imposibilidad de la memoria', una pareja de idealistas que en los años setenta creían que el mundo podría mejorarse, se amaban apasionadamente y escribían poesía, con el paso de los años y la paulatina comercialización de la realidad que les rodea pierden no sólo la fe, la inspiración, el amor, sino también las ganas de vivir y la identidad.

Aunque su depresión no parece inevitable, ni siquiera justificada, tampoco resulta imposible de entender, dado que el mundo de afuera se evoca en el texto como un reino de publicidad, de mascaradas políticas y de basura literaria. En este cuento el triunfo de la realidad, o el retorno a ella tras el abandono de los ideales, supone el fracaso de los personajes; su pérdida de espíritu les exprime de toda su sustancia, por lo cual se vuelven invisibles, desaparecen.

De manera similar se representa la realidad en 'El misterio Vallota', cuento sobre un político que logra popularidad y éxito gracias a su imagen, creada por la televisión, mientras que él mismo está ausente, veraneando en unas islas tropicales. Lo curioso es que la ficción, o sea, la versión virtual de Vallota, resulta más real que el Vallota verdadero:

> Podemos producir inimaginables sustancias orgánicas e inorgánicas, ¿por qué no vamos a poder producir de pronto un efluvio visual y hasta una imagen con volumen corporal, capaz de ser aceptada como verdadera y real por la mirada colectiva? Una especie de moderna versión de aquellos ectoplasmas que hacían corporeizarse los antiguos espiritistas, pero a través de la moderna tecnología audiovisual. (267)

La reaparición del personaje en las últimas escenas del texto no constituye una desmitificación, ni tampoco crea alivio, sino, más bien, hace constatar al narrador que 'el mundo es de los Vallotas', lo que significa que no existe el retorno a la realidad no contaminada por ficciones mediáticas. Parece que en este momento la mayor preocupación del escritor es, ya no tanto la oposición entre la realidad y la ficción, sino, más bien, cómo éstas se mezclan y confunden en nuestra vida de todos los días.

En su última novela, *Los invisibles*, es donde esta preocupación se manifiesta más claramente. La novela consta de tres partes. En la primera, un narrador en tercera persona, focalizado en el protagonista principal, Adrián, cuenta la historia de este joven, que por tres meses de su vida se vuelve invisible. En la segunda parte, el escritor de la novela, que parece ser el mismo José María Merino, explica a los lectores el origen de la historia. Esta parte se titula 'Ni novela, ni nivola', porque, como afirma el autor, es, más bien, una crónica, una reescritura de lo que le había contado el joven Adrián, y, por lo tanto, aunque pueda parecerlo, no es una ficción. Pero, ¿lo parece? Es cierto que narra eventos aparentemente imposibles, pero al mismo tiempo no es verosímil. Según explica el autor, la falta de verosimilitud es perdonable en las historias verdaderas precisamente porque pertenecen a la realidad, pero no es permisible en la literatura. 'La realidad no es verosímil, simplemente es, y en ella pueden suceder disparates y anomalías que la ficción difícilmente tolera' (275).

Adrián, el protagonista de la novela, no está de acuerdo con este análisis del escritor. Cree que la ficción no debe ser más rígida que la vida misma y que debe tener los mismos derechos que la realidad, o sea, que no hay razón para imponer la lógica narrativa y sus normas al misterio para contarlo. Este intercambio de opiniones, que al principio provoca un conflicto entre el autor y su personaje, más adelante lleva al escritor a lo que parece ser el mensaje del libro:

> Los seres humanos, por lo menos los occidentales, hemos perdido la capacidad para imaginar el misterio. (228)

> no estoy hablando de metafísica sino de la propia envoltura de la vida, ese tejido también invisible y extraño que los asuntos cotidianos nos hacen olvidar hasta que topamos con la muerte como un mal sobresalto. (267)

*Los invisibles* anuncia el mismo cambio en el concepto de escritura literaria que se ha manifestado también en las obras de Millás, Fernández Cubas, García Morales, Vila-Matas y otros autores contemporáneos. Este cambio consiste en una abertura hacia lo que la mente moderna consideraba como imposible y que en la ficción se condenó al status de lo fantástico. Representar lo inexplicable como 'fantástico' permitía mantener la verosimilitud de la ficción y, al mismo tiempo, distinguirla de la realidad. Más aún, la ficción misma suministraba esquemas interpretativos racionales para todo lo que en la realidad podía parecer raro. Los esquemas interpretativos de la ficción fantástica decimonónica nos muestran que casi todo lo insólito puede explicarse como una coincidencia, una manipulación, un sueño o un ataque de locura. El autor-narrador de *Los invisibles* pretende adoptar esa misma manera de pensar para explicarse la historia de Adrián, pero al describir sus reflexiones, dudas y esfuerzos interpretativos y, al compararla con otras historias increíbles pero reales, muestra al lector que lo fantástico ya no existe, que se trata, más bien, de lo inexplicable real, que nos negamos a ver en el mundo que nos rodea.

> a menudo no vemos lo que no queremos ver. Los campos de exterminio nazis fueron invisibles para los contemporáneos más cercanos. Ni en los mismos pueblos vecinos de los hornos crematorios quisieron enterarse de lo que pasaba. Aquel horror era invisible porque la gente no quería verlo. Hay muchas cosas que la gente no ve porque no quiere. (271–2)

La nueva tendencia en la literatura contemporánea, que se niega a ser fantástica aunque habla de lo increíble, lo insólito, lo otro, nos impulsa a que dejemos de negarnos a ver. Sugiere que no vemos las cosas porque parecen inaceptables para la razón, nos despiertan horror o porque carecemos de esquemas interpretativos para incorporarlas en nuestro sistema de conocimiento. Así la ficción contemporánea adquiere un papel importante enseñándonos a reflexionar ante lo incomprensible. También las diferencias tradicionalmente establecidas entre la ficción y la realidad, tal como las define el autor en la segunda parte de la novela, parecen ir borrándose dentro de la obra. *Los invisibles* se nos presenta como un simulacro de la ficción y una crónica de la realidad al mismo tiempo. La realidad recibe así el status de simulacro de la ficción, algo menos perfecto que ella por su falta de coherencia, de lógica, de estructura, pero por lo demás igual, con todas las posibilidades de que exista algo más allá de lo que vemos.

# Entrevista

*(Madrid, julio 1999)*

**KOB** Lo que me fascina en tu obra es cómo ves las relaciones de la mente con la realidad, del mundo interior del hombre con el mundo que está afuera. En varios cuentos tuyos, la mente y lo que la mente crea trascienden hacia la realidad y la afectan. ¿Es solamente una idea fantástica o crees que es posible y ocurre en el mundo en que vivimos?

**JMM** En realidad, todo lo que hemos hecho los seres humanos, bueno o malo, lo hemos hecho con la imaginación. Es la imaginación la que ha transformado la naturaleza. Lo que nos parece más natural y concreto en realidad es un mundo imaginario de objetos imaginarios porque todo procede de la imaginación. A mí me gusta jugar con ello como un elemento de la ficción, lo llevo a un punto de parábola. En una de mis últimas novelas, un muchacho nace con un mar dentro de él. Yo creo que la imaginación es una especie de mar que tenemos que nutrir y que tenemos que ordenar. Posiblemente no somos otra cosa en nuestra gran dimensión que imaginación en ebullición.

**KOB** El papel de la ficción como lo planteas en el cuento 'Tres documentos sobre la locura de J.L.B.' es destruir los dogmas en que se fundan realidades, de manera que la ficción viene a ser una garantía de libertad. ¿Cómo es posible que la ficción tenga un poder tan grande?

**JMM** Creo que la ficción, sobre todo la ficción literaria, ha secularizado la palabra sagrada. En un principio era sólo la palabra de Dios, hasta que en un momento apareció la palabra humana, la ficción. El ser humano empezó a pensar y a debatir a través de los libros. El libro es el objeto secular por excelencia y, al mismo tiempo, es el objeto sagrado por lo que heredó de la Biblia, el libro único.

La ficción inventa un mundo que no es un mundo sagrado, sino secular, un mundo de lo cotidiano. Ese mundo no tiene más allá como la ficción, que no nos ofrece el paraíso ni el infierno, se termina en sí misma. Nos ofrece, en cambio, las posibilidades de conmovernos, de reflexionar, de vivir aventuras dentro de uno mismo. La ficción, escrita e impresa, es lo que ha hecho el ser humano tal como es hoy. Borges decía que puede que llegue un día en el que la novela termine y, entonces, vuelvan los cuentos. Yo creo que si la novela termina, nuestra cultura, que ha llegado a fraguar gracias a la multiplicidad de las novelas, gracias a la ficción escrita, terminará también. En la ficción está la libertad y la capacidad de pensar todo. Miles de novelas pueden contradecirse, pero todas tienen la misma capacidad dialéctica. No hay novelas, salvo estéticamente, mejores o peores. Es decir, que todas las novelas están allí, conviviendo en el mismo nivel.

**KOB** Lo que estás diciendo es que la multiplicidad de las ficciones es lo que nos da la libertad . . .

**JMM** La lectura es una escuela de libertades, porque aprendemos, primero, que no hay verdades absolutas; segundo, que todo es posible – que hay muchas perspectivas diferentes de ver las cosas. La ficción en sí misma no tiene absoluto, tiende a ser relativista y, además, una ficción se enfrenta a otra ficción, que a su vez tiene detrás otra ficción. Los personajes de ficción están todos conviviendo en el mismo espacio. Por lo tanto, es una escuela de aprendizaje de la diversidad de las cosas y de conductas. Muchas de las cosas que conocemos, las conocemos gracias a las lecturas. Leer es una forma de vivir.

**KOB** ¿Cuál es la diferencia entre el conocimiento que nos da la ficción y el que nos da la vida?

**JMM** La vida se produce espontáneamente y el mundo en que vivimos es un caos que a menudo parece inverosímil. En cambio, la ficción tiene que ser verosímil, por lo que necesita regirse con una lógica con la cual ordena la caótica experiencia vital.

En la vida nosotros sentimos directamente. La ficción nos da una reflexión y una elaboración de los sentimientos. Muchos de los comportamientos afectivos que tenemos los hemos aprendido en los libros, aunque nosotros no los hayamos leído. La cultura occidental ha ido fijando a través de las ficciones su manera de conocer las cosas, su manera de conocer los personajes. Yo siempre digo que en los libros he conocido a personajes mucho más interesantes que en la vida. Esto no quiere decir que renuncie a la vida o que ponga el nivel de la literatura por encima del nivel de la vida. Son complementarias: la ficción nos da un sentido de lo que pueda ser la vida, o sea, le da un sentido a la vida.

**KOB** En 'Oaxacoalco' el narrador en cierto momento invierte el orden habitual describiendo la realidad como 'esa ficción que va segregando la imaginación sin otra consistencia que los sueños' (136), o sea, que lo real no es lo verdadero. Sugiere que la única experiencia verdadera es la ficción que está escribiendo. ¿Cómo se entiende?

**JMM** En el momento en que la ficción existe, la ficción es tan verdadera como la realidad, o sea, para mí la ficción no es una realidad de segunda clase. La ficción es una realidad tan perfecta y tan concreta como la vida.

**KOB** Y un protagonista muy metido en la búsqueda de ese sentido dentro de la ficción, ¿puede llegar a considerar la realidad como una ficción de segunda clase?

**JMM** Posiblemente. Lo que pasa es que también hay un paso en el cual entras en la locura. La ficción tiene una relación con la realidad a través de la cordura y a través de la disposición de los lectores a aceptarla. El punto de no retorno se produce cuando el autor entra en la locura, pero hasta allí lectores y autores jugamos con un espacio que no es exactamente la realidad de los hechos, sino la realidad de los sueños, la realidad de la imaginación, y es tan realidad la una como la otra.

**KOB** ¿Y cuál es ese punto donde se entra en la locura?

**JMM** No lo sé. Por ejemplo, un mundo que yo creo que tenía mucha importancia en el siglo veinte es el mundo de Kafka, donde siempre hay un espacio terrible de alucinación, pero este espacio nunca descompone al sujeto, pues el sujeto siempre es consciente de lo que pasa. Es un mundo parecido al de la locura, pero no es el de la locura, más bien de pesadilla, de delirio, de un sueño que no te puedes quitar de encima. El arte nunca deja de ser algo delirante. Desconozco en qué punto entraríamos en la locura, todo es cuestión de ver dónde está el límite.

**KOB** En tu ensayo 'Sobre la vigencia de la novela' postulabas que 'la realidad imaginaria de la novela ocupase cada día un lugar mayor y más destacado en la otra realidad' (130). ¿Qué querías decir?

**JMM** Yo defendía el papel de la novela, de la ficción novelesca, en la formación de la gente, no solamente en la formación de lectores, sino también como un elemento de conocimiento del mundo. Yo siempre pensaba que debe haber una especie de área de la imaginación en la formación de la gente que consistiría en estimular el gusto artístico, estético, por la lectura.

**KOB** Hace un momento dijiste que a veces encontramos a personajes más interesantes en el mundo de la literatura que en el mundo real. Laura, la protagonista de tu cuento 'El hechizo de Iris', dice que incluso conocemos mejor a algunos protagonistas literarios que a nosotros mismos. ¿Cómo es posible?

**JMM** A nosotros mismos normalmente nos conocemos mal. Confucio dijo que conocer a los demás era cosa de sabios, pero conocerse a sí mismo era de seres superiores. En 'El hechizo de Iris' hablan de *Orgullo y prejuicio*. Una gran escritora como Austen consigue que conozcas perfectamente el mundo interior del personaje. Estás viendo lo que piensa, lo que siente, porqué actúa de un modo determinado, mientras que en la vida nosotros mismos a veces ni siquiera sabemos muy bien porqué actuamos y mucho menos lo podemos saber de los demás. En la vida todo funciona según un juego de apariencias y de simulacros. Creer que es verdad lo que te dicen es una ingenuidad, incluso en el caso de un escritor que está contestando una encuesta . . .

Ciertamente, en la vida andamos siempre a tientas para saber cuál es el mensaje, poder descifrarlo y saber que estamos utilizando las claves correctas. Mientras tanto, en la literatura, en una novela o en un cuento bien hecho, todas las claves están allí. Si queda algo secreto, se debe a que también se necesita el misterio. Pero generalmente la literatura tiene una diafanidad que la vida no tiene. Tal vez el encanto de la vida es que no tenga la diafanidad de la literatura.

**KOB** ¿Tiene que ver quizás también con una relación diferente que establecemos como lectores con el tiempo de una novela y con el tiempo de nuestra propia vida? No vemos nunca el final de nuestra vida.

**JMM** Por supuesto, es muy importante porque, como se ha dicho muchas veces, toda literatura, incluso la de ciencia ficción, siempre habla del pasado, de algo ya sucedido, mientras que la vida siempre está por suceder, está sucediendo, está en tránsito.

**KOB** En tu cuento 'Los paisajes imaginarios' no podemos estar seguros de cuál es la relación entre el tumor en la cabeza del artista y la escultura que éste realiza. ¿Cuál de ellos existió primero y quedó reflejado en el otro? ¿Existe la respuesta a esta pregunta?

**JMM** No, no existe. Allí hay una especie de relación simpática entre la obra, la escultura que realiza el protagonista en el mundo exterior, y la patología interior. Posiblemente en la vida las cosas que hacemos también reflejen un poco nuestro mundo interior. Construimos el mundo que nos rodea de acuerdo con lo que somos interiormente. Incluso construimos nuestras relaciones con los demás de acuerdo con nuestra manera interior de relacionarnos con nosotros. Por lo tanto en aquel cuento habría una metáfora de la relación del ser humano con su propio interior y su exterior.

**KOB** Sin embargo, en 'El viajero perdido' y en 'El mar interior', el mundo interior se construye según lo que llega desde el exterior. El hombre misterioso con quien, según suponemos, al final se va la mujer del narrador, primero aparece en la realidad . . .

**JMM** Seguramente no hay una absoluta coherencia de ideas en mi ficción. Si fuese absolutamente coherente, a lo mejor me dedicaba a reflexionar, y quizás escribo ficciones precisamente porque no reflexiono lógicamente sobre las cosas. La imaginación es un mar que se nutre de cosas de fuera y las va reciclando, pero, por otro lado, si el ser humano no hubiese empezado a hacer funcionar su imaginación, seguramente en vez de estar sentados en un quinto piso, sobre un suelo de madera, estaríamos allí fuera en la tierra y no nos rodearían casas. Debido a que absolutamente todo, cualquier objeto que nos rodea, ha sido primero un sueño, luego un dibujo, después el sueño de cómo convertir ese sueño en realidad, así se han ido produciendo escaleras, ladrillos hasta que al final . . . estamos sentados en un quinto piso, rodeados por cosas procedentes de la imaginación.

**KOB** ¿Es, entonces, la imaginación la realidad primaria?

**JMM** Es el motor para transformar la realidad primaria en cosas que vayan adquiriendo otro sentido, otra forma.

**KOB** ¿La imaginación más bien inventa que descubre?

**JMM** La imaginación inventa y descubre. Yo creo que hay muchos tipos de imaginación. Por ejemplo, la imaginación pictórica es un sueño de colores. Seguramente no está descubriendo nada, está siempre inventando. Seguramente hay una imaginación para descubrir y para reelaborar y una imaginación para inventar.

**KOB** ¿Lo que la imaginación descubre es una realidad secreta que está escondida debajo de la obvia, debajo de los simulacros y las apariencias?

**JMM** Efectivamente. La imaginación está al acecho de qué es lo que está realmente detrás de las apariencias de las cosas. La imaginación se dedica a sospechar.

**KOB** ¿La ves como un instrumento cognitivo?

**JMM** Sí, en realidad las cosas no son sólo su apariencia, tienen muchos más niveles por debajo. Esos niveles se pueden descubrir a través de la imaginación.

**KOB** En 'La Dama de Urz', Souto llega a la conclusión de que la realidad es toda simulacros, que lo verdadero está entre las palabras, pero tampoco la encuentra ahí, salvo en los sueños. ¿Es por eso que las aventuras 'reales' se ven como una pérdida de tiempo, mientras que la investigación sobre las palabras no? ¿Lo piensas tú también?

**JMM** Lo que pasa es que la ficción, al fin y al cabo, no deja de ser un entretenimiento. A pesar de todo somos mortales. Mientras vivimos, nuestros sueños dan sentido a nuestra vida, pero el final de la película ya está predicho. Por lo tanto, yo siento una enorme contradicción dentro de mí mismo, porque sé que no puedo ofrecer finales felices, pero, hasta que llegue el final, imagino.

**KOB** La dificultad de separar la ficción y la realidad se nota en varios cuentos tuyos, por ejemplo en 'El viajero perdido' y 'Un personaje absorto', donde existe una íntima relación entre la vida y la obra del escritor. Casi parece que la consecuencia de escribir una novela es vivirla luego o vivirla mientras tanto. ¿Es así para ti?

**JMM** Yo no puedo imaginarme la vida sin escribir, pues mi manera de pensar el mundo es escribiendo. Lo que no es obstáculo para que haga otras cosas, como salir al campo, hacer un viaje, que a lo mejor no tienen que ver con la escritura hasta el momento cuando me ponga a escribir. En ese instante las vivencias afloran en la escritura. Tengo una relación con la vida a través de la literatura. Un poema que escribí hace muchos años decía que había que salvar la vida de la literatura y la literatura de la vida. Lo que pasa es que resulta difícil hacerlo.

**KOB** ¿Notas entre los escritores una tendencia a intentar vivir la aventura escrita tal como lo hacen los protagonistas de tus cuentos que son escritores?

**JMM** Cuando yo era joven, se hablaba mucho del hombre de acción y el escritor no lo era. Yo he empezado a pensar con los años que escribir no deja de ser una acción. ¿Por qué hay que oponer el subir al Everest con cuerdas a escribir una montaña, a hacer una ascensión escrita? La única diferencia es que una cosa se hace con los músculos del pensamiento y la otra con los músculos del cuerpo. Quiero decir que escribir no excluye actuar para mí, mientras que para los existencialistas el escritor no podía ser hombre de acción. A lo mejor el hombre de acción entonces era el que iba a la revolución de China . . . Los hombres de acción de nuestra época eran, en general, bastante dañinos para el resto de la humanidad. El hombre de acción puede ser peligrosísimo. No digo yo que el escritor no pueda ser peligroso, pero hay mucha gente que escribe y sus ideas luchan entre ellas a través de la escritura, mientras que el hombre de acción llega y dice: '¡Por aquí!', y todos los demás dicen: '¡A sus órdenes!'

**KOB** En 'Oaxacoalco' aparece un pequeño debate sobre el realismo. Adela, que es crítica de literatura, acusa a la ficción que escribe Poe de 'la falta de referentes de la realidad' (128) y él responde que ésta le parece poco interesante. Al final, la realidad viene a ser una pesadilla que se extingue al sentarse el narrador a escribir. ¿Es la realidad una pesadilla?

**JMM** No, la realidad no es una pesadilla, pero la realidad, muchas veces, es poco estimulante a la hora de escribir. Yo creo que cada escritor debe escribir sobre las cosas que realmente le estimulan y desde ahí buscar sus motivos. A mí los motivos de la realidad obvia, pura y simple no me resultan nada estimulantes, tal vez porque pertenezco a una época en que también estaba en boga el realismo socialista que, salvo algunas excepciones, era algo aburridísimo, algo verdaderamente insoportable. Además era profundamente traidor a la realidad, reflejaba su pura superficie.

Hay algunos cuentos donde notas que el escritor está preterintencional, queriendo que la realidad sea como él nos dice que es. Por supuesto, si tú te decantas por lo políticamente correcto y tomas la realidad que debes tomar y la describes, resulta una mentira. Es algo que yo aborrezco profundamente.

Una vez un político me echó en cara mi falta de referentes de la realidad y yo le contesté: 'Lo que tú quieres es que yo te saque a ti de protagonista'. Cuando me dicen: 'Es que la realidad . . .', respondo: 'Es que la realidad es algo mucho más complejo de lo que tú llamas realidad; yo no dejo de hablar de realidad.'

**KOB** Sin embargo, en una novela corta sacaste a un político, Vallota.

**JMM** Sí, Vallota, un político mediático, es un producto de los medios. Como todo el mundo me dice que no escribo sobre la realidad, un día me dije: 'Voy a escribir una novela sobre la realidad', y escribí esa novela, pero nadie me ha dicho que sea una novela sobre la realidad.

**KOB** Tampoco te salió muy realista.

**JMM** Bueno, no deja de ser verdad que muchos de los individuos públicos que nos rodean tan sólo pertenecen a la televisión, que no son seres corpóreos sino ectoplasmas televisivos.

**KOB** ¿Te parece que esa sobredosis de imágenes es algo muy característico de la realidad postmoderna?

**JMM** Sí, yo creo que sí. Hay una sobredosis de imagen, imagen dispersa, imagen instantánea, no sometida a un ritmo. Mi nieto ya no es capaz de ver una película de los años cincuenta. A los tres minutos de empezar a ver la película dice: '¿Y esto? ¡Pero esto es un rollo!'. Para él el modelo es el videoclip, el plano corto, una serie de imágenes, pero imágenes banales, vacías o huecas, que no cuentan nada.

**KOB** ¿Qué efectos más profundos crees que tiene ese tipo de bombardeo de imágenes sobre los seres humanos?

**JMM** No me atrevo a enfrentar la imagen y la palabra. Lo malo es el empleo de la imagen y no la imagen en sí. Al fin y al cabo, también pertenecemos a una cultura de la imagen desde siempre. La imagen puede buscar también la profundidad que pueda buscar la palabra. Qué duda cabe que es un elemento importante de comunicación.

El problema es cómo se está utilizando la imagen; hoy en la mayoría de los casos no hay absolutamente nada detrás. Ya es un tópico.

Nuestra cultura está cambiando los sueños por cosas. Cuando terminas de cenar, te pones en frente de la televisión, y te hacen soñar a través de objetos. Te dicen: 'No sueñe usted, no sufra – porque soñar es sufrir –, yo le voy a dar a usted objetos', y con eso sustituye sus sueños. Vemos una cultura que está sustituyendo lo terrible, misterioso y abismal de los sueños por cosas concretas que no te hacen sufrir, porque tener un coche maravilloso elimina una serie de tensiones tremendas. Sólo queda la tensión de que puedas arañarlo, de que se te pueda pinchar una rueda.

**KOB** Una pregunta más sobre el realismo. Hace unos años hubo una especie de debate escrito entre los escritores españoles sobre el realismo, que me comentó Enrique Vila-Matas. Muñoz Molina escribió un artículo en *El País* afirmando que había que fijarse en la cajera del supermercado y Vila-Matas se opuso diciendo que la cajera puede que no merezca nuestra atención. ¿Cuál sería tu contribución al debate?

**JMM** Hay un mito de que la tradición española sea realista. No es verdad. El gran espectáculo de la tradición española es realista, pero hay tradición fantástica en la literatura española desde el siglo XIII. Siempre, cuando me dicen que la tradición fantástica es latinoamericana, les recuerdo que el cuento 'Don Illán, el deán de Santiago'[1] le inspiró a Borges. De ese cuento surge 'El brujo postergado'. Los aficionados al realismo dicen muchas veces que hay que hablar de la gente que va en el autobús, pero todos vamos en autobús. ¿Qué interés tiene eso?

**KOB** La cita de Hoffmann que precede tus *Cuatro nocturnos* dice: 'Es el fantasma de nuestro propio yo cuyo íntimo parentesco y cuya profunda influencia nos arroja al infierno o nos lleva al cielo'. ¿Sugiere que tus protagonistas son fantasmas de tu propio yo mediante los que exploras cielos e infiernos?

**JMM** Es algo muy escurridizo. Escribir es un tipo de relación con el doble; hay una parte clara y una parte sombría que se juntan desarrollando un producto artístico.

Todo personaje siempre es un alter ego. Pero hay que dejar claro que no tiene nada que ver directamente con el autor. Los personajes son alter egos en tanto en cuanto pertenecen al delirio, al sueño, a lo fantasmal, no a Merino. La experiencia personal de la vida de uno se transforma en el personaje a través de unos mecanismos muy raros, de un metabolismo que no tiene nada que ver con la realidad. Yo no entiendo a los escritores que hablan directamente de su propia experiencia a menos que sea una experiencia maravillosamente interesante y profunda. La mayoría de los escritores tenemos una experiencia relativa de la vida, mucha experiencia de los libros y sensibilidad suficiente para saber metabolizar ambos tipos de experiencia.

Miguel Villacé, el protagonista de *El oro de los sueños* es un mestizo. A veces me preguntan: 'Y usted, ¿no sería un mestizo?'. Y yo digo: '¿Yo? Yo soy hijo de una señora gallega y de un señor de León'. En cierto modo, todos los seres humanos podemos entender el mestizaje. Lo que es absurdo es que para entender el mestizaje uno tenga que ser hijo de una persona de raza india y otra de raza blanca. En la vida todo lo puedes entender perfectamente.

**KOB** ¿Incluso si no tenemos realmente nada en común con un personaje o con una persona?

**JMM** Yo creo que sí. Si tenemos una aproximación desprejuiciada, las cosas las podemos entender perfectamente. Y entendemos si nos ponemos en el lugar de los demás, porque la condición humana nos afecta absolutamente a todos, está por debajo de todo.

**KOB** ¿Sería éste un importante papel de la imaginación?

**JMM** Sí, y es lo que hace, por ejemplo, que los japoneses entiendan al Quijote y que les conmueva. Tiene que ver también con los otros escritores que han tenido influencia del Quijote. Todo este mecanismo de fondo es un mercado de la imaginación, se nutre de eso.

**KOB** ¿La imaginación podría ser, entonces, un instrumento de la ética?

**JMM** Bueno, la ética intenta ordenar el mundo a través de la imaginación. Las cosas que ordenan el mundo son cinco: la religión, la política, la economía, la ciencia y el arte. De ellos el arte es el menos violento. La religión te condena o salva, pero lo segundo sólo en el más allá. La política no digamos . . .. La economía te puede llevar al desastre internacional de la inflación. Y la ciencia no deja de ser un sistema de profecías, porque la ciencia está continuamente descubriendo que lo que dijo antes estaba equivocado.

**KOB** ¿Al escribir te alimentas más de la vida o de la literatura que lees o has leído?

**JMM** La literatura me es muy útil, pero también toda la experiencia de la vida transfundida la introduzco en la literatura. Los personajes no necesitan tener nada que ver con personas reales, sino que, por ejemplo, pueden originar de una experiencia o un objeto. A veces los objetos tienen una gran expresividad. A un personaje, por ejemplo, le dio origen un tiesto que estaba en un balcón, que me sugirió una idea de desolación.

Me gusta mucho el juego metaliterario, jugar con la literatura dentro de la literatura, pero procuro que haya una cierta vibración, porque la literatura tiene que parecer vida.

**KOB** En 'Las palabras del mundo' el profesor Souto desaparece al olvidarse del sentido de las palabras. ¿Por qué?

**JMM** Cuando escribí ese cuento pensé que las cosas existen en tanto en cuanto tienen un nombre. Y es cierto, los nombres han dado a las cosas su existencia. Desde luego, en la memoria y en la imaginación es así, cada cosa tiene su nombre y por eso existe. Y lo que le pasa a Souto es que todo su mundo está compuesto de palabras y, en el momento en el que las palabras desaparecen, Souto se desvanece también.

**KOB** ¿Crees que el idioma es la ficción que garantiza nuestra humanidad?

**JMM** Sí, que nos permite poseer el mundo. En el momento en que empezamos a olvidar las palabras, empieza a haber lugares oscuros en nuestra memoria, se empiezan a apagar las cosas. Yo creo que una persona que empieza a olvidar las cosas está empezando a desaparecer.

**KOB** ¿Cuál es el origen del nombre del profesor Souto?

**JMM** 'Las palabras del mundo' se publicó por primera vez en *Los relatos del verano* en *El País*. Entonces el protagonista se llamaba Granda, el profesor Granda. Ocurrió una cosa curiosa: un día en una reunión un caballero me dijo: 'Oiga, Merino, me ha agradado muchísimo el cuento de "Las palabras del mundo", pero, ¿qué le ha dicho el profesor Granda?', y yo le contesté: '¿Cómo el profesor Granda?' – 'Sí hombre, claro, el lingüista, el profesor Granda. Lo ha sacado usted perfectamente retratado'. Pues resulta que en Valladolid o en Salamanca hay un profesor, lingüista, que se llama Granda. Esas cosas a mí me pasan muy a menudo. Y entonces le cambié el nombre al protagonista del cuento. Le puse Souto, que es un apellido gallego, porque él viene de Finisterre y tiene una relación con Galicia. A veces les busco un sentido concreto a los nombres de los protagonistas, pero esta vez no. Pensé 'Souto' y me gustó. Souto viene de 'soto', un pequeño lugar arbolado, junto al río. Le puse ese nombre porque me pareció bonito y para quitarle el nombre de Granda.

**KOB** El profesor Souto realiza un trabajo sobre fonemas de manera que, mientras escucha las conferencias, más que el sentido le interesan ciertos aspectos de la pronunciación. Este interés se convierte en una obsesión y, luego, en una enfermedad que le quita a Souto la capacidad de comprender cualquier discurso humano. ¿Se pierde el sentido al analizar demasiado?

**JMM** Eso nace de una experiencia mía. En una conmemoración a la que tuve que ir estaba escuchando un discurso horrible. Mientras iba siguiendo el discurso, estaba descomponiendo las palabras tal como lo hace Souto y pensé de pronto: 'Si las palabras las reduces a sonidos, al final no son nada'. Y a partir de ahí se me ocurrió el cuento.

El problema de Souto es que intenta ver en las palabras algo más profundo que las propias palabras. Quiere ver signos en todo y encontrar en todo algo más profundo de lo que las propias señales nos están diciendo. Yo estaría en esa tensión: entre el saber que las cosas superficiales no nos están dando la realidad, el intentar encontrar algo debajo de los signos aparentes y el saber que tal vez los signos aparentes no tienen nada debajo. Hace unos días estaba en una conferencia sobre la pérdida de lo sagrado. Claramente el ser humano ha perdido la relación con lo sagrado. Es más, cosas que antes eran sagradas ahora son profanadas. Por lo tanto, la gente que tenemos la intuición de lo sagrado, y además no creemos en ello, tenemos un problema terrible. Por un lado a mí me fascinan los mitos y los símbolos, los signos, pero, por otro, me pregunto: '¿los símbolos, los signos de qué?'. En nuestra cultura de hoy ni siquiera existe el segundo nivel del signo, todo empieza y termina con lo puramente vidente. Quizás por eso surge una nostalgia del sentido más misterioso de las cosas y Souto siente esa nostalgia, quiere encontrar las cosas misteriosas debajo de los signos.

**KOB** La actitud contraria sería la actitud existencialista. Los existencialistas nos recomendaban no buscar signos, no interpretar la realidad en función del más allá.

**JMM** Tal vez yo he intentado ir más allá, dar un paso más después del existencialismo. Para hacerlo, a lo mejor hay que volver a las fuentes, pero yo no me arrepiento de intentar ver el sentido de las cosas, un sentido misterioso, o, por lo menos, no tan evidente.

**KOB** ¿Qué tipo de memoria es imposible? Aludo al título de uno de mis cuentos preferidos escritos por ti: 'Imposibilidad de la memoria'.

**JMM** Aquellos días me dio por releer a Confucio, que está hablando continuamente de la memoria. Necesitamos la memoria, pero al mismo tiempo sabemos que la memoria perfecta es imposible. El problema es que estamos cambiando continuamente pero tenemos que ser quienes somos. Esa tensión de cambio e identidad es el tema de nuestro tiempo. Debemos cambiar, pero a su vez no desnaturalizarnos del todo.

El problema es que la memoria inevitablemente está traicionada por el momento en que la ponemos en funcionamiento para reconstruir el tiempo pasado. Por eso yo siento una gran antipatía, aunque eso no significa que no lo comprenda, hacia los radicalismos que intentan volver al útero materno, a un mundo donde se conserva la pureza perfecta. Eso es imposible, hay que cambiar. Por eso las madres nos echan afuera. Hay una imposibilidad de recuperar la pureza de lo que creemos que fue el momento que vivimos.

**KOB** Me he preguntado varias veces si este cuento termina bien o mal. ¿Cómo lo ves tú? Desde el punto de vista romántico lo ideal es morir por los ideales de uno, como Javier, o encontrar la verdad y morir junto con el amante, como la narradora. Por otro lado, desde el punto de vista postmoderno, es un desenlace un poco patético.

**JMM** Nunca me planteo si un cuento termina bien o mal. No pensaba que era un cuento romántico, pero ahora me doy cuenta de que sí. Yo soy un escritor romántico y es lógico que escriba cuentos románticos. Creo que este cuento es bastante ambiguo; me río de los personajes y al mismo tiempo también simpatizo con ellos. No me lo planteo de una manera tajante. Esos personajes son un poco enfáticos, algo empalagosos, pero al mismo tiempo pertenecen a mi generación y por eso los comprendo. Quizás sean los mejores de mi generación, porque mi generación no se caracteriza por esos escrúpulos precisamente.

**KOB** En los cuentos 'Imposibilidad de la memoria' y 'El personaje absorto', por ejemplo, hay referencias a unos mundos interiores – o quizás unas ficciones – muy particulares: los ideales de la juventud, las ilusiones de los años rebeldes. Parece crear muchos dilemas el haber tenido ilusiones alguna vez, ¿no?

**JMM** Yo creo que no ha creado tantos problemas porque la gente de mi generación, por lo menos la que luego ha triunfado en la política, ha mostrado un enorme pragmatismo. No creo que haya sido una generación de gente arrepentida y con mala conciencia. Precisamente yo creo que es una generación que tuvo mala conciencia en el momento cuando tenía los ideales y luego dejó de tenerla, o sea, la mala conciencia pertenece a la época de los ideales, no después. Javier, el protagonista de 'Imposibilidad de la memoria', sería más bien una excepción. La mayoría de la gente que yo he conocido de esa generación se ha moldeado estupendamente a la situación y hasta alguno ha acabado como secretario general de la OTAN.

**KOB** Algunos de tus protagonistas se adaptan, pero otros se mantienen intransigentes en sus actitudes juveniles, como, por ejemplo, Ilich de 'Oaxacoalco', líder de la guerrilla en un país latino.

**JMM** De una manera terrible, porque Ilich se ha convertido en un verdadero asesino.

**KOB** Parece, sin embargo, que para los protagonistas de tus cuentos la fidelidad a estas ilusiones no es posible. ¿Por qué no?

**JMM** Lo más fácil del mundo es crear unos absolutos e intentar ajustar el mundo a esos absolutos. Yo tenía dos personajes a quienes admiraba mucho en la vida. Uno era Durruti, el anarquista, y el otro era Che Guevara. Con los años yo he sentido una profunda antipatía por los dos porque me he dado cuenta que tanto Buenaventura Durruti como Che Guevara tenían el mundo perfectamente organizado dentro de su cabeza y lo que querían era que los demás nos metiésemos en su mundo interior. A mí, en cierto modo, me parecen teócratas, que pertenecen más a un mundo de sacerdotes, de un Dios implacable, que al mundo de los seres humanos comunes y corrientes. Tenían unas ideas éticas, pero no aceptaban que pudiese haber otras.

Nuestro siglo ha sido el de los totalitarismos, de las ideas cerradas sobre la construcción del mundo. En la juventud pensábamos que eran ciertas, pero ahora me aterran esos hombres que quieren construir un mundo de acuerdo con su mar interior, de acuerdo con su mundo de la imaginación. Con los años me he dado cuenta de que los grandes ideales que intentan construir el universo pueden ser muy peligrosos para nuestros semejantes. A lo mejor lo que hay que tener es unos pequeños ideales.

**KOB** ¿Me podrías decir algo más sobre cómo viviste tú aquellos años rebeldes de los sesenta y setenta? ¿Era cuando empezabas a publicar?

**JMM** De estudiante yo vivía la utopía, o sea, la idea de que el mundo se podía transformar revolucionariamente. Además ejercía modestamente el antifranquismo dentro de la clandestinidad, pero con unas ideas que, ahora me doy cuenta, eran absolutamente irrealizables, porque además nadie estaba por la labor. Primero publiqué poemas y, cuando los publiqué, ya no era joven. En el 68 ya tenía 27 años. Me casé dos años después. Ya era un hombre de orden, ya intentaba organizarme la vida. En el año 76 publiqué mi primera novela, *Novela de Andrés Choz*. Es una novela que habla de la muerte de Franco y transcurre en la realidad de aquellos años, pero su protagonista escribe una novela de ciencia ficción. Ya entonces tendía a lo fantástico. Antes había escrito algunos cuentos realistas que nunca he publicado porque eran cuentos de aprendizaje, que seguían la huella de los escritores realistas de aquella época, de Aldecoa, de Fernández Santos, gente por los que yo había tenido mucha admiración. Pero, cuando empecé a escribir, siempre derivé hacia lo fantástico porque era lo que me apetecía a escribir.

**KOB** ¿Qué leíste en aquellos años?

**JMM** En mi formación originaria, el primero es Poe y, luego, Maupassant. Luego hay una serie de escritores rusos, por ejemplo, Turguéniev, que también tenía unos cuentos fantásticos estupendos. Luego, en los años 59–60 descubrí a los latinoamericanos, Borges y Cortázar, y a Cunqueiro. Cunqueiro tuvo mala suerte entre nosotros porque era franquista, pero tiene algunos libros fantásticos, que preceden a los latinoamericanos, por ejemplo, *Merlín y familia*. En la España de aquel entonces la literatura fantástica se consideraba de mala calidad y se leía a escondidas. Cuando aparecieron antologías de literatura fantástica, yo descubrí que unos señores muy respetables, como Borges y Bioy Casares, no tenían empacho para leer unos cuentos fantásticos; era una especie de salvoconducto.

**KOB** ¿Y de la literatura romántica?

**JMM** Había en mi casa una enciclopedia llamada *Universitas* donde se encontraba 'El hombre de la arena' y 'Cascanueces' de Hoffmann. Antes de leer a Poe, leí 'El hombre de la arena', un cuento que siempre me volvió loco. 'Cascanueces' me sigue pareciendo uno de los cuentos geniales de mezcla de sueño y realidad. De niño leí 'Monte de ánimas' de Bécquer. Tengo una enorme admiración por Rosalía de Castro, creo que es la mejor poeta española del siglo XIX.

**KOB** ¿Cuál es hoy tu actitud hacia el Romanticismo como ideología de la vida, de la percepción del mundo, de la política, de las relaciones con los demás?

**JMM** Tengo una relación ambigua, porque con los años también he ido cambiando. En los románticos hay algo que va más allá de las relaciones con los demás, es una relación con el cosmos. El universo nos está hablando continuamente y por eso las palabras están cargadas de sentido. Me atrae la búsqueda de lo misterioso en la realidad. La idea de que en nosotros hay un fuego interior, algo que es capaz de encender el mundo, me produce una enorme simpatía.

Por otro lado la actitud romántica es también una actitud pasada de rosca, en el sentido de que no percibían realmente el mundo en que vivían. Por ejemplo, tengo una gran admiración por Pushkin, pero, cuando analizas al hombre Pushkin, ves que los románticos eran unos locos terribles. En nuestros días, sin embargo, no se puede entender la literatura, y, por consiguiente, el mundo, sin lo romántico. Los románticos inventaron muchos de los mitos contemporáneos.

**KOB** Pero este fuego interior también le puede quemar al que lo lleva dentro . . .

**JMM** Yo creo que *Rojo y negro* de Stendhal es una novela fundamental en ese sentido. Leí esa novela a los 19 años y me entusiasmó. Entonces me enamoré de Madame de Rénal y aborrecí a Julián Sorel. Hace ocho años me invitaron a un taller literario dedicado a esta novela. Habían pasado treinta y tantos años y volvía a leer *Rojo y negro*. Al releer la novela me di cuenta que había sobrevivido a Julián Sorel. Él muere a la edad que yo tenía cuando lo leí por primera vez. Entonces este personaje me mereció una profunda simpatía y entendí totalmente *Rojo y negro* y el significado de este título. Algunos dicen que es el traje de los curas frente al uniforme militar. No, es la pasión y la falta de pasión. Es una novela escrita por un apasionado sobre la imposibilidad de la pasión. Sorel quiere la pasión, quiere transformar la sociedad, dinamizar el mundo. Acaba pegándose un tiro. Lo que quieren los románticos es demasiado, por lo que se ponen una máscara, como lo hace Julián Sorel, y se engañan a sí mismos convirtiéndose incluso en grandes falsificadores.

**KOB** ¿Y por qué aborrecías a Julián Sorel a los 19 años?

**JMM** Porque yo lo veía como un trepa. Me parecía un sinvergüenza; primero toda la conquista admirable de Madame de Rénal, luego esos amores con Matilde. Ahora lo veo como un hombre que intenta llevar a la práctica toda su admiración por los personajes que para él son emblemáticos, un personaje admirable, pero calcinado. Es demasiado romántico para el mundo en que ha nacido.

**KOB** También en el romanticismo se siente esa fuerte atracción del mar interior, esta tentación de zambullirse en el mundo secreto de la imaginación que puede llevar a la belleza o a la locura . . .

**JMM** Normalmente está abocado a la locura. Hoffmann está jugando siempre en el filo de la navaja de la locura. 'El hombre de la arena' es un cuento sobre la locura. Yo le tengo mucho miedo a la locura en la ficción. A mis personajes les pasan cosas, pero no están locos.

**KOB** ¿Souto no está loco?

**JMM** No, yo creo que no está loco. Souto puede que esté mal encaminado, tiene encuentros desdichados con la realidad, pero para mí no está loco. Yo creo que nunca he escrito sobre un personaje loco.

**KOB** Uno de tus protagonistas, Ilich, de 'Un personaje absorto', intenta llevar los ideales a la práctica y, en consecuencia, fracasa, convirtiéndose en un caudillo cruel. Por otro lado, Javier, que compromete sus ideales, fracasa también, cayendo en una depresión que no le permite vivir. ¿Sería posible imaginar una actitud que representara una victoria?

**JMM** ¿La victoria? Es que lo de la victoria . . .

**KOB** ¿Fracasar menos?

**JMM** Reflexionar. Confucio decía que aprender sin pensar es inútil, pensar sin aprender es peligroso. Pensar sin que algo nutra tu pensamiento te lleva al caos.

**KOB** ¿Por qué en la literatura el fracaso interesa más que la victoria?

**JMM** El cuento de hadas termina bien. El cuento literario nace forzosamente siendo triste porque no habla de las hadas, habla de lo cotidiano. En el momento en el que surge la literatura moderna, la visión del mundo es una visión pesimista. La palabra de Dios es optimista, asegura la salvación, nos habla de epifanías. La palabra humana tiene que hablar de la vida, del amor, la amistad, las cosas hermosas de la vida, que son efímeras, como la rosa que se deshoja y el verano que termina. Por eso la palabra humana, si no es triste, por lo menos tiene que ser melancólica.

**KOB** ¿Podrías mencionar los nombres de los escritores que te parecen los más interesantes de los últimos años?

**JMM** A mí me parece muy interesante Luis Mateo Díez, que además es muy amigo mío. Ahora está terminando una novela estupenda, que, yo creo, va a ser muy importante. Últimamente he leído una novela de Adolfo García Ortega, que me ha parecido extraordinaria. De la gente de mi generación me parece muy interesante Soledad Puértolas, por ejemplo, pues creo que tiene unos cuentos espléndidos dentro de su estilo. Me gustan los cuentos fantásticos de Cristina Fernández Cubas, con quien también tengo muy buena relación personal. Álvaro Pombo me parece un escritor estupendo, aunque exuberante. También me gusta Juan José Millás y Juan Pedro Aparicio.

**KOB** ¿Qué cambios ha habido en la literatura española en las últimas dos décadas?

**JMM** Ha habido dos tipos de cambios. Uno es positivo: hay mucha gente intentando escribir bien y, además, una recuperación del lector español, hasta el punto que ahora se traduce menos que antes. En cambio, algo profundamente negativo es el imperio progresivo del marketing. En los años cincuenta yo tenía claro lo que era literatura y lo que era comercio. Había editoriales que publicaban literatura y editoriales que publicaban libros de consumo. Ahora ya no está claro, ya está todo mezclado. Ya no sabes exactamente donde termina lo literario y donde empieza lo comercial.

**KOB** ¿Y por qué te parece malo?

**JMM** Porque creo que está degradando el nivel de la calidad literaria.

**KOB** O quizás está subiendo la calidad del consumo.

**JMM** He pensado en esto, pero no estoy de acuerdo.

**KOB** ¿No te parece bueno que la gente que no tiene una gran educación literaria pueda compartir los libros con los estudiosos?

**JMM** Ya, pero la literatura es una tradición, por lo que la gente no puede estar leyendo en nuestros días sin saber que ha habido una gran literatura del siglo XIX. Yo fui a un taller literario donde había una serie de lectores y lectoras, a quienes no solamente no les había conmovido *Rojo y negro* sino que de Madame de Rénal, por ejemplo, ¡dijeron que era una ñoña!

**KOB** ¿No es mejor una mala lectura que una falta de lectura?

**JMM** Eso no me convence. Yo creo que el mal producto es siempre malo. En la época anterior había mucha lectura de kiosco: las novelas de vaqueros, la novela tipo 'pulp fiction'. Esta novela nunca ha hecho lectores. La gente que leía eso cuando éramos compañeros de colegio no empezó a leer cosas mejores. No estoy seguro de que sea posible el paso entre la mala literatura y la buena literatura.

**KOB** Pero, con todo eso, ¿por qué la buena literatura tendría que ser inaccesible al lector menos preparado?

**JMM** No, efectivamente no. No creo que tenga que serlo. Sin embargo, es el mismo tema de la televisión. El argumento de la televisión es 'nosotros le damos a la gente lo que la gente pide'. Lo que ocurre es que la gente se conforma con los programas basura.

**KOB** ¿Y no habría manera de hacer contrabando, en la televisión o en la literatura, de lo bueno sin quitarle lo que lo hace atractivo para las masas?

**JMM** Tu argumento es un argumento de editor. Yo desconfío mucho de la literatura hecha para un lector determinado.

**KOB** ¿Cuál es tu idea de las tendencias que triunfarán en el arte en los siglos venideros?

**JMM** No veo que haya una tendencia a la complejidad, sino todo lo contrario, a la banalización estética y estructural. Creo que la literatura está para hacernos la vida más complicada, en el mejor sentido, hacernos pensar, darnos una inquietud sobre la realidad, sobre el mundo, sobre lo que somos. Si la literatura no nos complica la vida, ¿para qué sirve?

Hoy la tendencia es construir museos estupendos en cuyo interior hay cosas interesantes pero muy caducas. El arte televisivo tiene unos medios extraordinarios, pero lo que echo en falta es un artista detrás. Posiblemente está todavía balbuceando, o sea, que los artistas todavía siguen con la pintura tradicional, no han entrado aún en los nuevos medios.

**KOB** ¿A lo mejor no han entrado porque no les gusta servir al mercado?

**JMM** No han entrado porque posiblemente siguen pensando que en el arte hay algo de relación directa con la materia y que estas tecnologías no dejan de ser un intermediario que está falsificando esta relación.

**KOB** ¿En qué estás trabajando ahora?

**JMM** He terminado una novela que es como un quinto nocturno. Es la historia de un hombre que se vuelve invisible y cuando recupera la visibilidad viene a verme para que escriba la novela.

**KOB** ¿Un recurso unamuniano?

**JMM** Sí, en la segunda parte, que se llama 'Ni nivola ni novela', hay un homenaje a Unamuno. Se titula *El libro de los invisibles*[2] y saldrá en febrero del año que viene.

**KOB** ¿Hay alguna pregunta que debería haberte hecho a propósito del mar interior que no te haya hecho?

**JMM** Creo que me has hecho todas las que deberías hacer y algunas quizás que no deberías haber hecho. Nunca se sabe las preguntas que uno hace o deja de hacer.

Antonio Muñoz Molina

# Antonio Muñoz Molina: Inventar las cosas tal como son

Antonio Muñoz Molina nació en 1956 en Úbeda, un pueblo de treinta mil habitantes en la provincia de Jaén. Su padre era campesino y cultivaba su propia tierra. Antonio fue el primero de su familia en recibir educación universitaria. Estudió Historia del Arte en Granada y Periodismo en Madrid durante los últimos años del franquismo y sus recuerdos de aquella época parecen haber dado origen a la novela *El dueño del secreto*. Antonio Muñoz Molina es, quizás, el autor español contemporáneo más premiado y mejor considerado por la crítica. Desde 1986 es también el miembro más joven de la Real Academia Española. *Beatus Ille*, su primera novela, ganó el premio Ícaro de literatura en 1986. Ha recibido tres veces el Premio Nacional de Literatura: por *El invierno en Lisboa* en 1988, por *El jinete polaco* en 1991 y por *Plenilunio* en 1998. Además ha sido galardonado con el Premio Planeta, el Premio Crisol y el Premio Crítica.

Entre los autores que están presentes en este libro Antonio Muñoz Molina se distingue por sus intereses históricos y políticos. Aparte de Ricardo Piglia, igualmente interesado en la realidad social, Antonio Muñoz Molina es el único escritor que he entrevistado en cuyas obras la historia y la política – el franquismo, la Guerra Civil Española y la Segunda Guerra Mundial – aparecen sistemáticamente y reciben un tratamiento distinto que el de la mera circunstancia de la existencia individual. Puede que este enfoque histórico y ético le haga crear protagonistas menos proclives a la depresión e inmunes a la sensación de absurdo a la hora de afrontar su propia mortalidad. En las novelas de Antonio el individuo forma parte tanto de una tradición como de un tema: es como una nota de una melodía que lo une con varias otras, víctimas de similares infortunios, héroes de parecidas aventuras, pasajeros de los mismos trenes. La ética, la política y la experiencia humana aparecen así íntimamente unidas, indivisibles, como si fueran sustancias que se diluyeron para formar una nueva: la narrativa. En *El jinete polaco*, como explica José Carlos Mainer, se enmarca 'el destino individual en un destino colectivo y la memoria personal en una suerte de memoria de la especie' (66), creando así un «mise en abîme» a la inversa (de menor a mayor). El escalofrío amoroso de los amantes en las últimas escenas de la novela les estremece con la emoción del misterio de sus propios orígenes. De manera similar en la reciente novela de Antonio Muñoz Molina, *Sefarad*, los protagonistas en cada momento de su existencia parecen participar en la intensidad de una vivencia humana común. Cada individuo que espera inmóvil a que suenen los pasos, a escuchar el motor del coche parándose debajo de su ventana, el teléfono, el chirrido de la puerta y a que vengan a matarlo es, en las páginas de esta novela, al mismo tiempo, el único y todos los individuos que sufren, la esencia de la persecución y un argumento contra la historia del siglo.

Mientras José María Merino se considera un escritor romántico, Antonio Muñoz Molina pretende ser un autor realista y los críticos le ven como tal, pero las actitudes hacia la realidad y la ficción en las obras de estos dos escritores no son tan diferentes como podría parecer a primera vista. Si en la narrativa de José María Merino los críticos notan la oposición entre ficción y realidad y, según define Gonzalo Sobejano, la ficción significa lo extraño, lo imaginativo, lo creativo, lo ideal, y la realidad equivale a lo ordinario, razonable, común y esperable, en la obra de Antonio Muñoz Molina también es así hasta cierto punto. Los dos autores escribieron obras en las que la ficción es la fuente de sentido en la vida de los protagonistas y otras en las que se convierte en una trampa y un veneno. En algunas de las novelas y cuentos de Antonio Muñoz Molina, como en los de José María Merino, demasiada ilusión, demasiada ficción, queda bruscamente interrumpida para que el lector vea la banalidad de la realidad que se esconde debajo de ella. Esto ocurre, por ejemplo, en los artículos recogidos bajo el título *Las apariencias* o en los cuentos breves de *Nada del otro mundo*. En uno de ellos, 'La poseída', un joven y sentimental oficinista, que suele desayunar siempre en la misma cafetería, se fija en una muchacha que espera a un hombre en una mesa vecina. La muchacha se ve muy impaciente, fuma sin parar y mira persistentemente hacia la puerta. Tiene unas grandes ojeras, sus ojos brillan y a veces le tiemblan un poco las manos. El joven se imagina que la consume un gran amor, quizás no correspondido, porque el hombre llega siempre tarde, sin prisa y no le muestra a la chica ningún cariño. Un día, sin embargo, encuentra a la muchacha tendida en el baño y junto a ella una jeringuilla vacía. Resulta que no estaba poseída por una pasión amorosa sino por la adicción a la heroína. No se muere de amor sino de vicio. Ésta es la realidad.

De una manera similar, en *Beatus Ille, El dueño del secreto* y en *Beltenebros* Antonio Muñoz Molina nos desencanta de las ficciones políticas desmitificando a los héroes, mostrando el aburguesamiento de los anarquistas, la corrupción paulatina de los luchadores clandestinos y el sinsentido de las matanzas en nombre de ideales políticos. En *Beltenebros*, por ejemplo, Darman, el asesino a los órdenes del Partido, vengador de los que perdieron la guerra, mata a dos compañeros suyos que por error fueron acusados de traición. Sin embargo, al tratarse de grandes ideales políticos parece que nadie tiene razón y sólo hay diferentes tipos de errores, pues la constante de la novela es la oscuridad que no permite, hasta que ya es demasiado tarde, reconocer al traidor y comprender la intriga que se cierra alrededor del protagonista.

Por otro lado, esta actitud desmitificadora del narrador de Antonio Muñoz Molina cede en ciertos textos a la mirada encantada, donde es la realidad, lo razonable, ordinario y común, la que aparece como una trampa de la que tan sólo mediante la ficción, mediante el arte, el protagonista logra liberarse. Uno de los textos emblemáticos que muestra esta característica es la novela *El invierno en Lisboa* y otro ejemplo el cuento corto 'Las otras vidas'. En *El invierno en Lisboa*, la vida diaria de los protagonistas principales, Lucrecia y Biralbo, es poco atractiva, marcada por la pobreza, por dependencias humillantes y compañía poco deseable, pero ellos viven a través del arte y del amor, que cultivan de tal manera que nunca se vuelva real. Se miran, se desean, se citan, se encuentran, pero siempre se separan para que no les abandone el sentimiento de lo sublime y para que poco después de separarse puedan empezar a buscarse otra vez. Aunque no parece que sean felices en el sentido que la realidad da a la palabra, disfrutan de la belleza de su constante nostalgia y ansiedad viéndolas como parte de una ficción en la que creen.

En 'Las otras vidas', el protagonista principal es un director de un salón de conciertos que había fracasado en su carrera de pianista y lleva una vida aburguesada que le deprime y aburre. Como regalo por haber equipado su salón con pianos de cierta empresa japonesa, los gerentes de ésta lo invitan a un crucero por los puertos africanos del Mediterráneo junto a otros directores de salones de conciertos que compraron los mismos instrumentos. Entre ellos viaja un afinador de pianos que escandaliza a todos por su falta de disciplina y su espíritu bohemio, aunque es un virtuoso capaz de entretenerles imitando a cualquiera de los pianistas más conocidos, entre ellos al mejor de todos: Milton Oliveira. Una noche el protagonista del cuento sale de juerga con el afinador de pianos y su novia a Marrakesh aunque sabe que su esposa se lo tomará muy mal. Entonces, en un bar donde se sirven camarones fritos en bandejas sucias, ven a un pianista legendario que, alienado, ensimismado e inspirado, toca de espaldas a todos durante varias horas y lo hace mejor que en cualquier concierto. En este momento culmina la narración del cuento:

> [En] rápidas alternancias de furia y de ternura, que se quedaba en silencio y luego repetía una sola nota y viajaba en décimas de segundo por todas las edades de la música y después volvía no al presente, sino a un porvenir que ningún oído que no sea el de Oliveira ha logrado aún conocer. Había contra la pared desconchada un piano vertical y un hombre ajeno a todo se inclinaba sobre él, la espalda recta, el cuello dolorosamente torcido, como si padeciera alguna clase de parálisis, de espaldas a nosotros, al mundo. A un paso de mí yo estaba viendo – pero aquella noche no sucedió nada que no fuera imposible – a Milton Olivera. (209)

Esta experiencia de plenitud recompensa al protagonista por los constantes reproches de su esposa, la rutina de su vida burocratizada y la disciplina del turismo al estilo japonés. Es el momento en que el arte da sentido a su realidad.

Mientras José María Merino en su última novela cuenta una historia de invisibilidad insistiendo que es real, Antonio Muñoz Molina en *Sefarad* cuenta historias reales como si fueran ficción. El tema y la preocupación de ambos libros son parecidos: la *otredad*, los marginados escondidos bajo la capa de la normalidad, los expulsados de la realidad que, sin embargo, existen, aman y sufren. Los dos escritores insisten en que lo que cuentan es real, decididos a contar la verdad aunque ésta no se estructure según los requisitos formales de la narrativa. En el umbral del siglo XXI la realidad se convierte en el interés principal tanto de los románticos como de los realistas, porque es una realidad impregnada con lo subjetivo, con lo que hasta hace poco no se consideraba real. Le ética, la memoria, las emociones dan forma al mundo de *Sefarad*. En el orden de lo contado, las fechas no tienen más importancia que la simetría de ciertos mohínes, miradas y gestos. En la narración se materializan tan sólo los objetos que se miraron con ansiedad y las lecturas literarias se mezclan con las vivencias. Franz Kafka parece haberlo previsto casi todo.

Al leer *Sefarad*, de repente comprendemos que la expulsión y la marginalidad son aspectos tanto de la historia como de la vida diaria. Casi todos los caminos, la enfermedad, la religión, la sangre, convicciones, adicciones, obligaciones, el paso del tiempo, llevan al exilio. Nos marginamos a causa del valor y de la cobardía, de la lucidez y de la ceguera. Los demás se apartan de nosotros y nosotros nos apartamos de los demás para evitar el contagio de la *otredad* que, tememos o temen, pueda destruir y hacer sufrir. Hay exilios dentro y fuera, en otro país, en otra mujer, en casas lujosas y apartamentos oscuros, en la ficción, en la memoria, en la droga y en el alcohol. Uno puede nacer fuera de la normalidad o ser expulsado de ella y la normalidad, que de costumbre aparece como el reducto frágil de la felicidad, puede verse también como una cárcel. El exilio adquiere, entonces, formas atractivas de aventura. Y, sin embargo, los regresos a la realidad, que en la narrativa de José María Merino interesaron a Gonzalo Sobejano, en la obra de ningún escritor se celebran tanto como en la de Antonio Muñoz Molina. Aunque aprecia la literatura, el cine y la ficción como fuentes de ilusión, compara sus efectos con los de la droga o el alcohol y advierte que no deben confundirse la lucidez y el efecto de unas copas de más. La realidad es normalidad, el tesoro de la vida que se subestima, pero que, al perderse, nunca deja de añorarse. No hay nada peor que perder la normalidad para siempre, porque perderla es no ver nunca más el pueblo que uno ama, no sentirse nunca más invulnerable, no poder deshacerse del miedo de la muerte y no poder, ni siquiera, alienarse en la ficción.

Según la lógica poética, los únicos amores verdaderos son los imposibles, por eso parece imposible escribir una buena novela sobre un amor simultáneamente verdadero y feliz. Esto es, sin embargo, lo que consigue Antonio Muñoz Molina en *En ausencia de Blanca*, una novela breve que se publica inmediatamente después de *Sefarad*. Mario, un funcionario tímido de capital de provincia, está casado y enamorado de una mujer que parece ambicionar mucho más que la vida que lleva con él. Por eso Mario teme perderla y está celoso de cada momento que pueda pasar con ella. Por eso vive alarmado por todas las posibles amenazas de su frágil estabilidad matrimonial. Cuando finalmente Blanca le abandona por otro, la historia parece llegar a un final lógico. Mario y Blanca tienen orígenes sociales tan distintos y su formación les hizo concebir la vida de modos tan diferentes que su matrimonio no podría durar. Pero, sorprendentemente, Blanca decide volver y quedarse con Mario para siempre, más cariñosa y más suya que nunca antes. Parece una fantasía de desesperado, pero no lo es. Este final, al violar las leyes de la ficción amorosa, resultaría inverosímil si no fuera porque la historia contiene un elemento fantástico o bien una metonimia: la mujer que regresa y se queda es *otra*. No es Blanca sino su doble aunque lleva 'los vaqueros y los zapatos bajos de Blanca' y tiene los ojos 'del mismo color y la misma forma que los de Blanca' y 'el tono de la voz tan idéntico al de Blanca como si de verdad fuese ella quien le hablaba' (7). La amada se fue y su lugar fue usurpado por *la otra*. Mediante este desplazamiento se cumple la ley del deseo que, según Lacan, funciona precisamente como metonimia, pasando de un objeto a otro y sin encontrarse satisfecho nunca. Pero en esta novela breve la metonimia no tiene carácter espacial sino temporal y circunstancial; Blanca se convierte en otra puesto que ya no es la de antes. Por lo tanto su ausencia es metafóricamente cierta. Gracias a este concepto de la identidad, que nunca es sino que constantemente cambia convirtiéndonos en personas diferentes de las que fuimos, el amor no queda frustrado ni por la posesión ni por la pérdida total de su objeto. Dura constantemente al acecho de lo que pierde y de lo que desea.

# Entrevista

*(Madrid, enero 2001)*

**KOB** ¿Piensas que se puede hablar de la búsqueda de sentido en la literatura hoy, cuando la mayoría de los términos críticos acentúan la deconstrucción, la descomposición, la fragmentación?

**AMM** Claro que sí, porque los discursos filosóficos van por una parte, pero las necesidades vitales van por otra. En algún seminario, creo que fue en Virginia, puse el siguiente ejemplo: tú puedes estar dando una clase sobre la imposibilidad de que las palabras signifiquen, de que tengan relaciones con el mundo, pero al salir del seminario vas a tomar un café y le dices al camarero: 'Por favor, ¿me da un café?' Y, si te da un té, te enfadas. Es decir, hay una necesidad evidente de orden y de sentido, porque es una necesidad de la vida. Todos necesitamos un mínimo de sentido. Hay quien necesita el sentido, como en tu cita, que haya una cadena en la tierra y otra en el cielo, y hay quien necesita un sentido más laico y más limitado.

Por otro lado, creo que toda lucubración demasiado nihilista, demasiado negativa, es hipócrita. Los grandes negadores en el fondo me parecen grandes hipócritas y además con un pasado turbio casi siempre. Te pongo el ejemplo de Cioran. Es el gran negador que se preocupaba de escribir extraordinariamente bien y que no aplicó ninguna de sus negaciones contra lo que debía, o sea, contra su pasado siniestro en Rumanía.

**KOB** ¿Te parece necesario aplicar la teoría que uno desarrolla a la propia vida?

**AMM** Hasta cierto punto, claro. No es aceptable un discurso político, moral o crítico contrario al comportamiento del que lo enuncia. Me parece como mínimo sospechoso cuando el que está hablando sobre el bien y sobre la igualdad no viva de acuerdo a estos principios. Creo que en eso ha sido muy importante la aportación del feminismo, que puso en duda la separación entre lo privado y lo público. Los intelectuales que están estableciendo unas teorías resplandecientes, mientras que en sus vidas están adorando a un tirano, me despiertan serias dudas. Yo le pido a la gente responsabilidad sobre lo que dice.

**KOB** ¿Qué da sentido a una historia?

**AMM** A lo largo de mi vida he tenido muchas maneras de verlo. Creo que el que empieza a escribir está enamorado de la forma, pasa por un periodo de romanticismo en la forma. Por eso al artista joven le gustan tanto las formas cerradas, como las de las novelas policiales o las películas tipo Hitchcock. Eso se debe a que siente la necesidad de aprender un oficio, de aprender a dominar una forma. El escritor joven se enamora de cuentos perfectos, de historias bien cuadradas, cuyo ejemplo máximo es la novela de misterio, con su arquitectura total mantenida por la narración perfectamente funcional. El resultado de la forma es el sentido. Sin embargo, debajo de ese sentido, que surge de la forma, hay otros que en muchos casos son desconocidos para el autor porque el escritor no es consciente de una parte de sus intereses. Eso puede tener relación con la contradicción entre la modernidad de una forma, de una escritura, y lo retrógrado del que la lleva a cabo, de las ideas que tiene. La obra tiene una idea que muchas veces es distinta, incluso opuesta a la idea del autor. Uno de tales casos es *The Waste Land*, que es la punta de lanza de la renovación poética, mientras que su autor, T.S. Eliot, es un reaccionario bastante siniestro. Similarmente Balzac es un escritor reaccionario, monárquico, mientras su literatura celebra lo contrario de lo que a él le gusta, la modernidad burguesa. La presencia de los sentidos ocultos en la obra asegura su autonomía. Por eso una verdadera obra de arte no puede ser agotada mediante explicaciones, ni mediante intenciones. La intención nunca explica totalmente el resultado.

**KOB** El sentido es también la ilusión que se crea en el texto . . .

**AMM** Sí, puede ser la ilusión de una forma perfecta, puede ser la ilusión de dar testimonio de algo, la ilusión de contar fragmentos de vidas.

**KOB** ¿Es posible distinguir entre la ilusión y la verdad de un texto?

**AMM** La ilusión en español tiene dos sentidos: por una parte, la ilusión significa un sueño y, por otra parte, algo que te da alegría. El efecto de un texto literario bueno es el de la verdad, porque está retratando o está explicando algo que tiene verdadera importancia para la vida de quien lo escribe y de quien lo lee. Yo ahora estoy releyendo con mucho entusiasmo a Proust, donde, para dar un ejemplo, hay muchas verdades: la verdad del desengaño amoroso, la verdad del paso del tiempo . . .

**KOB** Me parece que la mayoría de tus protagonistas encuentran el sentido mediante diversas ficciones, sean políticas, amorosas o existenciales, pero luego a menudo sufren un desengaño. ¿Qué pasa, entonces, con el sentido de sus historias?

**AMM** Hay un sentido en el engaño y otro en el desengaño. El modelo del Quijote se repite mucho en la literatura; su sentido sería una dialéctica entre el engaño y el desengaño. Mis personajes buscan una ilusión amorosa, política y, al desengañarse, al descubrir que aquello que buscaban carece de consistencia o no es real, adquieren otro tipo de sabiduría o de conocimiento.

**KOB** ¿Qué quiere decir que 'no es real'?

**AMM** Por ejemplo, en mi primera novela, *Beatus Ille*, al protagonista, Minaya, le hace ilusión la idea del héroe al que busca. Esa ilusión surge, por una parte, de la necesidad que tiene el joven de encontrar a un maestro, por otra, es la ilusión de una generación nacida en la dictadura que busca modelos políticos en la generación anterior a la guerra y finalmente esa ilusión refleja la necesidad de creer en la literatura. Minaya, en un momento dado, descubre que el héroe al que buscaba no era un héroe, que no estaba muerto, que los papeles que él creía haber descubierto le habían sido puestos, que todo era una trampa. Entonces, aquella ilusión y el sentido que le producía al adolescente la búsqueda desaparecen y puede que aparezca en él un sentido más ajustado de lo que es el mundo. Sería una trayectoria de aprendizaje.

**KOB** Los protagonistas de tus obras viajan mucho. ¿Cuál es el papel del viaje en la búsqueda de sentido? ¿El sentido siempre está en otra parte?

**AMM** Todas las novelas posibles están contenidas en la Odisea: el viaje de vuelta de Ulises, el hombre maduro, y el viaje de ida de Telémaco, el muchacho. En el *Ulysses* de Joyce, Bloom viaja por el interior de Dublín, pero sabemos que Bloom es el resultado del viaje de Joyce fuera de Irlanda. El aprendizaje siempre se ha representado como un viaje, porque es un viaje, un viaje espiritual. En mi caso personal, esa idea es muy importante, porque viajar es una de las experiencias educativas fundamentales de mi vida. Desde que era pequeño, quería irme. Tenía esta idea tan literaria y esta impresión tan fuerte y tan real de que la vida estaba en otra parte.

En el libro que acabo de terminar se cuenta el viaje del exiliado, del expulsado. En el mundo de hoy este tipo de viaje ocurre más que nunca: el emigrante africano quiere llegar a Europa, el emigrante asiático va a América. Si quitamos las obras que tratan del viaje de los fugitivos y de los exiliados, desaparece la mitad de la literatura. De algún modo casi siempre acabo inventándome historias donde el núcleo es un viaje o la ausencia de un viaje.

**KOB** Y la ausencia del viaje, ¿qué implicaría?

**AMM** En mi caso sería la prisión. En mi vida los viajes han sido siempre liberadores.

**KOB** ¿Por qué crees que en la literatura de hoy hay tantos protagonistas con el problema de falta de energía y falta de motivación?

**AMM** Yo creo que es una pose, como en los años sesenta, cuando la moda era escribir novelas de burgueses aburridos que bebían, que para los pobres que leíamos eran tan tentadores que decíamos: 'yo quiero ser un burgués aburrido'. Un chico de Maryland escribió un libro sobre mis obras basado en la idea del desencanto,[1] pero yo creo que no tenía razón, porque yo estoy encantado de la vida. Me resulta difícil creerme un tipo de literatura basada en la falta de motivos o de impulsos, cuando yo, personalmente, estoy lleno de impulsos continuos y las cosas que me gustan también están llenas de impulsos. No acabo de ver el interés en personajes que no sienten interés por nada, puesto que yo siento interés por todo. Uno tiene opciones de lectura y, si a mí me dicen: 'hay una novela muy buena sobre un señor que no siente ilusión por nada', a mí no me interesa leerla.

**KOB** Dice Jo Labanyi que los fantasmas que pululan en algunas de tus obras, por ejemplo, en *El jinete polaco*, son señales de un pasado mal asimilado, reprimido, de la guerra y de los años del franquismo. ¿Te parece una interpretación acertada?

**AMM** Sí. En todas las sociedades que han tenido una experiencia traumática y totalitaria que ha sido suprimida, el pasado vuelve como fantasma. Por ejemplo, he leído que durante el periodo del comunismo se quiso borrar por completo el antisemitismo polaco y ahora sale el fantasma, porque no ha sido asimilado. Acabo de leer un libro muy gordo que trata de todo esto y he dado muchas vueltas a estas ideas. Aquí, en España, hubo dos tipos de negaciones. Por una parte, la negación franquista: toda la dictadura niega una parte del pasado, pretende borrarlo para que desaparezca. La dictadura borra las huellas del pasado, pero, cuando se acaba la dictadura y viene la democracia, se borra cualquier huella de cualquier pasado porque no hay tiempo, porque ya no hay interés. Es lo que pasó en España después de la muerte de Franco.

**KOB** También tenía sus ventajas el que no se pidiera cuentas a todo el mundo.

**AMM** Claro que tenía sus ventajas, pero es un proceso en el que hay que equilibrar mucho qué parte recordamos y qué parte olvidamos. El pasado es inestable. Como dijo Borges, el pasado es tan impredecible como el futuro. En la dictadura había cosas que no se podía decir, una parte de la realidad que no se podía ver. En mi familia, por ejemplo, hubo un silencio total. A veces se oía algo, se decía algo, pero no se podía hablar mucho por miedo. Y después, cuando ya se podía, tampoco se habló porque ya el pasado había perdido interés, porque todos queríamos volcarnos hacia el futuro, queríamos ser modernos. Entonces, se cometió una segunda injusticia con las víctimas de la historia.

**KOB** ¿Te parece que ésta ha sido una experiencia negativa de la tan esperada democracia?

**AMM** Es uno de los problemas que tiene que resolver la democracia, un problema práctico, incluso jurídico. Es un dilema en qué medida, en tu país, Polonia, por ejemplo, se debe olvidar la colaboración con el sistema comunista de las personas que luego han sido verdaderos demócratas o que han hecho un trabajo beneficioso para la democracia y hasta qué punto se les debe perseguir. Los mismos dilemas existen en Sudáfrica o en Argentina. Estas ideas de la memoria y del pasado que vuelve, que parecen tan literarias, son unas ideas completamente prácticas y urgentes con las que hay que tratar a diario.

**KOB** Y hay una contradicción entre la necesidad práctica de la sociedad, de su funcionamiento eficiente, que es, más bien, olvidarlo todo y seguir adelante, y la necesidad moral, el deseo de justicia.

**AMM** Pero, claro, no puedes olvidarlo todo por las víctimas.

**KOB** En tu artículo 'Disciplina de la imaginación', dices que la imaginación puede ser peligrosa como una droga. ¿Cómo?

**AMM** Eso está perfectamente representado en el Quijote. La imaginación o la literatura tienen una posición inestable en la vida, porque pueden ser una fuerza liberadora, pero también puede llegar un momento en el que te enloquecen y te hacen perder el sentido de la realidad. Cervantes plantea un problema nuevo en su tiempo, la sobreabundancia de ficciones que trae consigo la imprenta, y luego pregunta hasta qué punto podemos manejarnos con tantas ficciones. Es muy frecuente que en la literatura haya personajes que son víctimas de la literatura. Por ejemplo, el protagonista de *The Wild Palms* de Faulkner ha leído novelas de atracadores y se las ha creído. Por otro lado, esa misma novela tiene mucho que ver con Cervantes y sus dos personajes son trasuntos de Don Quijote y de Sancho. Otros personajes muy perjudicados por la ficción son Isidora Rufete en *La desheredada* de Galdós, y Emma Bovary. Por eso digo que, en cierto momento, el efecto de la imaginación sobre la vida puede ser tóxico, porque puede provocar que uno no sepa distinguir y separar la ficción de la realidad.

**KOB** ¿Podemos hacerlo los cuerdos?

**AMM** Es un trabajo constante de atención hacia las cosas. En *El invierno en Lisboa*, intenté contar cómo unas personas enajenadas por los libros y películas no saben encontrarse en el mundo.

**KOB** ¿Se debe a que las ficciones que les han enajenado no son unas ficciones que digan la verdad? ¿Cómo distinguir las ficciones que dicen la verdad de las que mienten?

**AMM** Quizás la diferencia entre una ficción saludable y otra que no lo es consiste en que la ficción saludable te pone en guardia contra ella misma. Y no sólo depende de la ficción, depende del momento en tu vida, de cuándo tú te acerques a ella; la misma ficción en un momento de tu vida te puede hacer daño y en otro te puede hacer bien.

**KOB** ¿Es una ficción verdadera que 'uno llega a los sitios cuando ya no le importan' (22), como dice el narrador de *El invierno en Lisboa*?

**AMM** Es lo que dice también Proust: siempre el llegar a los sitios es desengañarse de ellos. En mi experiencia no ha sido así. Jamás algo que yo haya imaginado ha sido mejor que la realidad. La realidad es siempre más rica, más compleja. Por eso me interesa tanto estudiar historia y ciencia. Cuando la literatura y la ficción se ponen a decir que no hay nada nuevo, la realidad te enseña una cantidad de lecciones que no te esperabas: la naturaleza, la historia, las experiencias particulares de la gente. Me gusta escuchar lo que cuenta la gente.

**KOB** Entonces, ¿tampoco estarías de acuerdo que los únicos amores verdaderos y bellos son los imposibles?

**AMM** No, en absoluto. Más que de ficciones verdaderas y ficciones falsas habría que hablar de actitudes ante la ficción. Para el niño pequeño el cuento sirve para explicar el mundo y para escapar de él. Recuerdo que, cuando yo era pequeño, estaba leyendo libros, revistas y tebeos y, una vez cuando estaba leyendo, mi madre estaba sacando ropa de un arca. Iba al baúl, sacaba la ropa, lo cerraba, se alejaba y volvía a abrirlo. Entonces, yo dejé de leer y me metí en el baúl y, cuando mi madre volvió otra vez a sacar la ropa y abrió el baúl, yo salté y se llevó un susto tremendo. Me dijo: 'no te voy a dejar leer nada más porque tienes la cabeza totalmente trastornada'. Estableció una relación entre aquel disparate y la lectura. Parece gracioso, pero no era tan disparatado, porque luego, en la vida posterior, a veces cuando he dado más importancia a la literatura que al mundo real, a la imaginación que a lo que estaba fuera de mí, a mis sueños que a las cosas, me he equivocado.

**KOB** ¿Qué es lo real para ti?

**AMM** Lo real es, por ejemplo, estar hablando con una persona y que me cuente una historia que le pasó a su padre o real es llegar a una ciudad. La diferencia entre la ficción y la realidad es la que hay entre leer sobre Venecia e ir a Venecia.

**KOB** Pero de una manera u otra todos llegamos a Venecia. Y los que van de verdad, la ven a través de los libros que habían leído sobre ella.

**AMM** Por supuesto, pero yo no soy platónico, soy aristotélico.

**KOB** Es una opinión muy popular en los círculos académicos que leer sustituye el vivir. ¿No lo ves así?

**AMM** Es ridículo. Es una parte de la vida, es un complemento que a veces toma mucho tiempo, pero hay muchas otras cosas que hacer en la vida. La idea popular entre los escritores de que hay que elegir entre vivir y escribir es una tontería. Además nadie lo hace, es tan sólo una manera de hablar. Nadie deja de vivir para leer. Para mí no existe esa oposición.

**KOB** Si es malo que la literatura induzca a la pasividad, ¿en qué sentido, cómo y a qué tipo de actividad podría inducir?

**AMM** Puede inducirte a conocerte mejor, a mirar las cosas con más atención, a deshacer ciertos engaños, ciertos lugares comunes, puede inducirte a una cierta actitud de alerta y de rebeldía. Para mí la literatura siempre tiene una función muy práctica: ayuda a ver las cosas con más claridad. Proust, por ejemplo, me ha ayudado mucho a lo largo de mi vida. Cuando lo leo, soy capaz de estar mucho más atento a ciertas cosas, a la diferencia entre lo que la gente dice y lo que hace, a ciertos gestos.

Por otro lado, algunos escritores te permiten saber sobre mundos o sobre gente de los que tú, de otra manera, no tendrías noticias. Por ejemplo, los escritores que tratan de gente rara, digamos V.S. Naipaul, que te habla de los indios, o Isaac Bashevis Singer, que te explica el mundo de los judíos de Varsovia, nos abren realidades que nos resultan completamente ajenas, pero muy ricas. Estos escritores nos enseñan dos cosas fundamentales: el valor de la diferencia y el valor de la semejanza, porque sus mundos resultan exóticos, pero son también semejantes desde el momento en que puedan emocionarte y apasionarte.

**KOB** Entonces, ¿el lema modernista, 'el arte por el arte', no te resulta convincente?

**AMM** Yo digo que el arte es práctico, que me sirve, que es útil. Pero su justificación no es esta utilidad. Lo del 'arte por el arte' tiene un sentido y es que la obra tiene una autonomía, tiene una serie de normas que se justifican por sí mismas. El hecho de que una novela trate de una experiencia muy interesante no hace que este libro sea bueno.

**KOB** ¿Hay, entonces, una diferencia entre el conocimiento que nos da la ficción y el que nos da la vida?

**AMM** Creo que en los mejores casos pueden parecerse mucho. Lo que pasa es que la ficción nos da conocimientos que rompen los límites de la propia vida. La vida está severamente limitada en el espacio y en el tiempo. Como dice Nabokov, todos estamos presos en la cárcel del tiempo. La literatura te puede enseñar cosas que están fuera de esta cárcel.

**KOB** También los protagonistas de *Beltenebros* están contaminados por ficciones. Esta vez se trata de los ideales o ideologías, ficciones políticas que les llevan a actuar, en el caso de Darman y de su joven admirador a matar. Estas ficciones, aunque no adormecen, parecen incluso más peligrosas, ¿no?

**AMM** Una parte de las actitudes más atroces de la gente en la historia se debe a las ficciones. Gibbon te cuenta las matanzas terribles que había en la antigüedad por la Santísima Trinidad, por entelequias. Los alemanes se convirtieron casi colectivamente en homicidas durante la Segunda Guerra Mundial en virtud de unas cuantas ficciones: que la Primera Guerra Mundial no la habían perdido sino que habían sido traicionados y que los judíos dominaban el mundo. Los terroristas que matan en el norte de España también lo hacen en virtud de una ficción.

**KOB** Pero, si es así, la democracia también sería una especie de ficción, ficción de que todos somos iguales . . .

**AMM** Bueno, es una ficción que tiene efectos positivos. Es más verdad que todos somos iguales que el que haya pueblos que son superiores a otros.

**KOB** Entonces, ¿defines la verdad según los efectos que tiene?

**AMM** No, pero creo que hay formas de aproximarse al mundo que son más cercanas a la realidad que otras. En eso sé que voy en contra de la opinión mayoritaria en la academia. Sé, por ejemplo, que es muy difícil conocer la estructura del universo, pero también sé que la astronomía es más cercana a la estructura del universo que la astrología. Tampoco todos los discursos históricos son iguales. Sabemos que el conocimiento de la historia es muy difícil y que está contaminado siempre por los intereses de los que la cuentan, pero sabemos también que hay aproximaciones más correctas que otras.

**KOB** Pero, ¿cómo lo sabemos? ¿Por los efectos que tienen los discursos que surgen de estas perspectivas?

**AMM** Lo sabemos por el ejercicio permanente de la crítica y dudando siempre de aquello que tenemos. Es como un método científico: el sometimiento de la hipótesis a la experiencia.

**KOB** Entonces, me pregunto si se podría usar el mismo criterio en la literatura, si se podría ver el efecto que tienen ciertas ficciones en las vidas de los lectores, verificarlas mediante la experiencia.

**AMM** Claro. Como hemos visto antes, estos efectos pueden variar dependiendo del momento en la vida del lector, de su actitud. Se da una gama de posibilidades tan rica y tan compleja. Imagínate que en 1925 lees *Mein Kampf*, te parece inaceptable, lo tiras y eso te reafirma en tus convicciones democráticas. En efecto esta ficción ha tenido un efecto benéfico sobre ti. Ahora, el otro tipo lo lee y dice: '¡Qué bien! Nosotros, los alemanes, somos una raza superior, tenemos que expandirnos por el este'. Por eso dije que era importante lo que no es la literatura, la actitud, la experiencia tanto en el lector como en el escritor, porque el escritor lo mejor que escribe lo escribe con esta parte de sí que se parece a las demás personas.

**KOB** Volviendo a lo que decías antes, que 'la mejor literatura no sólo nos enseña a mirar con ojos más atentos hacia la realidad, sino también hacia la propia ficción'. Una de tus novelas que lo muestra de manera más clara es *Carlota Fainberg*, que habla precisamente sobre la distancia hacia las ficciones que vivimos.

**AMM** Creo que podría ser una novela sobre el modo en que cada cual puede convertirse en un personaje de novela para otro. También sobre el modo en que a veces se nos imponen las ficciones. Antes hablábamos de *Beltenebros* y de las ficciones políticas a las que obedecen los personajes. Hay otro tipo de ficción que se impone a una persona y que determina su identidad según el parecer de los demás. Por ejemplo, si te ven como un traidor, te conviertes en un traidor. En *Beltenebros*, la joven Rebeca Osorio es forzada a ser el fantasma de su madre para cumplir un deseo masculino.

**KOB** Volviendo a *Carlota Fainberg*. Parece posible concluir basándose en esta novela que es un mito o una ficción falsa que el otro país, la otra cultura, la otra mujer, nos puedan dar más que la nuestra. Abengoa vuelve con su mujer, en la primera versión del texto, el profesor desilusionado con los Estados Unidos regresa a España. Puede ser cierto, pero esa reflexión está basada en la ficcionalización de lo propio y lleva a una especie de prejuicio hacia lo otro, ¿no?

**AMM** No es mi manera de ver las cosas. Creo que hay un contrapunto entre este profesor que no está bien en ninguna parte y Abengoa, el otro, que se instala en cualquier sitio, incluso en el aeropuerto. Me interesa mucho esa sensación de desplazamiento. Hay un libro maravilloso de Todorov, *L'homme dépaysé*. Por una parte, esta sensación tiene unas consecuencias muy buenas, como la distancia y la atención que prestas a las cosas, porque, cuando estás fuera, percibes mucho más de lo que pasa alrededor de ti. El vernáculo se sorprende de las cosas que ve el forastero. Pero, como te decía, hay sentidos que surgen aunque no sean premeditados, sentidos que son inconscientes.

**KOB** La ficción de la otredad, lo otro, el otro – ¿qué papel tiene en la construcción de una trama narrativa?

**AMM** El imaginarse al otro o ponerse en el lugar del otro tiene mucho que ver con la plenitud de lo humano. El psicópata es el caso extremo de aquél que no se pone en el lugar del otro. Es una ficción o un impulso moral. Eso va en contra de ciertas tendencias actuales que afirman que la literatura o el arte son la expresión únicamente de aquello que uno es o, peor todavía, del grupo al que uno pertenece. Es una tendencia muy americana.

**KOB** ¿Cómo?

**AMM** Si tú eres gay, tú haces unas ficciones que son gays, que pertenecen a la literatura gay y que, sobre todo, son para gays. A los americanos les gusta mucho que todo vaya compartimentado. Se trata de creer que una persona que pertenece a un determinado grupo tiene sólo una perspectiva, que pertenece exclusivamente a este grupo. A eso me refiero, eso es lo que parodio en *Carlota Fainberg*, cuando le hago preguntar a la profesora porqué Abengoa se dedica a la literatura latinoamericana si él es español.

**KOB** Sí, ese tipo de preguntas se hace frecuentemente, pero también la cultura americana enseña mucha sensibilidad, tolerancia y hasta amistad hacia los que no pertenecen al grupo.

**AMM** Eso me gusta mucho, pero quiero decir que la literatura no es sólo expresar aquello que tú eres, sino que en muchos casos es el esfuerzo de expresar aquello que tú no eres, de ponerte en el lado del otro.

**KOB** En uno de mis cuentos preferidos, 'Las otras vidas', el otro, el artista, suministra uno de los momentos más sublimes en la vida del narrador. Los minutos en los que escucha al pianista tocar en un sucio bar de Marrakech dan sentido a todo el viaje, que por lo demás es un desastre.

**AMM** Le tengo mucho cariño a ese cuento. Me lo contó en Granada un amigo mío que era técnico de sonido. Estábamos en su casa, estábamos fumando hachís y hablando de Keith Jarratt, famoso por lo maniático que es, y mi amigo me contó que lo había visto en Marrakech tocando en un café. Sabes que el hachís te borra la memoria, ¿no? Mientras estaba escuchando la historia, estaba pensando: '¡Madre mía, qué relato más bueno hay aquí!'. Pero luego se me olvidó. Llamé al tipo para que me lo volviera a contar y no estaba, se había ido de viaje y yo estaba desesperado, pero por fin lo recordé.

**KOB** Volviendo al tema de nuestra actitud hacia las ficciones, ¿crees que es posible que te motive una ficción, aunque sabes que no puede ser real, que te va a desilusionar?

**AMM** Sí, hasta cierto punto podría ser así porque esto ocurre muchas veces en la vida. Uno tiene el deseo de la justicia y de la igualdad y sabemos que no se van a conseguir en este mundo, pero tenemos cierta obligación de actuar como si fueran plenamente posibles, porque sabemos que lo que sí se puede conseguir son grados. Sabemos que la identificación plena con el otro a través del amor, de la amistad, es imposible, pero eso no nos impide esforzarnos al máximo y creo que es una actitud sana y razonable. Ser adulto es saber contar con cierto grado de decepción. Lo adolescente y lo siniestro es vivir entre la ilusión total o el desengaño total. Eso sólo lleva al nihilismo. Yo creo que el mundo ha mejorado lo que ha mejorado gracias a los compromisos. Los comunistas prometían que iban a traer el paraíso sobre la tierra y . . .

**KOB** Parece que ellos lo creían del todo, ¿o no? Che, por ejemplo . . .

**AMM** Yo, creo que el Che no era un idealista, que era un soviético recalcitrante. No tengo ningún romanticismo respecto a esa figura.

**KOB** ¿Qué te indujo a reconsiderar tu actitud hacia la ficción y la realidad?

**AMM** Hubo un tiempo en mi vida en que el contraste entre mi realidad y la literatura que llenaba mi cabeza se me volvió insoportable.

**KOB** ¿Este cambio de actitud corresponde a algún cambio en tu estilo?

**AMM** Yo quisiera creer que sí. Cuando escribí *El jinete polaco*, me di cuenta de que, contando mi vida tal como era de verdad, podía salir la literatura. Antes había hecho novelas cuyos personajes, aunque tuvieran mucho de mí, resultaban de una mediación literaria o cultural: un espía, un pianista de jazz, que son literarios *per se*. Un día me puse a escribir recuerdos de mi adolescencia y llegué a la conclusión de que, contando cómo era uno a principios de los años setenta en mi pueblo, sin más, podía salir literatura.

**KOB** ¿Quieres decir que antes te inspirabas más en la literatura y ahora más en la vida misma?

**AMM** Quizás sí. En el sentido práctico de que de repente me encontré escribiendo cosas que antes no habría escrito.

**KOB** Es interesante que los escritores digáis que os inspiráis más en la vida, mientras que los profesores dicen que la literatura nace de la literatura.

**AMM** Una cosa no quita la otra. Sin duda, me inspiré más en la literatura al escribir *Beatus ille* y más en la vida al escribir *Ardor guerrero*. En ambos casos es literatura y la literatura implica una tradición literaria.

**KOB** ¿Te consideras un escritor realista?

**AMM** Me gustaría ser un escritor realista.

**KOB** ¿Qué es realismo para ti ahora y cuál es tu actitud hacia él?

**AMM** Un retrato verosímil, certero del mundo, de las sensaciones, de los estados de espíritu y del ambiente de los lugares.

**KOB** En *Nada del otro mundo* pareces estar deconstruyendo las ficciones, las ilusiones de la mente humana, mostrando la realidad que se esconde detrás de ellas, que a menudo resulta simple y vulgar. ¿Sería realismo?

**AMM** Sí, claro.

**KOB** ¿Cómo crees que hay que mirar la realidad para poder expresarla luego de una manera verosímil? ¿Desde cerca o desde lejos? ¿A través de una subjetividad, un filtro conscientemente construido, o pretendiendo alejarse de todo lo subjetivo y, como el narrador decimonónico, pretendiendo mirar todo desde arriba?

**AMM** Creo en el movimiento continuo, desplazamiento desde la cercanía a la distancia, de arriba abajo, en una dialéctica. Tienes que prestar mucha atención, pero al mismo tiempo tienes que apartarte un poco, porque a veces las cosas se entienden tan sólo al cabo del tiempo. En cuanto a la actitud hacia la realidad, creo que para mí lo más importante es la atención. Pero la atención tiene muchas formas posibles. Cuando vas fuera de tu país, aprendes mucho sobre el país donde estás, pero también aprendes mucho sobre el tuyo. Entonces, la perspectiva idónea es rondar sobre las cosas alejándose, acercándose, dando vueltas.

**KOB** ¿Eso sería más fácil al narrar en la primera o en la tercera persona?

**AMM** Hay veces en que escribiendo en primera persona se está contando desde muchos puntos de vista y hay veces que el escritor, se ponga en el punto de vista en que se ponga, siempre parece el mismo.

**KOB** ¿Crees que la mente humana con su perspectiva única puede triunfar sobre la realidad o es la realidad la que siempre triunfa al final sobre todo lo subjetivo?

**AMM** La mente puede subordinarse el mundo de una manera muy limitada. La realidad, como te he dicho, es siempre inagotable. Cualquier aproximación del arte es muy limitada y muy parcial. Por eso hacen falta muchas aproximaciones distintas y otras fuentes de información para hacer el arte.

**KOB** ¿Y no te parece que, miremos como miremos, en todas partes nos vemos a nosotros mismos, que siempre proyectamos hacia la realidad nuestra subjetividad?

**AMM** Sí, pero hay grados. Hay personas tan ególatras que sólo se ven a sí mismas, pero hay personas que se fijan más en los demás, hay detectives mejores y peores.

**KOB** Entonces, aunque no tengamos acceso a la verdad y a la realidad pura, siempre vale la pena que . . .

**AMM** Algún acceso sí tenemos. Algo se sabe. Esto es un sofá y, si estudias física, sabes qué cosas sólidas y líquidas son cosas reales. Es curioso porque la física de pronto te lleva a una especie de ficción aleatoria, pero para arreglarnos en la vida diaria tenemos cierto saber.

**KOB** En uno de tus artículos sobre la realidad y la ficción hablas de buscar la ficción dentro de la realidad y la realidad dentro de la ficción. Lo primero sería ver cómo las ficciones manipulan el mundo . . .

**AMM** Tiene un doble sentido. Por una parte, lo que dices y, por otra parte, inspirarse en lo real para inventar historias.

**KOB** Y lo de buscar la realidad dentro de la ficción, ¿sería ver cómo están construidas las ficciones?

**AMM** Sí, y cómo la ficción te ayuda a comprender lo real.

**KOB** Y, ¿cuál de estos ejercicios mentales te interesa más?

**AMM** Creo que son simultáneos. Acabo de terminar un libro en el cual hay muy poca ficción, en el cual hay, sobre todo, historias que me han contado, que he escuchado o leído. Yo le doy la palabra a la persona que me cuenta eso y eso se convierte en la ficción, pero el contenido de la narración es real. Y ese tipo de material menos elaborado tanto en literatura como en cocina cada día me interesa más. En la cocina de mi tierra, en Andalucía, lo que prevalece es la materia prima, un tomate y un poco de aceite.

**KOB** En un artículo tuyo citas a Cintio Vitier: 'inventando las cosas tal como son'. ¿Cómo lo entiendes?

**AMM** Te voy a poner un ejemplo. El libro *Ardor guerrero*, que no es ficción, termina con una historia que me contó un amigo mío, profesor en Virginia. Él es de origen húngaro y un día volvió a su pueblo natal después de muchos años. Fue a la casa de sus padres, que había sido convertida en una biblioteca pública. Andaba por allí, pero no reconocía nada y estaba entristecido al no poder encontrar la casa de su infancia. Cuando ya se disponía a salir, la bibliotecaria le dijo: 'Si quiere, puede subir al piso de arriba'. Cuando empezó a subir, la mano, al posarse sobre la baranda, reconoció el lugar. Hasta aquel momento no había reconocido nada, pero, desde que tocó la baranda, la mano le llevó. Eso no puede ser mejorado. A eso me refiero. Yo quería en mi libro contar aquel momento maravilloso y real, pero sin atribuirlo a ningún personaje de novela inventado por mí. Entonces, dije: 'Esto me lo ha contado el profesor Tibor Blasics, que vive en tal sitio'. Quise dar la palabra al otro, al testigo del evento.

**KOB** ¿Entiendes todos los elementos del proceso creativo?

**AMM** Hay un misterio absoluto y es que, si trabajas honradamente, no sabes qué viene a continuación. No sabes nada y escribes para saberlo. Si lo supieras, entonces, en primer lugar, no tendría mucho interés. Tengo un punto de partida, pero luego voy tanteando siempre. El origen del libro que acabo de terminar fue un solo relato. Después pensé que podían ser tres, cuatro relatos y ahora tiene seiscientas páginas. Para mí el momento maravilloso de la escritura ha sido siempre cuando encontraba algo que no tenía previsto, una especie de iluminación. En ese momento siento gratitud porque no veo como mi mérito el hecho de que se me ocurrió lo que escribí.

**KOB** ¿Cómo decides que el libro que estás escribiendo está ya listo?

**AMM** Decido que es lo mejor que puedo hacer en este momento. Luego lo lee mi mujer y, si a ella le gusta el libro, creo que está bien. Entonces, lo corrijo muchísimo y dejo pasar el tiempo. Cuando haya pasado ese tiempo, hago otra pequeña corrección y se lo doy a leer a alguien más y después dejo pasar más tiempo.

**KOB** 'En esa época (. . .) creíamos en la comunicación, imaginábamos que [ni] la amistad ni el amor eran posibles sin una transparencia absoluta . . . Ahora, algunas veces, yo agradezco exactamente lo contrario' (168). Estas frases tuyas, que provienen de la parte final de *El dueño del secreto*, constituyen una reflexión sobre el idealismo. Uno de los deseos utópicos del idealismo es la transparencia absoluta. No decirlo todo es una especie de compromiso. ¿Sería una señal de nuestros tiempos este cambio de actitud?

**AMM** En los setenta fue muy molesto eso de la sinceridad absoluta, que además era falsa muchas veces. Todos somos muy mezquinos. Imagínate que te irritas un momento y le dices a la persona que quieres: 'Me caes mal'. A veces es más importante evitar herir que decir una verdad que tampoco tiene tanta importancia.

**KOB** ¿Cómo entiendes la sinceridad en la escritura?

**AMM** Volviendo a Proust, la primera versión de su novela, *Jean Santeuil*, en cierto sentido, era mucho más sincera que la segunda, *À la recherche du temps perdu*, porque se parecía más a su verdadera vida. Pero eso no la hace más sincera en el sentido verdadero de la palabra. La sinceridad no consiste en una fidelidad mecánica a los hechos sino en la fidelidad al sentido de las cosas. Hay verdades que es muy difícil decir si no es mediante la ficción porque no te atreves o te da vergüenza . . . Hay concesiones que sólo se pueden hacer a través de la ficción.

**KOB** Varios protagonistas tuyos se ven más atraídos por la estética de la ideología que por la ideología misma. Por ejemplo, el abuelo de *El jinete polaco* se entusiasma por el *pathos* de los discursos políticos tanto de la extrema derecha como de la extrema izquierda . . .

**AMM** Ése era mi abuelo.

**KOB** Y, en *El dueño del secreto*, el protagonista se ve mas atraído por la generosidad, la fantasía y los gestos de Ataúlfo que por sus ideas, de las que no se habla mucho. ¿Crees que lo estético nos motiva más fuertemente que lo racional y lo moral?

**AMM** A veces las ideas políticas las adquirimos y las defendemos por lo que es más tonto dentro de nosotros. Mediante las ideas políticas nos expresamos explícitamente, mientras que nuestras actitudes estéticas hablan de nosotros de una manera implícita, como nuestros actos.

**KOB** ¿Cuál sería la estética más popular de hoy?

**AMM** Supongo que sería la estética del consumo inmediato vinculada con la ideología liberal en el sentido económico. Es más bien anti-estética porque el reducirlo todo a lo económico, a la apreciación de lo inmediato, implica la mercancía que desaparece porque tiene que ser sustituida por otra, mientras que la apreciación estética tiende a ser lenta y a volver sobre las cosas.

**KOB** En *El invierno en Lisboa*, Lucrecia le muestra a Biralbo el cuadro de Cézanne que le provoca una avalancha de sensaciones eróticas, estéticas, éticas y hasta sociales y religiosas a la vez: 'Como algunas veces el amor y casi siempre la música, aquella pintura le hacía entender la posibilidad moral de una extraña e inflexible justicia, de un orden casi siempre secreto que moldeaba el azar y volvía habitable el mundo, y no era de este mundo' (188). ¿Crees en una unidad misteriosa de todos esos dominios?

**AMM** No, pero creo que, a veces, ciertas obras de arte nos permiten una percepción global, maravillada y total en un momento. Lo puedes percibir en el amor, en un paisaje, en la música. Es una especie de epifanía. Creo que es uno de los grandes regalos que nos puede dar el arte, pero también la naturaleza. Es algo sagrado. No tengo creencias religiosas, pero soy muy sensible a la música religiosa, que suministra también este tipo de sensaciones. Es lo que siente el protagonista en aquel momento que citas, una felicidad total, de agradecimiento por la belleza.

**KOB** En *El dueño del secreto*, el narrador expresa desilusión de que el cambio español se diera de una manera menos espectacular que en Portugal, sin la rebelión. ¿Por qué le hace tanta falta la rebelión? ¿Por qué la rebelión resulta tan atractiva?

**AMM** Por lo mismo por lo que después del 31 de diciembre nos resulta atractivo el primero de enero. Necesitamos un punto de partida, un comienzo, para sentir que las cosas van a renovarse, que van a ser diferentes. La importancia de la rebelión es la importancia de la tentativa de ser plenamente aquello que uno puede ser o que necesita ser.

**KOB** Eso implicaría una falta de distancia hacia las ilusiones . . .

**AMM** En un momento dado no puedes tener distancia. Hay momentos en la vida en los que para actuar hay que eliminar la distancia. En tu fuero íntimo sabes que es difícil, pero eso no te impide tomar una decisión que crees que debes tomar.

**KOB** ¿Cómo viviste tú los años de las rebeliones estudiantiles en España?

**AMM** Participé, pero de una manera marginal. Tampoco era tanta rebelión. Nunca me entregué plenamente. En parte por miedo a la represión y en parte por cierto escepticismo hacia las ideologías e, incluso más, hacia las actitudes de quienes apoyaban aquellas ideologías. Y aquí volvemos a la cuestión estética. Yo podía estar de acuerdo con las ideas de algunas personas, pero no sentía ninguna simpatía por el modo como las expresaban o por los comportamientos con que las defendían.

**KOB** Pero, ¿recuerdas aquellos momentos con ilusión?

**AMM** Al revés. Creo que hay demasiado romanticismo sobre aquella época. Las cosas más importantes que han ocurrido en España han ocurrido después. Piensa que en los años setenta los que estábamos contra Franco éramos comunistas todos, estábamos a favor de la Unión Soviética, de Mao Tsé-tung. A la gente de los países del este le ha llamado mucha atención. Nos decían: '¿Por qué son comunistas? Ustedes no saben lo que es esto'. Se daba la paradoja de que estábamos en contra de la dictadura, pero no éramos demócratas.

**KOB** Vosotros no sabíais qué estaba pasando al otro lado del muro.

**AMM** No lo sabíamos porque no queríamos saberlo. Durante la Segunda Guerra los alemanes no lo sabían tampoco, aunque les estaba llegando el olor a carne quemada. Los dirigentes comunistas españoles viajaban a los países del este y no veían nada. Estábamos engañados porque queríamos estar engañados. Me acuerdo de que, cuando en Polonia empezaron las huelgas a principios de los años ochenta, mucha gente aquí en España decía que eran huelgas reaccionarias, que estaban manipuladas por el imperialismo. Por eso, por aquel fenómeno de no ver, no tengo ninguna nostalgia de ese tiempo. Hay un libro maravilloso que se llama *Aux pays de l'avenir radieux* (por François Hourmant), que es una historia de los viajes de los intelectuales franceses por los países comunistas y trata del modo en que los intelectuales, que supuestamente tienen que mirar con más atención, eligen no ver.

**KOB** ¿Leíste a los existencialistas franceses?

**AMM** La desesperación existencial no la había sentido. A Camus sí lo leí bastante, a Sartre no. Sartre me parece el prototipo de un intelectual hipócrita. En los años sesenta decía que, si los soviéticos no viajaban por el mundo, no era porque se lo prohibieran. Era porque eran tan felices en la Unión Soviética que no tenían ganas de salir. A mí un intelectual que defiende el *gulag* no se merece ninguna simpatía, ningún interés.

**KOB** Y Camus, ¿cómo te impresionó?

**AMM** Camus me hizo un efecto muy importante, el efecto del valor de la responsabilidad personal. Parecía casi lo contrario de la ideología marxista dominante, según la cual uno no es responsable de sus actos. Por resaltar el valor de la responsabilidad personal, Camus entró en conflicto con Sartre y con sus similares.

**KOB** ¿Y Borges, Cortázar, Kafka?

**AMM** Sí, muchísimo. Es lo que llama Mario Vargas Llosa 'la orgía perpetua'.[2]

**KOB** También habías mencionado a Truman Capote.

**AMM** En el sentido del descubrimiento de la importancia de contar. Me hizo descubrir que hay que tener la cortesía o la humildad de, más que inventar, escuchar o contar aquello lo que a uno le han relacionado.

**KOB** ¿Otras influencias importantes?

**AMM** Proust, Faulkner, Cervantes, Galdós y tantos otros.

**KOB** En 1992, dijiste que ocurrían cosas interesantes en la literatura española contemporánea, pero que aún resultaba difícil definirlas. Ahora, ocho años más tarde, ¿qué te parece más digno de atención?

**AMM** Estamos demasiado cerca y nos parecemos demasiado. Todo lo que se publica en una época se parece mucho. ¿Qué se parece más a una novela del siglo XIX? Otra novela del siglo XIX. Todos queremos ser distintos, pero nos parecemos.

**KOB** He oído que en la Feria del Libro en Guadalajara Vázquez Montalbán dijo que no ha cambiado nada en la literatura española desde la muerte de Franco . . .

**AMM** ¿Cómo que no ha cambiado nada? Yo creo que ha cambiado todo, por fortuna.

**KOB** ¿Cuáles serían los cambios más importantes?

**AMM** Creo que el cambio más importante ha sido la libertad. Por un lado, vivimos sin censura. Por otro, apareció la sensación de la libertad interior, de escribir aquello que te da la gana sin coacción ideológica. En los años setenta era imposible escribir en libertad y no era porque te censuraran, porque ya no te censuraban, sino porque la coacción cultural e ideológica era tan fuerte que tú no sentías que tenías que escribir una literatura de determinado tipo, que era la literatura que dictaminaban los mandarines culturales desde la izquierda.

**KOB** Y, ¿qué efecto tuvo la libertad en el estilo literario?

**AMM** Una cierta naturalidad para contar aquello que a cada cual apetecía.

**KOB** ¿Te parece que esto tiene relación con la vuelta de la trama?

**AMM** Sí, tiene mucha relación, porque una de las cosas que estaban prohibidas en los años setenta era la trama. Era como cuando era obligatoria la pintura abstracta. El canon era Juan Goytisolo de *Señas de identidad*, de *Conde don Julián*. Todo lo que no fuera así se consideraba reaccionario. Está bien que Juan Goytisolo haga eso, pero, si todos hacemos lo mismo que Juan Goytisolo, eso ya no está bien.

**KOB** ¿Te parece que el mercado también tuvo una influencia en esta vuelta de la narratividad?

**AMM** No era que el mercado pidiera a los escritores que escribieran de una manera. Fue al revés. De pronto, los lectores se acercaron a las novelas que se estaban escribiendo. Te pongo un ejemplo: al final de los años setenta y en los años ochenta los mayores éxitos literarios fueron totalmente inesperados y por autores casi desconocidos. *El misterio de la cripta embrujada* de Mendoza, Julio Llamazares, mi *Invierno en Lisboa*, que primero se publicó en tres mil ejemplares, porque nadie pensó que fuera a ser un éxito, Marías con *El corazón tan blanco*, Pérez Reverte . . .

**KOB** ¿No crees que todos vosotros habéis pensado en la recepción, en la reacción del público, en el mercado?

**AMM** No. Los escritores profesionales de la literatura comercial sí están pensando en fabricar un libro que sea adaptable al cine, que pueda satisfacer ciertas condiciones comerciales. Pero escritores como yo, como Marías, como Llamazares, no estamos pensando en eso. Estamos pensando en hacer un libro que nos guste a nosotros. Arturo Pérez Reverte ya es otro tipo de escritor, que calcula y ubica la acción de su novela, por ejemplo en Sevilla porque Sevilla es una palabra que suena a los extranjeros, lo cual es totalmente legítimo, pero es distinto. Marías o yo nos encontramos de pronto con que lo que hacíamos, lo que hasta ese momento había interesado a dos mil personas, interesaba a cien mil. Si no hubiéramos escrito las novelas, el público no las hubiera pedido. Es decir, nosotros nos hemos inventado a nuestro público.

**KOB** Y la influencia del mercado en general, ¿qué te parece?

**AMM** La influencia del mercado sobre los escritores serios, los que tú tienes en tu libro, es nula. Nos alegramos de no tener que trabajar en una oficina y de que nuestros libros los lea mucha gente, pero no hacemos los libros distintos para que tengan muchos lectores. Por ejemplo, un libro como *Carlota Fainberg* no es precisamente fácil, está medio escrito en inglés. Yo pensaba que no iba a interesar a nadie, porque además está lleno de bromas de la Academia, de los Estados Unidos, y, al contrario, tuvo bastante éxito. No se puede decir que los libros de Marías sean fáciles. La primera frase de *El jinete polaco*, que recibió el premio más comercial que hay en España, el premio Planeta, tiene una página y media.

El mercado influye sobre las editoriales y sobre los medios.

**KOB** ¿En qué estás trabajando ahora?

**AMM** Estoy terminando un libro bastante largo que se llama *Sefarad* y que tiene el subtítulo de una novela de novelas. Es una serie de historias, cada historia lleva a otras historias cuyo eje es el exilio, en muchos casos el exilio judío. El libro tiene quince capítulos. Lo terminé de escribir en octubre, ahora he estado añadiendo algo, he terminado la primera corrección y saldrá para la primavera.

Cristina Fernández Cubas

# Cristina Fernández Cubas: Me gusta que me inquieten

En 1980 se recibió con entusiasmo su primer libro de relatos, *Mi hermana Elba*, seguido por *Los altillos de Brumal* y la fascinante novela breve *El año de Gracia*. En los años 90 la escritora publicó la siguiente novela, *El columpio*, dos volúmenes más de cuentos, *El ángulo del horror*, *Con Agatha en Estambul* y una obra de teatro, *Hermanas de sangre*. En 2001 salió su libro de recuerdos *Cosas que ya no existen*. De este último sabemos que tuvo una casa junto al mar, un padre serio y estudioso, una madre que se defendía de la tristeza con acción y cuatro hermanos, de los que una hermana murió muy joven dejando a la familia sumida en un luto que evoca el de Bernarda Alba. Su vieja niñera le infundió la pasión de contar y la escuela de monjas le dejó recuerdos mixtos, parcialmente traumáticos. Barcelona, donde vivió mientras asistía al instituto, y luego Francia, donde pasó su primer verano fuera de casa, significaron júbilo y libertad. Luego, durante años no dejó de viajar y *Cosas que ya no existen* contiene principalmente escenas de estos viajes, llenas de aventuras y de observaciones siempre atentas a los detalles, a los gestos y a las miradas de las personas que encuentra por el camino. La vemos fumando en la azotea de su casa anticipando la madurez y la libertad, navegando en un crucero al otro lado del Atlántico, en Argentina regalando cubitos de caldo de pollo a los descamisados que llegaron a despedir a Evita, en Grecia aprendiendo griego, en Egipto aprendiendo árabe y luchando con el viento que borra la memoria, en Bolivia cruzando fronteras llenas de sorpresas y corriendo por las calles de Lima, saqueadas durante la huelga de la policía bajo el general Velasco. Es un libro que, como anuncia la portada, significa 'un pulso de memoria' y no abarca toda la vida de la autora sino tan sólo algunos de sus recuerdos más intensos. Al leer *Cosas que ya no existen*, entendemos mejor cómo hay que mirar para descubrir 'el ángulo del horror', la faceta inquietante de la realidad, y cómo hay que recordar para expresar el profundo sentido que esa faceta contiene. La oportunidad de seguir la mirada de la escritora tal como funciona en su propia vida es lo que hace la lectura de este libro tan interesante.

Los maestros de las formas breves, como Cristina, poseen varios dones: el de la anticipación, el de saber sorprenderse ante multitud de detalles que para la gran mayoría pasan desapercibidos, el de sospechar de la veracidad de lo observado y también el que marca una actitud contraria: la capacidad de tomar todo lo que viene con la ingenuidad de un niño. La sospecha y la credulidad se necesitan mutuamente. La sospecha lleva a la escritora a buscar más allá de las apariencias y su don de la inocencia consiste en saber dejar de hacerlo. Mientras el instinto del detective pretende explicar lo visto a través de los mecanismos secretos a los que deben obedecer las cosas, la mirada inocente toma la realidad tal como es, con todas sus rarezas, que no siempre pueden explicarse. La capacidad de dejar de interpretar, de saber callar con respeto frente a los pequeños y grandes misterios, de construir finales que sean, al mismo tiempo, sorprendentes y abiertos, es quizás el más importante don del cuentista. Durante su estancia en Egipto Cristina llega a la conclusión de que es demasiado respetuosa con las realidades ajenas para hacer periodismo y podemos suponer que es este mismo respeto lo que la lleva a escribir más tarde en su vida cuentos tan fascinantes. El respeto es propio de la mirada que se resigna a no comprender, es la actitud de quien confronta lo insólito y lo reconoce. Por eso el respetuoso vive inquieto.

Los cuentos de Cristina Fernández Cubas constituyen un fenómeno especial en el panorama literario español, pero, al mismo tiempo, reflejan el interés predominante y el cambio de perspectiva en la mirada hacia la realidad en la cuentística contemporánea. Aparentemente fantásticos, nunca dudan de la existencia del mundo que vislumbran ni tampoco de la realidad de los hechos que describen. Tampoco nos proponen visiones milagrosas, surrealistas o de estética del absurdo. Entre todas las denominaciones conocidas los relatos de Cristina se encuentran más cerca de lo insólito o de lo que Freud llamó 'unheimlich', lo familiar y no familiar al mismo tiempo, que nos provoca simultáneamente horror y fascinación. Desde los tiempos de Freud no sólo escritores y artistas se han sentido atraídos por lo insólito, ya que se ha convertido en un tema de interés de psicoanalistas y filósofos, que lo consideran como una de las principales características de la *otredad.*

Según Freud la percepción de lo insólito está condicionada por el contenido de nuestro inconsciente, que trasciende hacia la consciencia deformando nuestra manera de ver. Por lo tanto, no se contempla como una característica de la realidad misma sino más bien como un aspecto de nuestro aparato cognitivo. Según Heidegger, Blanchot, Lacan y Kristeva, sin embargo, este tipo de percepción no nos confunde sino que nos informa de algo que existe de una manera más objetiva y permanente que nuestra realidad familiar y cotidiana, que consideramos normal. Ese algo es una realidad inaccesible a nuestros cinco sentidos que tampoco corresponde a nuestros conceptos mentales, una especie de materia o de energía prima del universo que vive en el fondo oscuro de lo que existe. Es tan sólo gracias a nuestro 'sexto sentido' y a sensibilidades especiales de algunos artistas e intelectuales que estamos informados de su existencia y logramos mantenernos al tanto de las sistemáticas irrupciones de los misterios dentro de nuestra rutina y normalidad.

Lo que los cuentos de Cristina Fernández Cubas reflejan es que lo insólito deja de ser una característica del género menor del arte popular convirtiéndose en una categoría ontológica y existencial. Leyendo sus cuentos ya no vacilamos entre una interpretación racional y otra milagrosa, como hacían los lectores de las historias fantásticas del siglo XIX. Ni siquiera nos resultan útiles estas distinciones todorovianas, porque, independientemente de que haya diferentes maneras de mirar, no cabe duda de que lo insólito no surge de la disfunción del aparato perceptivo sino más bien de su desarrollo y mejora. No se trata de una alucinación sino, más bien, de ver más, a veces quizás demasiado, porque lo insólito es inquietante, incluso hasta la locura.

En los cuentos de Cristina la insólita *otredad* habita frecuentemente el mundo de los niños. En su primer cuento, 'La ventana del jardín', el narrador, que visita a una pareja de viejos amigos, se sorprende de la peculiaridad de su hijo, cuyo idioma parece totalmente distinto del habitual y 'de imposible traducción':

> Mostraba la ventana y decía INDECENCIA. Palpaba su cuerpo y gritaba OLLA. Ni siquiera se trataba de una simple inversión de valores. Bueno no significaba Malo, sino Estornudo. (44–5)

El narrador pretende interpretar de diversas maneras la realidad con la que se enfrenta y termina concluyendo que sus amigos han sometido a su hijo a un monstruoso y secreto experimento cuyo resultado es la completa alienación del niño. Decide intervenir y secuestrar al chico para liberarlo de la maléfica influencia de sus padres. Cuando llega el taxi del narrador, el niño, atraído por él, se escapa de casa, empieza a caminar en su dirección con visible dificultad, pero al rato cae y comienza a ahogarse. La madre, que llega corriendo, al levantarle del suelo mira al inmiscuido narrador con odio. El cuento termina de una manera abierta y lo único que parece evidente es que la interpretación era errónea, que la situación es mucho más compleja de lo que se pudo haber sospechado y que no se va a aclarar nunca.

En el segundo cuento del mismo libro, la narradora adulta recuerda a su pequeña hermana Elba, que no era una niña como otras porque, cuando ya tenía seis años, apenas hablaba. Poseía, en cambio, unas habilidades extraordinarias para moverse de maneras desconocidas para los adultos. Descubría unos pliegues del espacio donde podía esconderse aunque no hubiera paredes, sin que los demás pudieran verla. Sabía moverse sin caminar de una manera muy rápida por unos pasadizos secretos que llamaba 'caminos chiquitos' (73). Cuando miraba fijamente el reloj, su mecanismo paraba. Ya que estos talentos suyos no eran reconocidos por los adultos, Elba fue marginada y enviada a una escuela especial. La narradora recuerda el final de su infancia y la entrada en el mundo 'normal' de los adultos como el momento del abandono de Elba, que, alienada por todos y muy triste, se despeña un día de la terraza y muere.

Cuando termina la infancia y se cierra una serie de puertas que llevan a los niños hacia los mundos insólitos de modo tan natural, la presencia de la *otredad* empieza a resultar perturbadora porque deforma y enajena lo 'normal'. En 'El ángulo del horror', el inicio de la madurez coincide con el momento en que los adolescentes protagonistas del cuento empiezan a ver su realidad de todos los días como algo 'viscoso' que 'no podía tener nombre':

> Era la casa, la casa en la que estamos ahora tú y yo, la casa en la que hemos pasado todos los veranos desde que nacimos. Y, sin embargo, había algo muy extraño en ella. Algo tremendamente desagradable y angustioso que al principio no supe precisar. Porque era exactamente *esta casa*, sólo que, por extraño don o castigo, yo la contemplaba desde un insólito ángulo de visión. (109)

La sensación aparece inicialmente en un sueño del hermano mayor, pero pronto se vuelve a repetir en la realidad cuando el joven vuelve a su casa después de pasar su primer año en el colegio. Al no poder aguantar tener que mirar así, el chico cae en una depresión aguda y muere. Su muerte acelera la maduración de su hermana menor, que descubre por sí sola el ángulo que 'no por el horror que produce deja de ser real'. No se trata de una alucinación sino de una manera de mirar que descubre algunos secretos terribles del mundo y de la vida, o sea, del don o castigo de ver más allá de las formas habituales.

Otra fuente de lo insólito en la narrativa de Cristina es la escisión y la doblez que padecen la realidad, todos sus habitantes y cada uno de sus elementos; son la otra cara de la civilización, la otra cara del compañero y el otro yo. En 'Los altillos de Brumal' Adriana se convierte en Anairda y vuelve al mundo oscuro de los brujos del que escapó su madre. En 'Helicón' Marcos descubre su alter ego salvaje cuando empieza a salir con las mellizas, que representan los polos opuestos de la civilización y de la barbarie. En 'El hemisferio sur' una escritora enloquece al no poder evitar la sensación de que todos los libros suyos están escritos por otra. Finalmente en 'Lúnula y Violeta' la compañera, la amiga, aparece como una especie de parte desconocida del 'yo' que poco a poco va integrándose con el sujeto, apropiándose de él o dejándole apropiarse.

Esa misma visión de identidades intercambiables y fundibles que parecen opuestas pero que, desde varios puntos de vista, son una misma aparece en la perturbadora novela de Cristina Fernández Cubas *El año de Gracia*. Allí lo insólito surge en su forma más objetiva pues habita el bosque que murió a causa de experimentos con armas biológicas, se repliega en las pústulas surgidas en la piel de las ovejas mutadas y se admira en las acciones de los científicos que, al creerse solos, intentan matar al testigo de sus turbias investigaciones. Como una versión postmoderna de *Robinson Crusoe*, *El año de Gracia* muestra de qué manera, durante los últimos siglos, ha cambiado la visión literaria de la relación del sujeto con el otro, el que antes era Viernes, el subalterno. Esta novela establece una curiosa relación entre la actitud del sujeto hacia lo insólito y su actitud hacia la otra persona. Resulta que el reconocimiento de la existencia real de lo insólito tiene también importantes aspectos éticos, ya que nos enseña una forma de respeto, intelectual y práctico, hacia los misterios y rarezas de cada persona, que es otro mundo peculiar.

# Entrevista

*(Barcelona, julio 2000)*

**KOB** ¿Crees que el escritor es un intelectual que se expresa mejor mediante la ficción o, más bien, es un conducto mediante el cual la belleza, los misterios y las historias pasan a la hoja blanca?

**CFC** El escritor no es forzosamente un intelectual que se manifiesta en la ficción, aunque puede serlo. Yo me situaría más cerca de la segunda opción. Siempre he creído que la escritura no es inocente. Uno se cree que está contando una historia y, luego, hmmm . . . termina conociendo mucho más de la vida, del género humano y de uno mismo. Si entras en un estado especial en el momento de escribir, te ocurren muchas cosas.

**KOB** Entonces, cuando escribes, ¿todavía no sabes cómo va a terminar?

**CFC** Sí, yo lo sé, creo que lo sé, pero eso no quiere decir que todo se ajuste a lo previsto porque en el proceso de la escritura ocurre lo imprevisible, que es lo que más me interesa.

**KOB** Al escribir, ¿tú misma descubres muchas cosas?

**CFC** Claro, si creas unos personajes, una atmósfera, o tocas un tema, puedes tocarlo de puntillas o, de repente, sentir la necesidad de profundizar y, entonces, puedes llegar a tocar nervio.

**KOB** ¿Hay una voz que te dicta, como la voz que le dicta a Clara de 'En el hemisferio sur'?

**CFC** No, no es para tanto. Escribir tiene una faceta de conjuro. Ese cuento nació porque un día estaba escribiendo y se me ocurrió que quizás en aquel instante en un lugar remoto, alguien estaría escribiendo exactamente lo mismo. Aquel pensamiento me descorazonó. Pero en lugar de conducirme a la inacción, se convirtió en el punto de partida de 'En el hemisferio sur'. Cuando lo acabé, me quedé tranquila.

**KOB** En 'La noche de Jezabel' la narradora escucha sin demasiado entusiasmo las narraciones fantásticas decimonónicas que cuentan sus amigos, mientras que el cuento mismo propone una forma fantástica nueva. ¿Cómo debería ser para ti la literatura fantástica contemporánea?

**CFC** Es cierto que la narradora escucha todas las historias con cierta distancia, pero no es el caso de la fantasma que acude a la reunión. Al fantasma no le gusta ninguna historia, todas le producen risa, menos un cuento de Edgar Allan Poe. ¡Ojo! No sabe quién es Poe, pero escucha 'El retrato oval', que Jezabel narra como si le hubiera ocurrido a una bisabuela suya, y dice que le ha gustado. Era una forma mía de rendir homenaje a Edgar Allan Poe.

**KOB** ¿Qué te parece interesante en la literatura fantástica contemporánea?

**CFC** Para mí hay cinco obras maestras: *Frankenstein* de Mary Shelley, *Drácula* de Bram Stoker, *La mandrágora* de Hans Heinz Ewers, 'El Aleph' de Borges y *Pedro Páramo* de Juan Rulfo.

Pero no me considero exactamente una devoradora de literatura fantástica. Me gusta que me inquieten, eso es todo. E 'inquietante' no significa a la fuerza 'fantástico'. Como tampoco estoy muy segura de que el término – 'fantástico' – le vaya demasiado bien a las obras citadas; las reduce y las limita, como toda etiqueta. Además, creo que se ha abusado bastante de la palabrita. Todo lo que no sea un reportaje, una fotocopia de la supuesta 'realidad', se convierte automáticamente en 'fantástico'. Se olvida a menudo que por la noche, durante unas horas, todos somos fantásticos. Los sueños forman parte de nuestra vida. Me sería difícil imaginar mi vida sin la posibilidad de soñar. Y me preocupan las personas que dicen que no sueñan.

**KOB** ¿Estás segura de que las realidades secretas que recreas en tus cuentos no existen? ¿Es un puro juego literario o te anima a escribir la duda de su existencia?

**CFC** Si yo insisto en esos temas, es porque para mí, de alguna manera, sobre todo en algún momento de mi vida, me han resultado importantes. He creído en la existencia de estos espacios. En los juegos de niña, donde todo es posible, yo creía en los caminos chiquitos de 'Mi hermana Elba', en la posibilidad de burlar el tiempo y el espacio. No lo conseguí, pero lo creía, y ahora es un tema en que me muevo muy a gusto.

**KOB** Pero mientras intentas inquietar al lector, ¿tú misma también te sientes inquieta?

**CFC** Claro, si no, no podría comunicarlo. Para que una persona pueda comunicar sus emociones, primero tiene que sentirlas.

**KOB** En tus cuentos la ficción, o sea, todo lo que se crea dentro de la mente – lo imaginado, lo subjetivo, las obsesiones, la memoria falsa – están en un juego continuo con la realidad. ¿Qué crees que triunfa con más frecuencia?

**CFC** ¿Qué es la realidad y qué es la memoria? Me acuerdo de esa frase de Valle-Inclán: 'Las cosas no son como son sino como las recordamos'. Es discutible, pero también es una verdad como un templo. Es decir, si alguien cuenta una experiencia suya, aunque tú sepas que las cosas no fueron así, tienes que reconocer que es su verdad, su realidad. El juego entre la memoria y la realidad es algo tremendo. La memoria es tramposa, es traicionera. En mi último libro, el que acabo de terminar ahora, la memoria es la protagonista.

**KOB** Hablemos de la obsesión, por ejemplo en 'Con Agatha en Estambul' o 'La mujer de verde'. La obsesión es un tipo de ficción creada por la mente. ¿Cómo funciona? ¿Tiene base en la realidad, la cual se revela en el futuro, o es un tipo de profecía que contribuye a su propia realización?

**CFC** Es como los celos amorosos, que a veces tienen fundamento y a veces no. Has dado dos posibilidades igualmente válidas. El mundo no es blanco y negro: es una confusión de matices y es allí donde a mí me gusta moverme. Las cosas tienen nombres, pero a veces hasta las palabras se quedan cortas para nombrar algo de la vida que se nos escapa.

**KOB** ¿Y eso es lo inquietante?

**CFC** Todo es inquietante. La palabra 'inquietud' abarca un abanico de posibilidades enorme. Una cosa que no esté nombrada, o que ni es blanca ni negra ni de un color definido, realmente por inaprensible a mí me resulta mucho más sugestiva. Y lo sugestivo es lo que me inquieta. El inquietar no tiene porqué ser negativo.

**KOB** ¿Al escribir te alimentas más de la vida o de la literatura?

**CFC** De la literatura creo que no. Todos tenemos influencias que luego canalizamos, pero, cuando yo me puse a escribir, aquí se escribían textos vanguardistas y yo tenía ganas de contar historias. Las historias que iba pensando, que me iba imaginando, mantenían continuidad con lo que a mí me inquietaba de niña. Mi obsesión desde el primer libro era no dar las cosas comidas y machacadas, partir de la base de que el lector es inteligente y, si ha entrado en mi propuesta, entre las varias opciones que le ofrezco, él puede quedarse con la que le parezca válida.

**KOB** Pero, por ejemplo, en *El año de Gracia* te inspiraste en la literatura clásica de viajes.

**CFC** Me inspiré directamente en una nota del periódico. Las primera líneas del epílogo son pura realidad. Los datos de la isla son reales y así aparecieron en *El País*. Era una nota de prensa, ni larga ni corta, en la que se daban cuatro datos: el nombre de la isla, las condiciones, una isla prohibida a dos pasos de la costa, contaminada en 1942 con esporas de ántrax. Incluso la noticia de que habían desalojado a los pastores y que allí quedaron unas cuantas ovejas es cierta. Empecé a pensar en la posibilidad de que se hubiera quedado también algún pastor, ¿cómo estaría a estas alturas? Con aquella nota de prensa empezó todo. Me quedé mirándola, la recorté y pensé que la vida real me ofrecía un escenario maravilloso para situar un relato, porque en pleno siglo veinte, cuando todo se conoce, a dos pasos, a un tiro de piedra de la civilización, hay un lugar donde se puede vivir una aventura impresionante. Las novelas de aventuras, hoy en día, suelen situarse en el pasado, en el futuro, o bien, en otro planeta. Lo que me fascinó fue que alguien llegara a aquella isla, tan cerca de la civilización, y que de repente creyera estar viviendo una aventura anacrónica, que es lo que le ocurre a Daniel. Y en este momento de desconcierto entran las lecturas, pero en segundo plano. Daniel enumera una serie de novelas que le marcaron de pequeño y, curiosamente, la que se olvida de enumerar es la que le tocará vivir: *Robinson Crusoe*. Y sus pasos (intentar escapar, construir una balsa . . .) son los mismos. También tiene una especie de Viernes, que es Grock. De manera que las novelas clásicas de aventuras tienen un papel, pero que conste que el resorte que me hizo ponerme en acción fue una nota de prensa.

**KOB** La realidad con la que se encuentra Daniel responde a sus esfuerzos de una manera completamente distinta que la realidad de la isla desierta de Robinson Crusoe.

**CFC** Claro, y, ya que es pleno siglo veinte, surge la presencia de los científicos y la de los jóvenes ecologistas. Ni unos ni otros son buena gente. Eso no quiere decir que yo piense que todos los sabios sean malas personas, pero en mi libro quieren aprovecharse de las condiciones de la isla para su investigación. Es lo único que les preocupa. Por lo tanto, quieren que Daniel se olvide de todo. Igualmente los ecologistas actúan según su propio interés, consistente en demostrar los peligros del ántrax, sus efectos perniciosos. Pero Daniel se recupera demasiado pronto y ya no les parece una muestra útil. Aquí el sobreviviente se convierte en un ser molesto para todos.

**KOB** ¿Cuál es la importancia del sentido del humor en tu ficción?

**CFC** Creo que hay humor, por ejemplo en 'Helicón'. Me morí de risa escribiéndolo. Para mí el humor en la vida es importante, por lo que supongo que en la escritura también. Lo siento, pero es que sin unas pequeñas dosis de humor no se podría vivir. El humor añade a la visión humana unas gotas de sabiduría. La gente con humor me parece a mí superior a la que no lo tiene porque el humor enriquece.

**KOB** Los narradores de *El año de Gracia*, 'La ventana del jardín', 'Flor de España', se muestran muy proclives al análisis, hipótesis basadas en los libros leídos, sospechas detectivescas, y parece que por eso malentienden el mundo que les rodea. ¿Cómo es posible que los que razonan más y los más eruditos entiendan menos?

**CFC** En todo caso serán los míos. No he pretendido elevarlos a la categoría de arquetipo. En cada obra me he puesto al servicio, incluso en la piel, de los personajes. Lo que le ocurre al narrador de 'La ventana del jardín' es suficientemente intrigante para que él decida investigar. En *El año de Gracia*, Daniel es un chico muy culto, pero un chico que ha pasado los mejores años de su vida en un seminario. Es doctísimo en latín, griego y teología, pero no ha vivido. En la isla desierta, la educación que tiene quizás le sirva para poder interpretar – porque en realidad la isla en la que se encuentra es como una biblioteca sin libros – pero para poco más. Me ha gustado en todos estos casos que citas que los narradores, que generalmente toman parte directa en la acción, se encuentren en una situación conflictiva. Eso es un cuento. Lo que hicieron los protagonistas antes y después a lo mejor no nos interesa. Nos interesa verlos en la situación límite.

**KOB** El narrador de 'La ventana del jardín' se encuentra con una serie de apariencias y a él le parece que estas apariencias le engañan, mientras tanto . . .

**CFC** En el fondo ese señor es un Jonathan Harker y la granja, a la que llega para visitar a unos amigos, un lugar aislado como el castillo de Drácula. Hasta aquí las similitudes. Harker, en su escenario transilvano, se admira, en primer lugar, de la hospitalidad, amabilidad y cultura de su anfitrión. Pero, poco a poco, empieza a inquietarse. Esos dientecillos tan afilados, el aliento fétido y repulsivo (todos sabemos de qué se alimenta Drácula), el descubrimiento de que no se refleja en el espejo . . . Sin embargo, el Conde le ha fascinado. Es un conversador excelente que embriaga a su invitado contándole historias maravillosas, guerras y batallas de otros tiempos, como si las hubiera vivido. Mucho antes de mostrar los colmillos, Drácula, pues, le vampiriza por la palabra . . . Aquí, en 'La ventana del jardín', ocurre todo lo contrario. El narrador no ha sido invitado; se presenta. La familia – matrimonio y un hijo – parece absolutamente normal. Lo único extraño e inquietante es el lenguaje. Es nuestro lenguaje, pero sujeto a leyes desconocidas. A ratos parece un juego cruel: un montón de palabras en manos de un loco. Ése es el punto de partida.

**KOB** Pero luego resulta que el hecho de que esa gente hable un lenguaje diferente no quiere decir que sean vampiros y que maltraten a su hijo, como sospecha el narrador. Esas sospechas resultan falsas, ¿no?

**CFC** Lo que sí resulta falso es la convicción del narrador de que él es el único testigo de aquello, porque al final se da cuenta de que lo sabe todo el mundo. Así la pesadilla continúa. Este cuento iba a tener otro final, pero, como te dije, en el proceso de escritura ocurren cosas muy reveladoras y a veces el autor es quien primero se sorprende. Cuando el narrador corre huyendo de la casa porque parece que se ha muerto el niño, el pequeño Ollita, entra en el taxi y el chófer le comenta: '¡Pobre Ollita!'. Puede decir muchas cosas este final. Puede pretender que no es la primera vez que Ollita se escapa, puede que en el pueblo el extraño lenguaje continúe, puede que Ollita sea un tirano que ha obligado a los padres a hablar así. Cuando el taxista dijo '¡Pobre Ollita!', a mí se me puso la piel de gallina. El taxista empezó a silbar y decidí que ahí acababa el cuento.

**KOB** ¿Hay que sospechar de las apariencias cuando no concuerden con la razón o, más bien, conviene sospechar de la razón si la realidad visiblemente la niega?

**CFC** En mi vida no sé. En mis obras, en todo caso, mis personajes tienen ese problema: la razón no les basta para explicar lo que están sintiendo y muchas veces ellos se dejan llevar por otro tipo de percepción.

**KOB** Así, ¿cometen un error?

**CFC** Unas veces cometen error y otras no, pero siempre se trata de la pugna entre las diferentes maneras de mirar. Aquí puede venir alguien y explicar que se le acaba de aparecer un fantasma, una presencia del más allá. Otro le puede decir 'perdona, pero esto no es verdad, esto sólo te lo parece a ti'. Pero al que creyó ver la aparición esta interpretación no le vale, sea real o no.

**KOB** ¿Qué es para ti real?

**CFC** Para mí en lo real entran también algunos puntos de percepciones que no suelen ser considerados reales. Lo real definible puro y claro es muy aburrido: 'esto es un vaso, eso es un vino gallego y esto son las aceitunas'.

Supongo que si te haces demasiadas preguntas sobre algo es que no está muy claro. Aparte de que en cualquier momento una situación clara puede convertirse en una situación conflictiva, borrosa, la vida está llena de situaciones no claras.

**KOB** ¿Te gustan los finales abiertos?

**CFC** Muchas veces estos finales no son tan abiertos como parecen. Pueden parecer abiertos porque no son repetitivos ni machacados. Generalmente el lector puede formarse un juicio a partir de la trama y de los datos que le ofrezco. El cuento es un género en el que la economía del lenguaje es importantísima y en un párrafo, a lo mejor, hay diez mil ideas, diez mil sugerencias, lo que no ocurre en la novela. Por eso el cuento es muchísimo más largo que el número de páginas que tiene en realidad. Así, con tal de que se añadan los elementos sugeridos, los finales aparentemente abiertos pueden dejar de ser abiertos.

**KOB** ¿Tras una lectura suficientemente cuidadosa se puede encontrar una interpretación correcta?

**CFC** Y, si no, hay que volver para atrás. Yo cuando leo un cuento, suelo hacerlo. Me gusta que me digan las cosas una o dos veces, pero no siete.

**KOB** ¿Qué es para ti la *otredad*? ¿Por qué te resulta tan fascinante?

**CFC** La *otredad* implica un salto de muro y eso ya es suficiente para que me interese. Tengo una serie de obsesiones que se van repitiendo en lo que he escrito. Me muevo a gusto en ese mundo, pero no sé de dónde viene ese mundo. No me he psicoanalizado. Creo que el hecho de escribir, sobre todo este último libro, me ha evitado el diván. Cuando me pongo a escribir, de alguna manera intento que mi disposición sea la de una persona que está escribiendo su primer cuento y no está muy segura de adónde va. Si tengo una idea y la escribo exactamente como tal, seguramente el cuento resultará muy malo e irá a la papelera. Si no se ha producido nada nuevo en el proceso de la escritura, quiere decir que estos personajes no eran personajes y que la atmósfera rechinaba.

**KOB** En algún momento en *El año de Gracia* aparece la sospecha de que Grock no sea el pastor que se negó a abandonar la isla, sino un náufrago que había ocupado el lugar del primer pastor antes de que lo hiciera Daniel. ¿Eso sugeriría una cadena infinita? – ¿Sugeriría que retrocedemos hacia lo primitivo cuando estamos solos?

**CFC** Lo que yo quería sugerir es que a lo mejor había una cadena y que Daniel no era más que un eslabón dentro de ella. Me pareció tremenda esta idea, y sí, Daniel retrocede hacia lo primitivo, pero es por las condiciones de la isla. La vuelta a la civilización es una salvación a medias. Le salvan físicamente, pero seguramente los días más importantes de su vida los ha pasado en Gruinard. Se casa con una mujer vulgar porque su risa le recuerda a Grock y a su lado tiene a veces la ilusión de que sigue en la isla junto a Grock. La memoria es selectiva, por lo que es muy posible que en la memoria de Daniel se hayan borrado los días de angustia y prevalezcan, en cambio, los momentos felices.

**KOB** En *El año de Gracia* en todos los nombres propios se repite el sonido 'Gr': Gruda, Gracia, Grock, Gruinard, Griego y, luego, casi en Glasgow. ¿Es un accidente o querías indicar algo?

**CFC** No me había fijado en eso. No me lo habían dicho nunca. Gruinard es el nombre real de la isla. Grock es un nombre típico de payaso. Grock en catalán, sin 'k', quiere decir 'amarillo', pero tampoco me venía por ahí. Grock es un nombre contundente que puede ser de cualquier país y de ninguno. Gruda es uno de estos nombres que a mí me hacen gracia porque suenan como si fueran de mujer mala. La hermana se llama Gracia porque eso me permitió un juego de palabras, por lo menos en español: el tiro de gracia, el año sabático que le regala, y un año de desgracia. El 'gr' no fue premeditado, pero en el proceso de la escritura ocurren cosas que se le escapan al autor.

**KOB** En el cuento 'Ausencia' la narradora se describe a sí misma como 'la más desconocida de las desconocidas' (162). ¿Crees que lo desconocido está dentro de nosotros mismos?

**CFC** En su caso sí, porque ella no sabe quién es al perder la memoria. En este cuento ella se convierte en otro. Hay una escena, cuando ella va a la iglesia. Nosotros aquí estamos acostumbrados desde niños a ver a las iglesias con imágenes, con mártires, con santos, etc. Lo que le ocurre a la protagonista del cuento cuando entra en la iglesia es lo que algunas veces me ocurre a mí. Muchas veces he pensado que, si viene una persona que no ha entrado jamás en una iglesia católica o un ser de otro planeta, se muere del susto: Santa Lucía con los ojos en el plato, mutilaciones, heridas, costados sangrientos . . . Ella se da cuenta de eso y se dice que ha perdido la memoria de sí misma, pero no de su entorno, porque sabe interpretar lo que ve. Si no lo supiera, se aterraría.

Esta mujer está emprendiendo una investigación policíaca de sí misma. Hace un viaje larguísimo desde fuera hacia sí misma. Llega a su casa y se gusta. Le gusta su marido, le gusta su trabajo. Se acuerda de lo que su marido dice de ella: 'Se diría que sólo eres feliz donde no estás . . .' (167). Entonces, decide no quejarse nunca más, porque parece que era bastante quejica. Esa mujer ha tenido el don de verse a sí misma desde fuera como si no se conociera, pero es un cuento bastante cruel porque se olvida de lo que ha visto y así la experiencia no le ha servido de nada.

**KOB** Siempre desear ser otra y estar en otra parte. ¿Por qué nos pasa eso?

**CFC** Hay gente que es así, pero esto es la infelicidad, porque la felicidad es estar a gusto con lo que te rodea o desear lo que te rodea: desear este vino que nos estamos tomando, desear mi terraza, las pequeñas cosas . . . Ella es un personaje de ficción, pero hay personas así, que no valoran lo que tienen. Yo le doy la oportunidad de verse desde fuera y apreciarse, lo que pasa es que luego la desperdicia.

**KOB** Al final de su viaje a Estambul, que según todos los posibles criterios objetivos fue miserable – accidente, celos, pelea con su marido – la narradora dice que se lo pasó en grande. ¿En qué sentido una experiencia miserable puede ser grandiosa?

**CFC** Porque ella ha hecho un montón de cosas. Ella piensa que ha realizado un viaje a Estambul completamente distinto de los demás turistas. Le han pasado cosas verdaderamente asombrosas: ha visto a Agatha Christie. Ha sido un viaje a su manera intenso y puede ser que le pase luego como a Daniel con la isla: puede que luego lime la memoria, que queden olvidadas las tristezas y que se acuerde sobre todo de los momentos de comunidad espiritual que ha tenido con Agatha, o de sentirse integrada en la vida de la calle de Estambul . . . Ella es una elaboradora nata.

**KOB** En el cuento 'Mundo' se menciona la acedía, algo entre depresión y pecado de indiferencia. ¿Cuáles son sus causas?

**CFC** Introduje en el cuento la palabra exacta, porque era lo que en los conventos estaba regulado. Había que protegerse del peligro de la acedía. En realidad era una depresión, pero todavía no tenía este nombre. Situé la historia de 'Mundo' en un convento de clausura, como los que había visto de pequeña desde fuera. Al pasar junto a ellos siempre me estaba preguntando qué ocurría dentro. Como escribir es viajar, viajé al interior del convento, pero naturalmente quise hacerlo con conocimiento de causa y, por lo tanto, me leí la regla de San Benito y otros tantos textos conventuales. La acedía acecha y se contagia. La describen como una disminución del ánimo, un desinterés por lo que te rodea.

**KOB** ¿Por qué en el convento de tu cuento no se envejece?

**CFC** Allí no se envejece porque las mujeres, nada más llegar, se miran en el espejo por última vez y así para el resto de su vida conservan de sí mismas la imagen con la que entraron. La narradora se pega un susto tremendo cuando vuelve a ver su rostro en el espejo de la habitación de madre Perú porque habían pasado muchos años. El tiempo está detenido en el sentido de que, si tú no tienes un espejo, te recuerdas tal como eras.

**KOB** En tus cuentos aparece a menudo el otro 'yo'. ¿Qué representa para ti?

**CFC** Sí, incluso Daniel y Grock son pareja. A Grock, como el otro yo de Daniel, lo veo como una imagen en un espejo deformado. En 'Helicón', en el caso de los falsos gemelos y las auténticas gemelas, una también es la cara impresentable de la otra.

**KOB** ¿Cómo saber, entonces, cuál de los dos es el 'yo' verdadero?

**CFC** Ahí estamos. Marcos decide convertirse en Cosme. En el caso de Marcos es clarísimo, porque su hermano no existe, lo que significa que decide convertirse en la parte oscura de sí mismo.

El verdadero es unas veces uno y otras veces otro. En una situación límite cada uno reacciona de una forma distinta, por lo que no existe un esquema. La solución más fácil del problema de los dos 'yo' aparecería si se inventara el tercero.

**KOB** ¿No ves a las mujeres como el sexo débil ni como el sexo oprimido?

**CFC** En mis libros tengo un amplio abanico de mujeres y un amplio abanico de hombres. Hay mujeres de todo tipo. No escribo para decir que la mujer está oprimida.

**KOB** 'El lugar' parece anunciar un mensaje feminista. Parece decir que no es justo que la mujer se tenga que sentir condenada a pasar toda la eternidad entre los miembros de la familia del marido, a los que desconoce, pero, en su segunda parte, la narración subvierte este mensaje. ¿Cómo se te ocurrió?

**CFC** La raíz de este cuento me viene de observar esos panteones donde las esposas siempre son las intrusas y donde se lee, por ejemplo, 'Camila Puig Ortet, Teresa Puig

Ortet, Juan Ortet Puig', etcétera, y, de repente, 'Lupita González'. Te preguntas: 'Ésta, ¿qué hace aquí?'. Claro, está sola. Ésta es la imagen que yo tenía: está sola, pobre. Lo que pasa es que la Clarisa de mi cuento se hace sitio en todas partes y además, después de morir, se convierte en una dictadora según el principio de que en el más allá todo cambia. La tía Ricarda, que era la tirana en vida, allí es la criada. Y los que aquí eran buenísimos, allí son los peores.

En los cementerios hay muchas historias. Yo nací en Arenys del Mar, un pueblo que tiene un cementerio bellísimo. Hay un panteón donde hasta ahora no ha habido cuerpo humano sino una rosa. En el pueblo había una leyenda basada en la realidad. Una chica tenía un novio al que su familia no lo quería porque era pobre. Entonces, el chico se fue a América a hacer fortuna. Mandaba cartas a su enamorada, pero la enamorada no las recibía porque su madre las interceptaba. Como no respondía, el chico pensó que le había olvidado. Pasó el tiempo, él hizo fortuna, se casó y volvió al pueblo. Ella al enterarse se murió de amor. Aquí la leyenda decía que mientras él se casaba en el pueblo con la americana, las campanas tocaban al mismo tiempo a la boda y al entierro y así el chico se enteró de lo que había pasado. Cuando supo que aquella pobre chica le fue fiel toda la vida, y que no recibía ni una carta porque la madre, perversa, se las guardaba, como era muy rico, erigió un panteón precioso y pidió los restos mortales de su amada. Pero la familia no se los quiso entregar, y, en su lugar, enterró una rosa . . . Ahora, hace poco, los restos han sido trasladados al panteón con todos los honores.

**KOB** ¿Crees que es posible morirse de amor?

**CFC** Sí. Si te entra una depresión de caballo, te mueres de amor o de lo que sea. Al final no se sabe de qué te has muerto. Ponte que te da por no comer. Naturalmente no te mueres de un disgusto, sino de cómo reaccionas ante eso.

**KOB** Otra mujer que no es oprimida, sino que es la que abusa del hombre, es Clara Sonia, de 'En el hemisferio sur'. Se comporta cruelmente con su amigo para ganar la competición.

**CFC** Este cuento se ha prestado a algunas interpretaciones que considero erróneas. Creo que en los Estados Unidos se dijo que yo practicaba un humor muy sutil para criticar a los hombres. No es así. Da la casualidad que el narrador aquí es un hombre ridículo, un hombre lleno de envidia, un hombre impresentable, que tiene muchos celos de Clara Sonia porque es una escritora mimada por la fama. Sin embargo, luego vemos que ella había escondido a los ojos del jurado de la Universidad aquel cuento tan estupendo que él había escrito, o sea, para entendernos, ella es la mala.

**KOB** Clara Sonia primero escribe y luego vive lo escrito. ¿Crees que las mujeres tenemos la tendencia de vivir lo anteriormente imaginado?

**CFC** Puede ser. La imaginación y la mujer suelen ir muy juntas. Últimamente estaba pensando que de tanto teléfono móvil que ha prosperado por aquí la mitad es mentira. El otro día estaba en una tienda de muebles y apareció una chica con su móvil, hablando en voz alta, diciendo cosas como: '¡Les dices que no!' o 'Y si no, ¡fuera!'. Parecía una alta ejecutiva, cada vez era más mandona y, cuando pasaba cerca de mí, hablaba más alto. Al final era como el ciudadano Kane y me dije: 'Es mentira. Está mujer vive en su realización de deseos, porque, si fuera tan alta ejecutiva, no estaría aquí paseando, estaría en un despacho'. Entonces, se me ocurrió que a lo mejor el teléfono móvil sirve para realizar sueños, que cada uno finge hablar y al fingir es quien desearía ser. Aquella mujer tenía que ser un ama de casa frustrada.

**KOB** 'Los altillos de Brumal' cuenta la historia de un viaje a un pueblo de la infancia que tiene unas características misteriosas. ¿Qué tipo de lugar es?

**CFC** Adriana viaja a un pueblo de su infancia, que es un pueblo maldito, un pueblo de brujos. En este cuento la palabra 'bruja' no sale en ningún momento. Es la palabra que la madre silencia todo el rato.

**KOB** Leí que Cristina Andreu hizo una película basada en este cuento. ¿Te gustó?

**CFC** Es una primera película que se hizo con muy poco dinero, en la que, sin embargo, hay muchas cosas que me gustan. Cristina y yo nos hicimos amigas al escribir el guión y no hemos roto nuestra amistad, caso que es muy raro en el cine entre autor y director. Fue una relación muy interesante la que tuve con Cristina. Volvería a trabajar con ella con mucho gusto.

**KOB** ¿Para qué vuelve a aquel pueblo la protagonista abandonando su trabajo, una rutina, una posibilidad de matrimonio?

**CFC** Escoge el mal. Entre los dos 'yo' – el impuesto por su madre, civilizado, y el heredado del padre, que era de Brumal (el mal) – ella escoge el segundo. Quiere recuperar esa parte de brumas y de brujas y por eso vuelve al pueblo. La madre quería que su hija estudiara y no le gustaba que estuviera en la cocina inventando porque la cocina y la brujería se parecen mucho. En este caso hay dos 'yo', Adriana y Anairda, lo que querían hacer de ella y lo que ella era: el mal.

**KOB** ¿El mal?

**CFC** 'El mal' entre comillas. En el caso de Adriana es algo que estaba muy metido en ella. Para ella 'el mal' es 'bien', es lo deseable, es la otra cara de la moneda. De eso la intenta arrancar la madre, la intenta arrancar el psiquiatra, la intenta arrancar el editor guapo al que conoce. Ni por madre, ni por medicina, ni por amor ella se quiere quedar. Vuelve. Seguramente le debería resultar fascinante.

**KOB** Este tema del viaje a una especie de pre-consciencia se repite en varias narraciones femeninas. ¿Crees que las mujeres madurando y convirtiéndonos en seres racionales hemos perdido algo que tenemos que recuperar?

**CFC** Es el caso de Adriana, pero no quiere decir que todas las mujeres sean así. Ahora, también es cierto que las mujeres, como no nos han hecho demasiado caso en la historia, hemos desarrollado cierta imaginación, unas formas de conocimiento no habituales.

**KOB** ¿Crees que si Adriana regresara un día de Brumal podría explicar el atractivo de ese mundo suyo en el idioma en que se publican los libros?

**CFC** A Adriana no le interesa para nada. Ella decide que la razón no le vale. Quiere ser Anairda y quiere ir a aquel lugar donde a las doce del mediodía es de noche, donde no crece la zarzamora por el camino, pero donde quizás haya otra riqueza.

**KOB** También en 'Lúnula y Violeta' Lúnula tiene aspecto de bruja.

**CFC** En este cuento queda la duda de si son dos o es una. Lúnula, si realmente existe, es una vampira psíquica. No tiene colmillos, ni chupa sangre, pero chupa la energía vital.

**KOB** ¿Cómo nació este cuento? ¿Conociste a alguien así?

**CFC** Conocí a una mujer que físicamente era muy parecida a Lúnula, es decir, era enorme, obesa, de una presencia avasalladora, difícil de aceptar. Convenció a su pareja para irse a vivir al sur de Francia, a una bonita casa en un pueblo de campesinos. Les visité en una ocasión y me quedé impresionada. En su aislamiento había conseguido que él la viera como una belleza. Es más, en cierta forma, ella, ante sus propios ojos, se había convertido en una auténtica belleza. En la casa, naturalmente había espejos, pero era como si también se hubieran doblegado ante su poder. Porque aquella mujer tenía poder. Había logrado modificar su entorno y convencer a los demás de sus fantasías. Entonces imaginé una situación límite: dos mujeres encerradas en una casa, escribiendo, una casa aislada, sin televisión ni teléfono, sin tan siquiera un espejo . . . Una historia de vampirismo psicológico: como una persona puede comerle el coco a otra.

**KOB** ¿Te parece que la escritura de ficción cumple un papel distinto en el caso de los hombres y de las mujeres?

**CFC** Puede ser, pero tengo que decir que estoy muy cansada del tema de la literatura de mujeres y además creo que se ha exagerado muchísimo.

Yo soy una mujer, así que hablemos de mí. Soy una mujer fisiológica, he ido a un colegio de monjas, no de curas, y posiblemente puedo aportar algunos datos sobre las mujeres que al hombre le sería más difícil, pero esto tampoco está tan claro. En *El año de Gracia* yo me metí en la piel de Daniel y no de Gracia. La literatura te brinda esas posibilidades. En mis primeros libros hubo mitad narradores hombres y mitad mujeres. De manera que si me estás preguntando con otras palabras si creo en la literatura femenina . . .

**KOB** No, no te estoy preguntando eso. Una idea que me pareció interesante es que la escritura es una actividad femenina por excelencia, porque las mujeres nos expresamos mejor mediante el cuento mientras que los hombres tienden hacia el discurso racional . . .

**CFC** Eso es cierto. Y también que las mujeres durante mucho tiempo fueron apreciadas como excelentes escritoras de cartas. Quizás venía por educación o quizás era el canal de expresión que utilizaban por no tener otros. Realmente hay excelentes cuentistas mujeres. El cuento 'Resucitada' de Emilia Pardo Bazán, por ejemplo, se adelanta a todo lo moderno. Aunque lo de ser mujer y ser hombre siga siendo distinto, lo era obviamente mucho más en el pasado, porque las mujeres no tenían acceso a una serie de terrenos que constituían el dominio de los hombres. Es muy posible que las mujeres hayan desarrollado unas formas de expresión específicas. Durante mucho tiempo se ha considerado que el hombre era el racional y la mujer la inventiva y la imaginativa. Ahora no es tanto así, pero, si a mí se me ocurre escribir un ensayo sobre la situación de la mujer o la eterna pugna entre la razón y otras formas de conocimiento menos convencionales, no podré evitar recoger un muestrario de casos. Sin embargo, mientras no esté haciendo un ensayo, malheriría la ficción con generalizaciones.

**KOB** Pero hay algo más. A todas las preguntas me contestas que todo depende de la situación. Siempre me dices: 'sí, pero . . .'.

**CFC** Lo hago porque mis personajes no son los portavoces de mi visión del mundo. No me valgo de ellos para soltar mi rollo vital. Son personajes de ficción que pueden tener algo de ciertas personas que conozco, pero no me valgo de ellos para lanzar mis ideas.

**KOB** Los personajes no necesariamente, pero tus cuentos de una manera más o menos directa tienen que reflejar tu manera de ver el mundo, ¿no?

**CFC** O todo lo contrario. A veces soy yo la que mientras estoy escribiendo tengo mucho de mis cuentos y de mis personajes. Daniel y yo no tenemos nada que ver, pero mientras yo escribía *El año de Gracia*, me metí en Daniel.

Este libro que acabo de terminar es muy personal. Todos los libros son muy personales, pero éste es especial porque es un libro de recuerdos. Allí sí que asumo mi memoria con sus posibles fallos, lagunas, y mi interpretación de los hechos.

**KOB** ¿Qué papel tienen los viajes de tus protagonistas a Estambul, París, Gruinard o Brumal en la búsqueda del sentido? ¿Crees que cambiando uno de lugar puede encontrar cosas sobre uno mismo?

**CFC** El viaje no sirve de nada si no se regresa un poquito más sabio. La gente habla de viajar y lo que hace es cambiar de escenario. Para mí el viaje tiene algo iniciático siempre, pero no me atrevo a decir cuál es su influencia en la naturaleza humana, porque la naturaleza humana es un misterio cada vez mayor para mí y creo que no dejará de sorprenderme nunca.

**KOB** Todas tus narraciones, excepto 'El ángulo del horror', están escritas en primera persona. El protagonista principal, que es al mismo tiempo narrador, ¿aprende mientras va narrando?

**CFC** Es un narrador que va descubriendo al mismo tiempo que el lector. El ejemplo quizás más claro sería 'La ventana del jardín'. La voz primera tiene muchas ventajas para el escritor porque le permite meterse, pero, en cambio, la tercera sabe mucho y recuerda cosas que a lo mejor el personaje no recuerda. Y la segunda es estupenda, porque es como el gusanillo de la conciencia, es el Pepito Grillo. Por eso en 'Ausencia' recurrí a la segunda persona.

**KOB** ¿Por qué te gusta tanto la primera persona?

**CFC** Me siento a gusto porque me permite vivir una aventura cada vez que escribo un cuento. Creo que es por razones de egoísmo.

**KOB** Además, la voz en primera persona no puede ser didáctica.

**CFC** Odio la tradicional tercera persona del siglo pasado, que lo sabe todo. No la puedo aguantar porque explica demasiado mientras que a mí me gusta ir descubriendo. No elimino totalmente la tercera persona en mis relatos, pero el narrador omnisciente me fastidia. Más que saber exactamente lo que está ocurriendo en todas partes, me gusta meterme en el alma, por decirlo de alguna manera, de la persona que está contando la historia y vivir sus dudas, sus alegrías, sus desconciertos. Para mí es una forma de vida vivir lo que están viviendo mis personajes en aquel momento.

**KOB** ¿*Hermanas de sangre* es una historia excepcional o una historia típica? ¿Crees que historias como ésta nos ocurren a todos, aunque no siempre sean tan trágicas, y que luego las olvidamos y ellas nos persiguen desde el inconsciente?

**CFC** Lo que sí es cierto es que hay distintas maneras de afrontar la memoria. Por ejemplo, Marga se quita un peso de encima cargándoselo a las demás. Es una actitud que vemos continuamente. Me parece que esos movimientos de memoria que representa la obra son perfectamente aplicables a muchísimas situaciones. Incluso hay una frase: 'Sin un poco de autoengaño no se puede vivir'. Claro, no tanto como en el caso de Lali, que es la que se ha olvidado de todo. Lo que concierne a la memoria y el olvido, si lo sacas de aquella situación y lo aplicas a otras circunstancias, resulta perfectamente válido. No es anécdota. Lo podemos generalizar si quieres.

Otra historia es el asunto de las agresiones en las escuelas. Fíjate que aquí la víctima no es una niña con un defecto físico, al contrario, es la mona, la guapa, la lista. Se la cargan. No queda claro si se la cargan del todo, si la rematan. No interesa.

**KOB** En varias de tus obras sorprende la crueldad de los niños. ¿Crees que los niños son más crueles que los adultos?

**CFC** Ni más ni menos. Tienen otra escala de valores que los adultos, ni mejor, ni peor. Tienen su lenguaje, su forma de pensar, su código.

**KOB** ¿Cuál de los personajes de *Hermanas de sangre* te resulta más simpática?

**CFC** Lali me resulta tierna, encantadora, Julia, valiente. Y la más antipática Marga. Marga ha practicado el autoengaño, que es lo que yo no aguanto. Además quiere culpabilizar a otros de su culpa.

**KOB** Esta reunión de las amigas del colegio lleva a una especie de catarsis: a Lali se le pasa el dolor de la cabeza, Julia piensa empezar una vida nueva. ¿En qué sentido les ayuda recordar ese crimen del pasado, juntas y en voz alta, y condenarlo?

**CFC** El final es muy cabroncete, porque aparentemente termina bien, pero, si tú te preguntas qué pasará después, termina fatal. Después de la catarsis una propone que se vuelvan a ver el año que viene. Luego, otra dice: '¿Por qué no nos vemos . . . el domingo que viene?' (137). Alicia se da cuenta de lo que pasa y, cuando Julia murmura que 'siento como si a partir de esta noche fuera a cambiar de vida' (139), contesta: 'Ahora ella no va a permitir que nos separemos nunca'. ¿Qué quiere decir esto? ¿Te imaginas qué rollo podría ser si, de repente, por algo ocurrido en la noche de los tiempos, te vieras obligada a ver todos los días del año a las que fueron tus compañeras del colegio? ¿Hay mayor suplicio que éste? No pueden separarse ya mientras vivan, porque todas saben de todas, aunque no sean ya amigas ni tengan nada que ver.

**KOB** En cierto sentido ése ha sido el origen de la religión cristiana. ¿Cómo crees que puede explicarse esta tendencia de que tenemos que adorar a nuestras propias víctimas?

**CFC** Yo creo que el amor une, pero el sentimiento de haber hecho algo malévolo, malo o prohibido juntos es un ligamen todavía más fuerte.

**KOB** La hija de Eloísa en tu novela *El columpio* vuelve al valle de los Pirineos donde sus tíos parecen seguir viviendo los ritos de la España tradicional. Me pareció que Lucas, Tomás y Bebo, entre los tres, desempeñan las funciones indispensables para el funcionamiento de un gobierno totalitario. Lucas es el déspota, Tomás el policía, ¿y Bebo? ¿Bebo sería como el artista del régimen?

**CFC** Es una interpretación muy buena, pero es tuya. Yo no lo vi así. Son personas detenidas en el tiempo que se han convertido en caricaturas de sí mismas. Lo que me fascinó era la idea de la llegada de una chica joven que se encuentra con todo esto y piensa descorazonada: 'Éstos son mis tíos'.

Lo que tú dices tiene sentido, porque, si una casa es como un país, aquí existe un reparto de funciones completo. Bebo sería el artista, Lucas el tirano y Tomás el intendente, el que lo soluciona todo. Sin embargo, lo del gobierno no se me había ocurrido. Los vi como gente que se habían fijado en un momento de felicidad y el tiempo no había pasado para ellos. Evocan a Eloísa, la hermana pequeña, en el rito de la cena de los viernes. Evidentemente su rito es algo enfermizo. No les interesa Eloísa como una mujer mayor, no quieren saber nada de ella. La voluntad de los tres puede lograr que ella esté allí congelada, independientemente de que se haya ido.

**KOB** Sin embargo, la hija de Eloísa se horroriza con lo que ve y escapa. Sobre todo se asusta al ver todas aquellas cartas mandadas por su madre, las que ni siquiera fueron abiertas, como si los tíos se hubieran empeñado en pretender no saber lo que llegaba de Francia. Mientras tanto, la carta que les había mandado ella anunciando su llegada estaba abierta, cerrada y abierta nuevamente. ¿No compartes el horror que este descubrimiento le provoca a la chica?

**CFC** Comparto su sorpresa. Es un mundo que en su época se corresponde con lo que dices, pero mi intención no era criticarlo. Mi intención era retratar a unas personas que se han quedado fijadas en un momento de su vida. ¿Cómo les iban a interesar las cartas si las escribía Eloísa adulta? O aún peor, ¿quién era esa intrusa que amenazaba con aparecer en la Casa de la Torre presentándose como la hija de su adorada Eloísa? No, su querida Eloísa no podía tener hijas, porque, para ellos, en el recuerdo y en las sesiones de los viernes, no sólo no había muerto sino que seguía siendo una niña. Lo que me impulsó a escribir esta novela fue la idea del sueño que tiene la madre de su propia hija en el futuro.

**KOB** Muchos de tus cuentos hablan de la infancia desde la perspectiva de una narradora adulta. Sé que en tu casa había un reloj enorme como el del cuento 'El reloj de Bagdad'. ¿Los tíos solterones tienen sus prototipos reales?

**CFC** No, no son de mi familia. El reloj sí. En este libro que acabo de terminar vuelve a aparecer el reloj. No es el de Bagdad sino el verdadero. Hay también un capítulo dedicado a la contadora de historias, Antonia García Pagès. Sin embargo, la mayoría de mis cuentos parten de pura imaginación.

**KOB** ¿Y esa costumbre de abrir las cartas y cerrarlas luego pegándolas con harina?

**CFC** Esto se hacía en la España de entonces para leer cosas secretamente. Abrías la carta al vapor y, si querías que no se notase, usabas un engrudo de harina, el protopegamento de niños. Lo aproveché en la novela para que fuera verosímil.

**KOB** Estudiaste derecho y periodismo. ¿No ejerciste derecho?

**CFC** No, nunca. Me interesó mucho estudiar derecho porque dio una especie de orden a mi vida, pero yo siempre supe y dije que no iba a ejercer como abogada.

**KOB** ¿Te gustó ser periodista?

**CFC** Sí, pero lo que yo soy es escritora. Necesito independencia, secreto, y no soporto horarios ni fechas de entrega. Además deseaba un poco de soledad. De vez en cuando escribo para la prensa. Muy de vez en cuando.

**KOB** ¿Lees literatura española actual?

**CFC** Sí, pero ahora llevo un tiempo despistada, porque, cuando estoy escribiendo, intento no leer nada que me pueda sacar de lo que estoy haciendo. El tono es una cosa muy importante, hay muchos y algunos son muy seductores. Uno podría pensar que un tono muy distante del propio no constituye un peligro de contagio, pero a mí me gusta meterme a fondo al leer. Un libro es una propuesta de viaje y me gusta hacer esos viajes, pero no cuando puedan sacarme del mío. Ahora tengo muchas ganas de leer y lo voy a hacer este verano.

**KOB** ¿Te gusta cortar, abreviar después de escribir?

**CFC** Más abreviar que ampliar, pero en realidad yo soy bastante concisa de entrada. Doy mucha importancia a la concisión y a la tensión, que van juntas.

**KOB** ¿Te parece que hubo una ruptura en el tono, los temas y el discurso de la literatura después del 75?

**CFC** ¿Qué pasó en el 75?

**KOB** Murió Franco.

**CFC** Ah, sí. En aquella época, si no me equivoco, aquí se practicaba sobre todo el vanguardismo, la escritura experimental, con la cual yo no tengo nada que ver, aunque considero que la escritura siempre es un experimento. La gente se creía que aquí surgirían un montón de cosas después de la muerte de Franco. No creo que pasara. Lo que pasó, pero no tuvo nada que ver con Franco, es que se recuperó el placer de contar historias. Después de Franco naturalmente desapareció la censura. La censura que había era de chiste. Los ojos del censor podían ver en el libro cualquier cosa. También ocurría que el escritor se autocensuraba. Y eso era lo peor. Acostumbrarse a leer y a escribir entre líneas. Entonces, uno aprendía a escribir entre líneas. Yo empecé a publicar, incluso a escribir, después de esos tiempos, con lo cual no tuve problemas ni con censura ni con autocensura. Cuando publiqué en los años ochenta, a mí y a otra gente empezaron a llamarnos 'la nueva narrativa'. Lo que teníamos en común era el placer de contar historias. Éramos todos francotiradores.

**KOB** ¿Qué te parece lo más interesante en lo que se publica hoy en España?

**CFC** Yo creo que lo bueno es la diversidad. Ya hace tiempo que se acabó lo de los 'ismos'. Además el auge del relato corto me parece muy bien.

**KOB** ¿Cómo evalúas la influencia de las leyes del mercado en el proceso literario?

**CFC** El mercado es una pesadilla. Cuando yo empezaba a publicar no se hablaba del mercado, se hablaba de si el libro o el autor era bueno o malo. Ahora la pregunta que se hace es si este autor vende o no vende, cosa que a mí no deja de sorprenderme porque creo que la calidad y el mercado no tienen que ir forzosamente de la mano. De todas maneras, no me gusta hablar de eso. No porque un libro sea número uno en ventas me lo voy a comprar.

**KOB** ¿Te halagaría ver a la gente por la calle leyendo tus libros?

**CFC** Lo que a mí sí me halaga es que, si doy una conferencia, entre el público siempre haya dos o tres personas que me han leído desde lo primero que publiqué hasta el final. Esto me parece magnífico. No soy un 'bestseller', pero tengo unos lectores fantásticos.

**KOB** ¿Qué te parece cuando se aplican a la interpretación de tus cuentos y novelas las teorías de Foucault o de Derrida, o de otros filósofos en boga?

**CFC** Cuando un libro aparece, me sigue perteneciendo, pero está abierto a todo tipo de interpretaciones, todo tipo de crítica, siempre cuando no sea una aplicación de un esquema, de un patrón con el que no tiene nada que ver, siempre cuando sean honestas. Yo no tengo un patrón para mis personajes y tampoco quiero que lo tenga mi crítica. Esto ha ocurrido, aunque pocas veces, cuando han escrito de mí que por ser mujer quiero decir unas cosas determinadas. Por otro lado, a veces aparecen interpretaciones que no tienen nada que ver con lo que yo pensaba, pero que son muy creativas, muy bonitas y me gustan. De todas maneras, yo puedo apoyar o rechazar las interpretaciones que se hacen de mis libros, pero, si el libro aparece publicado, adquiere vida propia.

**KOB** En *El año de Gracia* a Daniel le parecía que iba a vivir algo grandioso, noble, heroico, y su intento desemboca en lo ridículo, perverso y cruel . . .

**CFC** ¿Es ridículo lo que le ocurre? Lo más ridículo de Daniel es su estancia en Francia que, por otro lado, es muy lógica y muy verosímil. Ese chico ha hecho el ridículo, pero al mismo tiempo, por la calidad de la relación humana que tuvo con Grock, la aventura que vivió ha sido una de las cosas más importantes que le han pasado en la vida.

**KOB** ¿Es inevitable en nuestros tiempos descubrir el reverso de los ideales?

**CFC** No, yo creo que podemos y debemos seguir viviendo según los ideales. Lo que no se puede hacer es tirar la toalla. No podemos rendirnos. Yo pertenezco a una generación con muchos ideales y la verdad es que muy pocos se han cumplido. Sin embargo, creo que lo que hay que hacer es seguir pensando que hay razones por las que apostar seriamente. Jamás decir que el mundo está putrefacto y adiós. Les gustaría a mucha gente que eso ocurriese.

**KOB** Me alegro de que tu visión del mundo no resulte del todo negativa.

**CFC** No, para nada. Yo creo mucho en el individuo. Estamos viviendo un momento de adocenamiento, en el que todo el mundo piensa lo mismo, compra lo mismo, etc. Pero lo de la pérdida de ideales, no. No comparto las ideas de esta gente que dice que todo es inútil. No todo es inútil. Por ejemplo, mira las madres de la Plaza de Mayo. Al principio, nadie las tomaba demasiado en serio. Y fueron ellas, madres y abuelas, las que consiguieron lo que consiguieron.

Enrique Vila-Matas

# Enrique Vila-Matas: Soy del tamaño de lo que veo—sobre el sentido de las miradas

Enrique Vila-Matas nació en 1948 en Barcelona, donde reside hoy. Desde la ventana de su apartamento se ve toda la ciudad con la nostálgica franja del mar al fondo. Aunque todos sus libros están dedicados a una mujer, la misteriosa Paula de Parma, vive solo y parece funcionar como 'una perfecta máquina soltera' (*Historia abreviada . . .*, 122), por lo que resultan justificadas las sospechas de que una de sus identidades podría ser la del último *shandy*, 'para quien su libro es otro espacio donde pasear, el verdadero impulso cuando lo miran es bajar los ojos, mirar a un rincón, bajar la cabeza hacia el cuaderno de notas, o mejor esconderla tras el muro portátil de su libro'. Hablo tan sólo de una de sus identidades porque sé que la verdadera identidad y una única voz no le interesan a Enrique, por lo menos en el espacio de la literatura. Sus protagonistas son ventrílocuos que van por la vida aprendiendo a imitar voces ajenas y sus narradores fantasean con 'ser muchas personas y ser de muchos lugares al mismo tiempo, pues ser sólo una persona [les parece] poco' (*Hijos sin hijos*, 111). Como ilustra su cuento 'La Despedida', la mejor receta para el fracaso de un artista es precisamente el uso de la voz propia; la confesión sincera en el arte resulta desastrosa.

Sus obras más importantes, novelas y cuentos, se han publicado durante los últimos veinte años: el primer volumen de relatos breves, *Nunca voy al cine*, en 1982, y las siguientes: *Historia abreviada de la literatura portátil*, *Una casa para siempre*, *Suicidios ejemplares*, *Hijos sin hijos*, *Extraña forma de vida*, *El viaje vertical*, por el cual recibe el prestigioso premio Rómulo Gallegos, *Bartleby y compañía* y varias otras. Enrique Vila-Matas ha sido siempre uno de los escritores más admirados por el mundo literario. En la contraportada de *Bartleby* se citan las palabras de Bernardo Atxaga, que le considera 'el autor español vivo más importante', las de J. A. Másoliver Ródenas, para quien Enrique es 'nuestro más popular escritor en América Latina' y como confirmación aparece también la frase de Rodrigo Fresan, que en *Página 12* de Buenos Aires denomina a Enrique Vila-Matas 'el mejor narrador español activo'.

Se podría decir que tanto Enrique Vila-Matas como Quim Monzó entretienen a sus lectores con el absurdo, ridiculizándolo simultáneamente. Es característica de la narrativa de Enrique la multiplicidad de miradas, de voces y de máscaras, una orgía continua de *otredad*, retratada con imaginación exuberante y anárquica que no se doblega a reglas de verosimilitud y que, con humor surrealista, nos lleva a través del horror y del absurdo para sorprendernos con conclusiones que, a pesar de todo, no dejan de tener sentido. En la contraportada de *El viaje vertical*, aparece, entre otras citas, la del artículo de Ignacio Echevarría en *El País*, según el cual el escritor se dedica a 'la delicada operación de preservar el sentido en el centro mismo del sinsentido, o mejor dicho: de devolverle a éste su íntima coherencia'.

No por primera vez, pero sí de manera más evidente, la *otredad* surge en la narrativa de Enrique Vila-Matas mediante el concepto de *odradek*, que la recuerda incluso fonéticamente. Incitados por la consigna de Walter Benjamin, los miembros de la secreta sociedad de los *shandys*, que protagonizan *Historia abreviada de la literatura portátil*, se reúnen en Praga. Allí Marcel Duchamp les inicia en 'uno de los aspectos más enigmáticos del *shandysmo*: la existencia de unos inquilinos negros, que se hospedaron en los laberintos interiores de todos los [escritores] portátiles' (56). En Praga, los *odradeks*, hasta entonces percibidos tan sólo por Kafka, se vuelven muy activos y adoptan una variedad de formas. Por ejemplo, Juan Gris, en su diario, citado en la novela, da testimonio de la existencia de seres 'semejantes a sombras' que pasan por su espíritu haciéndole pensar que 'los sueños tienen su propia morada . . . que habitan o se esconden en oscuras verdades que, cuando [está] despierto, permanecen latentes en [su] alma como impresiones muy vivas de cuentos en colores' (57). Es difícil imaginar que la oscura relación entre el arte, los sueños, la realidad y la *otredad* pueda ser expresada de una manera más clara. Pero, como ya expliqué en la introducción general, la *otredad*, además de ser una fuente de creatividad, contiene también en sí una terrible fuerza negativa. Otro miembro de la sociedad, Stephan Zenith, huye de Praga porque su *odradek* le arrastra hacia la locura. Lo explica en una nota a Witold Gombrowicz:

> Como te digo, me voy porque tengo miedo de mí mismo, ya que creo que se hospeda en mi interior, y a veces fuera de él, algo parecido a un carrete de hilo negro que trata de hacerme decir cosas que yo no pienso ni pensaré jamás. Es un carrete chato con forma de estrella; y es que, en realidad, parece estar cubierto de hilos; claro que se trata de hilos entremezclados, viejos, anudados, unos con otros . . .. (58)

La individualización de los *odradeks* en formas pérfidas, amenazadoras, inspirantes y fascinantes a la vez, se debe a la concentración e inmersión en el trabajo creativo, que resulta posible tan sólo en una soledad soltera, que se ve poblada por todo tipo de dobles que imponen su compañía al artista. Esto no significa, sin embargo, que los *odradeks* carezcan de la existencia real. Si, según explica Borges, una percepción consecutiva de la misma entidad en el mismo lugar por dos sujetos independientes constituye una prueba de la realidad de su ser, los *odradeks* son reales porque hace mucho tiempo en la misma ciudad los había visto y luego, en su cuento 'Preocupaciones de un padre de familia', los había descrito Franz Kafka.

Para escapar de sus *odradeks*, los *shandys*, artistas de obra ligera (portátil), se convierten en nómadas y cruzan ciudades europeas y desiertos africanos buscando inútilmente alivio a la manera de Rimbaud. Algunos pretenden aislarse dentro de nubes densas de humo de opio; otros, como Rigaut, no descansan hasta rendirse a la tentación del suicidio en el Gran Hotel de alguna ciudad del sur. Surge, entonces, como cuenta Maurice Blanchot, un gran número de textos destinados a ridiculizar el suicidio escritos por miembros de la sociedad de los *shandys*. Así nace la idea postmoderna de que el suicidio no resuelve nada y que la única manera sensible de realizarlo es 'en el espacio mismo de la escritura' (36). Para hacerlo, uno puede convertirse en personaje literario, recurrir al 'silencio radical' o ir 'bebiendo licores fuertes como metal fundido' (37).

Una serie de protagonistas de las siguientes historias ideadas por Enrique Vila-Matas aplica a su insatisfactoria existencia una mezcla de esas soluciones ficticias, que aquí se clasifican como 'portátiles'. La más conocida de estos personajes, por las numerosas traducciones e inclusiones en antologías, es Rosa Schwarzer, cuya triste historia de su cincuenta cumpleaños resumí en la introducción a este libro. En vez de quitarse la vida, Rosa imagina su muerte seis veces, ayudando a su imaginación con el arte y con el whisky cuando viaja al fondo del cuadro 'Príncipe negro' de Paul Klee, para darse cuenta de que la irrealidad le sabe aún peor que la vida. Otro de estos protagonistas es el ventrílocuo, el narrador en primera persona del volumen dc cuentos *Una casa para siempre*, que se caracteriza, un poco al estilo *shandy*, como 'uno de esos tipos . . . que siempre están pensando en dejarlo todo, despedirse de Europa y seguir las huellas de Rimbaud' (73). Este ventrílocuo se beneficia de sus desgracias encontrando a través de ellas voces nuevas, y supera la desilusión del éxito destruyendo su arte por el uso de la voz propia. Luego, decide dejarlo todo intentando ser otro y se transforma en un personaje literario de vagabundo trotamundos con voz de narrador borgiano. Este ventrílocuo constantemente inspira al lector a transformar la realidad de una manera creativa porque, según él, aprender a leer es como aprender a vivir; el dominio de ambas artes lo condiciona la misma fe: 'la de creer en una ficción que se sabe como ficción, saber que no existe nada más y que la exquisita verdad consiste en ser consciente de que se trata de una ficción y, sabiéndolo, creer en ella' (141).

Horacio de 'La muerte por saudade', personaje inspirado por la biografía de Quiroga, también aplica a su vida las soluciones portátiles del *shandysmo*. Aunque imagina que la plenitud puede alcanzarse sólo en la muerte, la realiza tan sólo en la ficción, contándole al narrador las historias de los suicidios más imaginativos e inspirantes. En la vida, sin embargo, decide realizar lo que sea realizable en vida. Si tanto Horacio como el narrador del cuento fantasean con la plenitud asociándola con la muerte, ninguno de ellos decide saltar al vacío porque se dan cuenta, como Rosa, de que incluso la muerte puede ser una desilusión.

En *Historia abreviada de la literatura portátil*, la muerte llega a Bahnhof Zoo, el submarino donde se recluyen los artistas *shandys*, y se la ve 'tomar asiento y, antes de huir aterrada, fumar opio, sudar a mares y, como una espectadora más, aguardar impaciente a que terminara la última escena para averiguar si había algo más después de ella' (109). Al darse cuenta de que no hay nada después, suponemos que se asusta y escapa. Convertir el horror en un chiste, sin duda, ayuda a tomar distancia hacia él. Igual que nos queda claro que después de la muerte no hay nada, nos resulta obvio que después del absurdo llega la hora del humor. En el cuento 'Como me gustaría morirme', el tío de John Huston, Alec, se encuentra ya muy enfermo cuando le visita una prima a la que aborrece y, para que piense que él ya está muerto y se vaya, el tío Alec contiene la respiración durante tanto tiempo que se muere.

Este tipo de humor, que no falta en ninguna de las obras de Enrique Vila-Matas, vuelve con más intensidad en su último libro, *Bartleby y compañía*, en el mismo contexto de los *shandys*: de arte, vida, negatividad y locura. Esta novela, que se compone de ochenta y seis notas de pie de página, cuenta la historia, o, más bien, decenas de historias, de 'los escritores del No' (14), artistas que, tras haber escrito una o más obras espléndidas, decidieron dejar de escribir, se despidieron de la literatura, optaron por un silencio radical o se convirtieron en unos personajes literarios dedicándose a vivir.

Aunque en este libro los *odradeks* no se mencionan de nombre, su presencia y su influencia, aquí puramente negativa, resultan obvias. Sólo un *odradek* pudo haberle revelado a Virgilio al final de su vida que

> penetrar hasta el conocimiento más allá del conocimiento es tarea reservada a potencias que se nos escapan, reservada a una fuerza de expresión que dejaría muy atrás cualquier expresión terrena, que atrás dejaría también un lenguaje que debería estar más allá de la maleza de las voces y de todo idioma terreno . . .. (101)

Los *odradeks* llevan a la *otredad*, que es la esencia misma del arte porque, como sugiere Enrique Vila-Matas, 'quien la busca sólo busca lo que se escapa, quien la encuentra sólo encuentra lo que está más allá de la literatura' (160). Por eso encontrar la esencia equivale a dejar de escribir, según lo expresó Oscar Wilde: 'cuando no conocía la vida, escribía; ahora que conozco su significado, no tengo nada más que escribir' (*Bartleby y compañía*, 117). De una manera sorprendente esta anti-apoteosis de la escritura desemboca en la nostalgia de la experiencia y de la realidad. Mientras que, en *Historia abreviada de la literatura portátil*, el último de los *shandys* se refugiaba en el reino de las palabras, 'el escritor del No', con cuya historia concluye *Bartleby*, nos deja una frase sin terminar que se refiere a la acción y a la vida. Es la última frase que Tolstói escribe antes de morir: '*Fais ce que dois, adv . . .*' (*Haz lo que debes pase lo que pase*). Impresionado por estas palabras el narrador de *Bartleby* decide dejar de contar historias y se despide del lector con las palabras de Beckett: 'las palabras nos abandonan . . . y con eso queda dicho todo' (179). Esa pose de Bartleby, que preferiría no escribir nada más, fue, sin duda, tan sólo una identidad pasajera de Enrique porque sé que acaba de publicar otro libro.

## Entrevista

*(Barcelona, mayo 1998)*

**KOB** *Extraña forma de vida* es una novela sobre diferentes maneras de mirar . . .

**EVM** Lo que ve el narrador cuando es realista es a nivel de la mirada de los ojos. Su abuelo era el *voyeur* de la hostia, el que espiaba a Dios. En cambio, su padre – es una saga de espías – el padre es el que analiza el subsuelo, el suelo. El narrador está entre el abuelo y el padre: si el abuelo miraba hacia arriba y el padre miraba hacia abajo, él mira desde el punto de vista natural. Esto surgió de una entrevista que le hice a Salvador Dalí. Fui acompañado de un fotógrafo a su casa y el fotógrafo se colocó en el suelo para enfocarlo desde abajo y luego desde posturas más raras para fotografiar a Dalí hasta que Dalí le dijo: 'No entiendo porqué los fotógrafos sois tan raros. ¿Por qué no nos fotografiáis al nivel de los ojos?'. Y esto precisamente dicho por Dalí, que jugaba a ser muy ficticio siempre. Sin embargo, tenía un punto de vista, cuando se quedaba solo, como yo lo he podido comprobar, muy realista de alguna forma, de un señor catalán y fenicio y muy arraigado a la tierra. Son tres miradas: el abuelo hacia arriba, la investigación sobre cómo es Dios; el padre hacia la realidad del subsuelo, el mundo subterráneo; y el narrador, que es realista – que mira la realidad desde el punto de vista de la mirada únicamente, intermedio entre la locura del abuelo y la locura del padre.

**KOB** ¿Por qué el abuelo decide espiar a Dios?

**EVM** Porque me enteré de que lo hacía el rey Felipe II de España en el Escorial y lo hacía también Montaigne en su casa en Burdeos. Ellos tenían una cámara al lado de los lugares donde se hacía misa los domingos y tenían un agujero por el cual espiaban como *voyeurs* los movimientos de la hostia para saber cómo se movía la forma máxima. Y me llamó la atención para incorporarlo a la historia de esta novela.

**KOB** ¿Crees que esta obsesión puede explicarse con la ilusión de que mirando a Dios le hacemos existir de alguna manera?

**EVM** Yo me refería a la desaparición de Dios porque el libro es sobre el espionaje y sobre los *voyeurs*, sobre mirones, y de alguna forma, al no ser mirados por Dios, todo el mundo puede hacer lo que quiera y la literatura ha perdido ya también la mirada del narrador omnipresente, el narrador que lo sabe todo, que es como Dios, y era una referencia a esto, a la desaparición del narrador del siglo XIX que conoce toda la historia de arriba abajo, mientras, como sabemos, la literatura del siglo veinte es fragmentaria y *Extraña forma de vida* es una historia fragmentaria de un personaje que un día además cambia de punto de vista con respecto a la literatura. Deja de ser un escritor realista para ser un escritor de ficción. Pero, al mismo tiempo, elige quedarse con la mujer de toda la vida, cuando la otra significa, digamos, la aventura. Por lo tanto hay una contradicción en esto, que sería un poco lo que decía el pintor catalán Joan Miró: en el taller me gusta el desorden y, en cambio, en mi casa busco el orden y, por lo tanto, tenía un comportamiento burgués en la vida real y, en cambio, en la parte artística era caótico, anarquista y creador. Ésta sería la contradicción en la que vive el personaje de *Extraña forma de vida*: orden y caos unidos, el caos en el arte, en la creación evidentemente, y el orden en la vida, para poder ser caótico en el arte, pero no tiene que ser de ninguna forma parecido a mí, ni mucho menos.

Desde mi punto de vista, primero no existe Dios, pero, suponiendo que existiera Dios, debe ser horrible, mucho peor que yo, sin duda. Entonces desde mi punto de vista, carece de interés.

**KOB** La obsesión con el espionaje, sin embargo, ¿está vinculada con el miedo de que las cosas dejarán de existir si no las miramos y no las contamos?

**EVM** Yo digo en la novela: si no contamos nuestra vida, la vida no existe. Todo el mundo necesita contar, aunque sean desgracias y miserias, contar lo que ha sido su vida. De hecho hay una reflexión muy bonita de Primo Levi, cuando habla de Auschwitz, que explica que la gente que estaba allí quería sobrevivir para poder contarlo. Sin embargo, lo que tenían que contar eran miserias y la máxima humillación del ser humano, pero necesitaban contarlo para sobrevivir a esto y para que se acordaran otras generaciones de lo que había ocurrido. Esta necesidad de contar incluso las máximas desgracias – porque hay gente que le encanta contar sus maravillas – esa necesidad de contar es intentar rescatar la vida propia, una necesidad de contar para que no se olvide, y eso daría un sentido a la escritura.

**KOB** Esto implicaría también un deber de fijarse en las vidas de los demás para poder contarlas y para darles un sentido . . .

**EVM** Sí, es un sentido que puede tener la narrativa, recuperar las vidas perdidas de la gente. De hecho, pues hace muy poco, antes de empezar la novela que estoy ahora terminando, fui a Oporto, en Portugal, donde había estado un tío mío. Un hermano de mi madre, que murió hace diez años, había vivido en Oporto durante seis, siete años, y yo había oído hablar mucho de él porque en familia se rumoreaba que estaba en Oporto porque tenía una amante y otros decían que por unos negocios extraños. Lo curioso es que cuando fui yo a Oporto, me di cuenta de que de este hombre no quedaba ni rastro en la ciudad de Oporto. Intenté buscar dónde vivía, pregunté, no había nada . . . no había quedado nada. Su mujer vive, pero no recuerda prácticamente ya nada de lo que hicieron en Oporto. Al volver a Barcelona, le pregunté a mi madre por dónde vivía y resultó que no quedaba tampoco la casa. Me impresionó mucho el darme cuenta de que allí vivió feliz un tío mío muy cercano, al que yo había querido y del que no quedaba ni señal, aunque murió hace sólo diez años. Entonces pensé salvar un poco esta vida, que tendría aún menos sentido si no fuera narrada. Y, de hecho, he recuperado ahora lo que él pudo hacer en Oporto a través de la novela que estoy haciendo.[1]

**KOB** En *Extraña forma de vida*, el abuelo dice en cierto momento, 'Soy del tamaño de lo que veo' (88). ¿Cómo es posible que la mirada dé existencia a las cosas y al mismo tiempo el mirón deba su tamaño a ellas? – ¿No es una contradicción?

**EVM** Es una referencia a Heráclito, que decía que el sol tenía el tamaño con el que él lo veía, que es una manera de decir que el centro eres tú, no el sol, sino tú, el centro mismo, uno mismo. Esto es lo que quería decir allí con el abuelo y el tamaño de las cosas que se ve.

**KOB** O sea, ¿que el sentido de las cosas está en la mirada?

**EVM** Sí, en el punto de vista desde el cual tú las ves en aquel momento.

**KOB** En *Extraña forma de vida*, el narrador habla de los vecinos de la calle Durbán como de 'los perfiles desgraciados' (117). ¿Los sublima mirándolos?

**EVM** Los sublima hasta que se da cuenta de que no porque sean proletarios u obreros tienen que ser unas personas sublimes, sino que pueden ser unos canallas tremendos, que no porque sean gente de condición humilde tienen que ser más nobles que los otros. Es un poco la explicación del porqué se encuentra con un barbero hijo de puta, por mucho que sea un humilde barbero del barrio.

**KOB** ¿Sería un mensaje de que no se mitifique a la gente por la clase a la que pertenezcan?

**EVM** No mitificar a los de abajo, a los necesitados, porque en todas las clases sociales hay de todo. Es una crítica del realismo social, donde los únicos buenos son el pueblo que se subleva, pero, en realidad, en el pueblo hay de todo.

**KOB** El narrador de *Extraña forma de vida* antes de tomar la decisión de cambiar de estilo dice: 'Me gustaba inventar, pero para eso ya tenía los artículos de prensa que me encargaban o las conversaciones con los amigos . . . Con las novelas la cosa iba por otro lado, me gustaba fijarme en lo real. Dejar lo literario para interesarme por la vida . . .' (100).

**EVM** Sí, eso lo escribió Muñoz Molina en *El País* cuando dejó de escribir las novelas de ficción para hablar de la realidad de la calle, del mundo real, ocuparse de la cajera del supermercado. Ese día me parecía muy bien que él hubiera tomado esta opción, pero la presentaba dogmáticamente, como lo que había que hacer, mientras la cajera del supermercado puede ser tan mala como un personaje de ficción o al revés.

**KOB** Y la otra parte del pasaje, lo de vivir la ficción, ¿cómo es posible?

**EVM** Sí, un poco, es posible. Esta misma mañana he tenido un sueño, una pesadilla horrorosa, y me la he creído toda. He tardado media hora en deshacerme de ella. Hasta el momento de tomar café estaba convencido, no de que era realidad, pero que lo que había soñado formaba parte de mi vida.

**KOB** ¿Cuál sería la consecuencia de mudarse a la ficción totalmente? ¿la locura?

**EVM** Sí, seguro, Félix de Azua opina que los únicos dos o tres poetas que quedan en todo el mundo, todos están en un manicomio. La sociedad actual no puede integrar a un poeta verdadero, por eso son poquísimos. Yo, como soy prosista, pues no hay ningún problema, pero el verdadero poeta, que sería el que lleva la ficción al extremo, realmente, se encontraría hoy en un manicomio, sin duda.

**KOB** El narrador en cierto momento decide cambiar radicalmente de modo de mirar y anuncia: 'Decidí que a partir de aquel momento pasaba a la mejor vida mi trilogía y mi absurda fijación en lo real. Después de todo, ¿no hacía ya mucho tiempo que venía sospechando que detrás de cualquier imagen había siempre otra más fiel a la realidad y, debajo de ésta, había otra aún más fiel, y así hasta el infinito hasta llegar a una, absoluta y misteriosa, que nadie ha podido ver nunca y que ni el mejor de los espías de todos los tiempos sabría ver' (118).

**EVM** Es una crítica intencionada contra el realismo español imperante; por ejemplo, un autor como Muñoz Molina, que empezó a publicar en *El País* artículos diciendo que lo único que le interesaba era la realidad. Para mí es una posición frontal que siempre ha tenido el realismo en la literatura española, que es lo que manda e impera desde siglos, a pesar de que *El Quijote* no lo es. Este realismo, para mí, era lo que quería poner en evidencia. Creo que hay muchas realidades; hay una realidad para cada persona y, por lo tanto, como siempre se me acusó de no ser realista en lo que yo escribía, lo que hago en la novela es una crítica del escritor realista.

**KOB** ¿Qué es lo real para ti?

**EVM** En el caso de *Extraña forma de vida* lo real es lo que está por detrás de las apariencias. Por eso, el personaje es un espía, no sólo es escritor, sino también un espía. Lo real es lo que está más allá de lo que vemos, lo que está más allá de la realidad.

**KOB** Pero si no se puede separar el hecho de ver de la mirada misma . . .

**EVM** Pero se puede ver de muchas maneras. Hay diferentes tipos de experiencias visuales. La realidad no es nunca lo que creemos. Lo peor que yo he visto son los pintores que en el Museo del Prado copian exactamente un cuadro, lo que es aún peor que copiar la naturaleza creyendo que se está reproduciéndola, mientras que es imposible, porque la naturaleza está en movimiento continuo. Cuando tenía veinte años, tuve una experiencia que después encontré que estaba descrita en el *Ulysses* de Joyce: al orinar vi que era una fuente, un fluir de vida, y vi también cómo fluía la sangre en mis manos, en movimiento continuo. Y una vez, cuando me miraba al espejo, y al igual que en la *Odisea del espacio*, he visto como mi rostro cambiaba cada milésima de segundo, que era un rostro móvil por completo, no una cara que nosotros creemos que es así y punto, sino que es un fluir, una transformación continúa. Y, por lo tanto, para mí resulta imposible creer en una realidad fija, estática.

**KOB** La realidad que describes en la mayoría de tus obras es la realidad de emociones, la realidad de los estados del ánimo. ¿Son reales las emociones, nuestros pensamientos, lo puro subjetivo?

**EVM** Sí, todo depende de cómo lo veas. Cualquier cosa que me ocurre, cuando la cuento ya la cuento de una forma diferente. No es lo mismo lo que ha ocurrido. Cuando una persona se enfada conmigo por algo que yo le he dicho, por ejemplo, si se enfada mucho, estoy seguro de que es por motivos que no pueden tener nada que ver con las palabras que le he dicho, sino que está relacionado con otro fondo que está más allá de lo superficial, más allá de lo ocurrido. En este sentido siempre interpreto más allá de las situaciones aparentemente normales. Cuanto más normal es una situación, más rara me parece.

**KOB** Al decidir cambiar de estilo, el narrador dice: '. . . es que la realidad siempre ha sido muy pesada, un fardo insoportable' (119). ¿Por qué la realidad resulta tan pesada?

**EVM** El narrador lo dice porque está dejando de ser realista. En mi caso, lo pesado es la realidad en el sentido de lo que impera, de lo que se supone que es aquello, y no otra cosa, que hay sólo una visión del asunto. Mientras cuando se mira por detrás de cualquier situación, aunque parezca la más normal del mundo, se produce algo extraño siempre. Puede ser incluso un movimiento que hace alguien, como el que acabo de hacer ahora en tocarme la nariz, que viene de siglos, es decir, que este gesto lo ha hecho mi abuelo y el padre de mi abuelo en otras circunstancias y que se repite y, por lo tanto, hay muchas más cosas detrás de un gesto tan normal. Si observo cualquier cosa, me parece misteriosa. No creo que sea únicamente aquello lo que hay.

**KOB** Entonces siendo un escritor que mira por detrás, ¿cómo representas la realidad para mantener su liviandad y expresar su movimiento continuo?

**EVM** Yo siempre reacciono ante la pesadez cambiando el discurso. A mí lo que siempre me ha parecido muy pesado es el discurso pomposo, el discurso trascendente, el discurso serio, el discurso convencional; no lo he podido soportar nunca en familia ya de entrada. A mí me pasa lo que le ocurría a Gombrovich, que, cuando su madre decía cosas tan obvias como que 'está lloviendo', él y su hermano decían: 'no llueve'. Le llevaban la contradicción incluso en las cosas tan obvias. Yo siempre he querido romper el discurso de la narrativa española realista, carente de humor, carente de imaginación. Cuando en familia había discursos aburridos, lentos, pesados, los rompía con la mínima frase, que, a veces, no tenía nada que ver con lo que se hablaba. Cuando los que me entrevistan me preguntan cosas obvias, respondo algo que no tiene nada que ver con la pregunta. No es que se me escape, sino que rompo lo que me parece convencional y evito lo que está ya dicho y oído y se sabe.

**KOB** Y el discurso existencialista, ¿lo ves como uno de esos discursos pesados?

**EVM** Los existencialistas me gustaban porque iban vestidos de negro, pero el hombre no es una criatura miserable y en el discurso existencialista se ven demasiado miserables desde mi punto de vista actual. Me fascinó en un momento determinado, cuando era más joven, al estar muy solo, y al escribir los poemas sobre la soledad, y tienes toda una especie de existencialismo vital que nadie te ayuda, ni nadie te comprende, ni tú comprendes nada. Y de ahí que el discurso existencialista sólo me interesa actualmente desde el punto de vista estético, para recrearlo en algún libro que algún día quizás escriba retratando todo el mundo existencialista, precisamente desde el punto de vista del absurdo de los absurdos.

**KOB** ¿Cómo combates este sentido de lo absurdo que les agobia a los existencialistas? ¿Cómo buscas la motivación?

**EVM** Pues simplemente reflexionar, seguir los movimientos de la inteligencia. Yo hoy día pienso muchísimo y nadie se entera, sólo comunico la milésima parte de lo que pienso continuamente. Las imágenes visuales que yo tengo, que he tenido desde que empezó esta entrevista, por ejemplo, son inmensas. Sin embargo, no han aparecido en el discurso, porque son incalculables, no cabe todo. Éste es el problema del autor: lo que piensa ya es otra cosa cuando lo escribe.

No se conoce casi nada del otro, pues el mundo interior del cada uno, cuando es un poco rico e imaginativo y está constantemente en movimiento y pensamiento, es imposible de conocer. No nos conocemos, ni siquiera a nosotros mismos, porque parte de las cosas que uno piensa tampoco las domina, porque además uno piensa una cosa y al cabo de un segundo ya está pensando otra. Se están perdiendo muchas cosas. Sería interesante poder recuperarlas.

**KOB** Entonces la conciencia de no poder conocerle al otro sería una fuente de trascendencia . . .

**EVM** Sí, esto es lo que decía Proust, que los celos, el amor, consisten en no saber lo que piensa el otro. No está hablando de los celos amorosos, sino de los celos del pensamiento, de lo que piensa el otro y tú no sabes.

**KOB** Cuando decide cambiar de estilo, el narrador de *Extraña forma de vida*, dice 'Comprendí de golpe que los personajes que me interesaban de verdad sólo podían surgir de la imaginación' (118). Decide abandonar la realidad y trasladarse al mundo de su fantasía y, sin embargo, la siguiente historia que cuenta será sobre Ruiz, que le robaba los cigarrillos a su padre, que parece real – ¿no lo es?

**EVM** No, es un personaje de un cuento de Chéjov, un niño que le roba los cigarrillos a su padre y su padre ruso intenta darle una lección al niño, para que no robe. Lo riñe y no le sirve de nada reñirlo y entonces se da cuenta de que la única forma de que el niño comprenda de que no hay que robar es contarle una historia. Entonces el niño es atrapado y fastidiado, pero únicamente por la historia, y entiende que no hay que robar. Es cómo el padre descubre la fuerza de la narración, de la ficción. En mis libros las lecturas son tan importantes como la experiencia vital mía.

**KOB** ¿Qué lecturas te han influido más?

**EVM** Actualmente no sigo a ningún autor en concreto, pero en un principio sí. Los que me influyeron principalmente son Borges, en cuanto que me abre un mundo de interpretación de toda la historia de literatura; Kafka porque me identifico con su visión de absurdo; y, finalmente, Pessoa porque significa para mí una visión rara de un hombre muy solo que se convierte en toda una ciudad de Lisboa. Entonces, para mí, los escritores más importantes del siglo, no los mejores, sino los que más se podrían identificar al siglo veinte son: Borges, con todo su resumen de la historia literaria; Kafka, en cuanto que anuncia los desastres del nazismo y anuncia toda una explosión de la maldad humana en el siglo veinte, como no se había producido nunca, y el sentido de la culpabilidad; y en el caso de Pessoa, que es un solitario con un gran sentido de la poesía. Los tres son escritores solitarios.

**KOB** Volviendo al momento cuando el narrador decide retirarse al mundo de su fantasía, otro pasaje inmediatamente posterior es sobre el cocido que está en la cocina y que se convierte en una obsesión momentánea pero muy fuerte. ¿Es un chiste diseñado a ridiculizar su intención de evitar la realidad?

**EVM** Bueno, pues acuérdate de que tiene que comer y que forma parte de una vida cotidiana que es muy vulgar, claro. Lo que detestaba James Joyce de Virginia Woolf era que no presentaba a ningún personaje suyo en el lavabo cagando, por ejemplo. Decía Joyce que era demasiado fina. Claro, Joyce se estaba acordando más de la realidad que Virginia Woolf porque a los personajes los colocaba en todo tipo de situaciones de la vida. No únicamente las espirituales son las que interesan. Y quizás por eso es que aparece el cocido en mi novela, para hacer referencia a cosas vulgares, prosaicas, pero que están ahí.

**KOB** ¿Sería peligroso olvidarse de estas cosas?

**EVM** Me encanta el mundo de la ficción y me muevo perfectamente en ella, pero tengo un sentido clarísimo de dónde está la realidad y la ficción. Es decir, que sé, por ejemplo, qué es un abismo real, sé que si estoy en un precipicio y doy un paso, me mato. Me manejo muy bien en el mundo de la ficción siempre que me da la gana, pero también sé perfectamente cuando la situación es muy real y si doy un paso, por mucho que esté volando en mi imaginación, me mato. Por lo tanto, controlo y distingo muy bien entre las dos cosas cuando es necesario.

**KOB** Lo que dices me recuerda a Rosa Schwarzer, que cae en un abismo ficticio . . .

**EVM** Rosa Schwarzer es una señora que está basada en un personaje real, que trabajaba en el museo de Düsseldorf y que vivía muy alarmada por el problema de los cuadros de Paul Klee que ella vigilaba. Nos acercamos mucho yo y un amigo mío a un cuadro de Paul Klee y salió disparada y nos dijo que tuviéramos cuidado porque había una alarma y, si nos acercábamos mucho a este cuadro, que tanto le entusiasmaba a ella, sonaría la alarma. Lo dijo en alemán y me lo tradujo el amigo y yo lo que entendí era que ella estaba alarmada. De allí surgió el cuento de una mujer que vivía alarmada por la gente que se acercaba al cuadro que era amado y querido por ella.

**KOB** Rosa Schwarzer vive aquel día del cuento una crisis relacionada al cumplir cincuenta años. Se despierta pensando: 'Esta vida ¿para qué?' (44), y durante las siguientes horas del día siete veces intenta cometer el suicidio . . .

**EVM** Está basado en un poema de Sylvia Plath que dice: 'tengo siete vidas como los gatos, siete veces me he intentado matar y siete veces no lo he logrado . . .'[2] y estaba la cita de Sylvia Plath inicial en el cuento que luego desapareció.

**KOB** Al final Rosa vuelve a la vida porque se da cuenta que, aunque la realidad sea mala, la irrealidad que puede tocarle a uno después de la muerte puede ser aún peor . . .

**EVM** Yo partía de una idea de Antonin Artaud cuando le preguntaron porqué no se había suicidado y dijo que le habría gustado haberse suicidado si supiera que después del suicidio no había nada, y ésta es la reacción que tiene Rosa Schwarzer cuando se da cuenta de que la ficción es terrorífica, la ficción del cuadro y lo que le ofrece el hombre amado del cuadro, que sería como el príncipe azul, un enamorado ideal. Cuando ve que es pesadísimo, prefiere la realidad gris y cotidiana. En parte está inspirado también en un poema de Jaime Gil de Biedma, que habla de los lunes, diciendo que 'quizá tienen razón los días laborables . . . esta zona de luz apenas'.[3] Que tal vez esté mejor la realidad gris que la ficción si se vuelve real. Es algo también que le preguntaron a un poeta catalán, Ferrater, que qué le parecía la realidad y la irrealidad. Dijo que prefería la realidad, aunque sea gris y triste, porque la irrealidad, que es muy mitificada, podía ser muchísimo peor. Lo que es escaso, triste, puede ser mejor que cualquier promesa de la vida mejor. Por lo tanto, Rosa elige la grisura de su vida a cualquier posibilidad de príncipes azules y de historias fantásticas.

**KOB** Y ¿dónde entre la realidad e irrealidad ubicas la ficción?

**EVM** La ficción es diferente de la irrealidad. La ficción es una manera de contar la vida de otra manera, como la ve otra gente, es una manera de transformar la realidad, pero dentro de la realidad misma también.

**KOB** O sea, que van mezcladas siempre, aunque dijiste que hay que distinguirlas siempre.

**EVM** Sí y no. Si quiero las mezclo y es una manera fantástica de salvar muchos problemas; si quiero, no las mezclo. Si tengo que solucionar una situación real, como, por ejemplo, salvarle la vida a alguien, no me imagino en aquel momento que es ficción, sino que actúo. Si yo en aquel momento me digo que esto es ficción, pues esa persona se va a caer al abismo y yo no le voy a poder ayudar. Por otro lado, la ficción que forma parte de la realidad puede ayudar muchísimo.

**KOB** A Rosa la ficción le salvó la vida más de una vez. No sólo cuando se imaginó su propia vida como si fuera una película y empezó de inmediato a tener ganas de seguir viviéndola por puro interés de lo que iba a pasar, sino también, luego, cuando se compró una peluca y en el momento de tener ganas de hacerse un hara-kiri, cortó la peluca cometiendo así un suicidio ficticio . . .

**EVM** El humor y la ficción sirven para sobrevivir a la vida real. Sin humor y sin la ficción para mí sería desesperante.

**KOB** ¿Es a propósito la construcción del nombre de Rosa?

**EVM** Sí, porque esos dos cuadros estaban allí, el rosa y el negro. Entonces el traductor alemán que viajaba conmigo me indicó lo que significaba *schwarz* y de allí me salió Rosa Schwarzer – Rosa Negro – la vida en rosa y la vida vista en negro totalmente. Sí, esto está totalmente calculado.

**KOB** ¿En qué año escribiste este cuento?

**EVM** En el 85. Cuando salía del museo de Düsseldorf, en una postal de Paul Klee que me había comprado, hice un resumen de lo que sería el cuento. Y el día que se me ocurrió el cuento me saqué también la foto con el traductor que me dijo que 'ella vivía alarmada . . .', que creo que era un error suyo, porque no sabía mucho español.

Este cuento, a mí me ha dado una rabia de que haya gustado tanto . . .

**KOB** ¿Por qué?

**EVM** Porque ha sido el cuento más realista de los *Suicidios ejemplares*. Claro, el autor no puede hacer nada para influir las preferencias del público. Cuando vi que había salido en muchas antologías en el extranjero, que tenía una larguísima vida y que se sigue traduciendo – se ha traducido ahora al polaco, creo – siempre me da mucha rabia cuando me dicen que esta novela tuya o el cuento es el mejor . . . Y, sobre todo, que yo siempre he luchado mucho contra el realismo y este cuento es muy realista. Me ha dicho Cristina Fernández Cubas, que es una escritora muy buena: 'es increíble cómo tú conoces la vida de un ama de casa'. ¡No tengo ni idea!

**KOB** Entonces es que lo inventaste todo y de alguna manera extraña pareció realista. Es una de esas ficciones que como el cuento de Chéjov que mencionaste, parecen reales. Rosa parece dar una lección a todos los suicidas en potencia. Quizás por eso se aprecia tanto el cuento.

**EVM** He recibido muchas cartas de suicidas en potencia que me dijeron que no se habían suicidado gracias a leer el libro. Que se compraron el libro pensando que era un libro perfecto para ellos, se lo han llevado a su casa y empezaron a reír y se disolvió.

Cuando yo escribí aquel libro no tenía idea de lo que iba a pasar. Investigué mucho sobre el tema. En las conferencias que daba entonces avisaba de que luego no me preguntaran a mí si me quería suicidar porque ya les avisaba de que no, de que no tenía previsto en aquel momento suicidarme y que el tema me interesaba desde el punto de vista literario. Pero vi que interesaba muchísimo a la gente porque todo el mundo tenía a un suicida en la familia o entre amigos y se lo ha pensado todo el mundo. Yo lo que no sabía pensando en el libro era cuál sería mi reacción ante el tema, porque un libro ocupa mucho espacio y mucho tiempo y mi reacción fue que los cuentos se iban resolviendo siempre con salidas muy literarias.

**KOB** Otro cuento muy interesante de ese volumen es 'La muerte por saudade.'

**EVM** Este fue inspirado por la vida de Horacio Quiroga, un escritor latinoamericano. Yo leí su biografía, que era terrible porque se había suicidado toda su familia, su abuelo, su padre, su mujer, su hija, y entonces pensé en un personaje que perteneciese a una saga familiar de suicidas . . .

**KOB** El Horacio de tu cuento decidió romper con su destino suicida, y, sin embargo, el narrador mismo, que no tenía ninguna razón para ser infeliz, ni de sentirse condicionado por las costumbres de la familia, se sintió atraído por la idea de suicidarse. Cuando era chico, creía que sus ilusiones correspondían a algunos hechos secretos que iba a descubrir en algún momento de su vida, pero no fue así. Únicamente la mendiga loca del puerto parecía conocer aquellas verdades secretas, pero sólo las contaría a las mujeres. Entonces se sintió desilusionado. ¿Por qué era loca la que sabía la verdad? ¿Qué tiene la locura?

**EVM** Es el discurso roto, el discurso marginal, que hace lo que me gusta hacer a mí siempre, que es romper la normalidad de un discurso pesado, aburrido, paternal. Lo mismo que le pasó a Cervantes con el Licenciado Vidriera, que tuvo que decir que estaba loco, igual que el Quijote, para que pudiera contar las cosas que quería contar. Y todavía esto persiste, porque para que un personaje pueda decir cosas muy interesantes tiene que estar borracho o loco. Entonces se rompe la normalidad y afloran las cosas del fondo.

Y mi posición respecto a la locura es que me horroriza, me espanta. Una cosa es que, cuando escriba, me encante la locura y poder decir lo que quiera, ya que la locura agudiza el sentido. A la hora de escribir me permito la libertad total de pensamiento y entonces surgen locos fascinantes.

**KOB** Algo que este cuento quizás tenga en común con *Extraña forma de vida* es que el protagonista nunca pone su ilusión a prueba. Espera que la muerte le permita conocer la plenitud absoluta que no encuentra en vida, pero no se suicida. En la novela el narrador siente pasión por una mujer pero decide no seguirla.

**EVM** En *Extraña forma de vida* hay dos mujeres, mujer y amante, que son hermanas, pero en realidad es el mismo personaje, es una sola mujer, la amante y la mujer, y, por eso, son hermanas: la conservadora y la revolucionaria, la infiel y la fiel, la puta y la madre. Es una mirada que permite ver dos en una.

**KOB** ¿Cuál es el secreto que la loca cuenta a las mujeres al oído en 'La muerte por saudade'? La respuesta no aparece en el cuento, ¿por lo tanto no existe?

**EVM** Eso es como la caja secreta en el burdel de la película de Buñuel, *Belle de Jour*. Hay un chino que tiene una caja y las chicas especulan qué es lo que tiene en ella. Y un día le preguntaron a Buñuel '¿qué había en la caja?'. Dijo que había algo que cada persona imaginaba.

**KOB** Al final quiero hablar un momento sobre la rebelión. Varios de tus protagonistas se rebelan aunque saben que van a fracasar. ¿Tiene valor la rebelión aunque lleve inevitablemente al fracaso?

**EVM** Sí, para mí siempre lo ha tenido porque me he rebelado y me rebelo continuamente.

**KOB** ¿En nombre de qué?

**EVM** Pues yo políticamente soy situacionista. Los situacionistas eran los radicales del Mayo Francés, por ejemplo, los que vienen de los cátaros y los punks. Son los movimientos radicales, decididos, que han puesto la sociedad en entredicho totalmente. Son movimientos efímeros, que aparecen y desaparecen según las situaciones. Vuelven siempre como una rebelión radical contra la sociedad.

**KOB** Los personajes de *Suicidios ejemplares* se rebelan contra la vida misma. ¿Por qué?

**EVM** Porque son personajes que tienen mucha tendencia a lo literario. Ahora permíteme que me ría de ellos.

**KOB** ¿Te interesa el fracaso y los fracasados como un motivo literario?

**EVM** Aquí te puedo contestar con una frase que dijo un amigo mío cuando perdió un premio que gané yo precisamente: 'Pues yo escribo sobre los perdedores, pero no me gusta perder.' Y además concierne a toda la humanidad, que no hay nadie que escape a perder. De hecho, siempre todo acaba mal, nada acaba bien.

**KOB** Entonces, ¿qué es lo que importa?

**EVM** Mantener la curiosidad por las cosas, ver y saber y conocer.

**KOB** ¿Cómo es un lector ideal de tu obra?

**EVM** No lo conozco. Se hacen muchas bromas porque siempre me dicen, por las cartas que recibo, por la gente que se une a lo que hago y me sigue, siempre se suele decir que es gente rara, estrambótica y que yo llamo la atención precisamente de locos, de personas que tienen necesidad de un mundo aparte, diferente. Posiblemente me lo he buscado yo mismo. Para mí, el lector ideal tengo que ser yo, el autor. Me tiene que gustar el libro.

**KOB** Me contestas mucho con las citas.

**EVM** Siempre hay cosas que ya las ha dicho alguien antes y las podía hacer pasar por mías, pero digo dónde han salido antes.

**KOB** Además de Borges, Kafka y Pessoa, ¿a quién lees en el extranjero? Mencionaste a Nabokov muchas veces.

**EVM** Sí, Nabokov, Gombrovich, Shultz, la obsesión con el subsuelo que tiene el padre viene de él y Dostoyevski. Dostoyevski dijo que si Dios no existe, todo está permitido, y ese terror que tiene Dostoyevski es el mismo terror que tengo yo al desorden.

**KOB** ¿A quienes de tus colegas españoles lees y aprecias más?

**EVM** Pues, como hay muchos, voy a nombrar a uno sólo porque no está muy valorado aún, lo que es absurdo, que es Justo Navarro.

**KOB** ¿Me puedes recomendar un libro suyo?

**EVM** Sí, *La casa del padre.*

**KOB** En tu carrera literaria, ¿has aprendido algo sobre la vida misma?

**EVM** Sobre el paso del tiempo que se ve en la historia de mi vida y en la cara de los demás. Mi moral no es cristiana, mi moral es totalmente pagana, pero sí me guío por unas reglas morales personales. Mi moral se basa en el principio de hacer felices a los demás, mi moral es profundamente ética, pero, claro, la palabra ética está profundamente desprestigiada . . . Yo tengo una formación cristiana, pero nunca me he identificado para nada con el cristianismo. Y de hecho, pues, mis personajes pueden ser amorales, mis lecturas de libros pueden ser amorales, pueden estar perfectamente a favor del personaje más amoral. Carezco, digamos, de moral, pero al mismo tiempo tengo un orden mental y de actitud ética ante las cosas. Yo me guío por principios básicos que no son cristianos, respetar a los demás, no hacer daño gratuito. Estoy en contra de la maldad y a favor de la inteligencia.

**KOB** ¿Te gusta el paso del tiempo?

**EVM** Son los únicos temas importantes que hay en la literatura: el amor, la muerte y el paso del tiempo.

Quim Monzó

# Quim Monzó: Lo veo todo bastante negro

Lo llaman 'cronista de la neurosis colectiva', 'renovador de la literatura catalana', 'el genio catalán', 'un genio del género breve', 'un *drôle garçon*'. Alaban su lucidez, admiran su ironía, su mirada mordaz y su sentido del humor, lo quieren mucho y lo saludan por la calle con una sonrisa. Es Quim Monzó un artista versátil, multifacético, no sólo original sino *sui generis* y simultáneamente muy propio del paisaje intelectual y estético del mundo catalán. Aunque ha publicado tres novelas, lo que más ha cultivado es el cuento minimalista, absurdo, irónico, grotesco, mordaz, pero que se queda en la memoria del lector por esas notas líricas y amargas que, en nuestra entrevista, el autor niega tan rotundamente.

Nació en 1952 en Barcelona, donde ha vivido y trabajado hasta hoy y donde ha regresado siempre después de sus múltiples viajes por el mundo, varias veces por el mundo en guerra. A principios de los años setenta publicó en Tele/eXprés reportajes de guerra de Vietnam, Camboya, Irlanda del Norte y África del Índico. Desde hace varios años es, quizás, el columnista más leído del diario barcelonés *La Vanguardia*, desde donde influye a la opinión pública de Cataluña. 'Es como dijo Quim Monzó . . .' – comentan mis amigos cuando voy a Barcelona explicándome las sutilezas de la situación actual. Su mirada es lúcida y desmitificadora, su lengua mordaz y sus ideas progresistas y sensatas.

Por su escritura ha ganado el Premio Nacional de Literatura, el Ciutat de Barcelona de narrativa, el de novela Prudenci Bertrana, el de novela El Temps, el Lletra d'Or al mejor libro del año y, en cuatro ocasiones, el Premio de la Crítica que otorga Serra d'Or. Pero Quim Monzó no es únicamente escritor y periodista, sino también traductor, guionista de cine, radio y televisión, autor de letras de canciones, diseñador gráfico y dibujante de tiras cómicas. Ha traducido a Truman Capote, J. D. Salinger, Ray Bradbury, Thomas Hardy, Harvey Fierstein, Ernest Hemingway, John Barth, Roald Dahl, Mary Shelley, Javier Tomeo, Arthur Miller, Eric Bogossian y otros. Ha escrito, con Cuca Canals, los diálogos de *Jamón, jamón* de Bigas Luna y también de *El tango de Don Joan*, con Jérôme Savary.

Un protagonista típico de Monzó puede ser cualquiera de nosotros. En 'La euforia de los troyanos', un cuento emblemático en este sentido, el personaje se caracteriza como un hombre que 'durante la infancia había tenido cierta fe religiosa' (68) pero se ha interesado tanto por las matemáticas como por la religión . . . y 'además de ciertos problemas de inadaptación de joven tuvo una cazadora de piel que todavía recuerda' (69). 'Como todos', añade en su mente el lector. Gracias al uso de este protagonista universal, los cuentos de Monzó adquieren el status de testimonio de las rutinas de la sociedad actual. Este protagonista, desprovisto de individualidad, se identifica únicamente por la situación en la que lo encontramos, por el problema que pretende resolver, por el deseo que lo empuja hacia adelante y por los obstáculos que encuentra en su camino.

El deseo en la narrativa de Monzó inevitablemente queda frustrado, sea por una postergación *ad infinito* o por la satisfacción misma que destruye el deseo, o bien, al sujeto deseante. En 'Historia de un amor', una pareja de amantes se reúne en la mansión de una tía ausente para poder quererse sin que nadie les moleste. Mientras sus caricias se vuelven cada vez más intensas y apasionadas, llaman a la puerta repetidas veces: el cochero viene a devolver el sombrero de la señora olvidado en su vehículo, el vendedor de seguros les ofrece una ganga, una cuadrilla de albañiles viene a reclamar su pago, de manera que el coito no termina nunca, aunque, como descubrimos al final del cuento, pasan los años y los dos se están haciendo viejos. En 'Sobre la futilidad de los deseos humanos', un náufrago solitario en una isla desierta espera su rescate durante años. Cuando finalmente llega el tan deseado barco, resulta que sus pasajeros escapan de la civilización y no piensan abandonar la isla nunca. El barco ha llegado, pero va a quedarse en la playa de la isla para siempre. En 'En punto', las mujeres nunca acuden a las citas y aparecen momentáneamente tan sólo para citarse nuevamente con el narrador, que se pasa la vida esperándolas. En 'La inestabilidad', el señor Trujillo, al cabo de varios años de buena suerte, que le equiparon con dinero, lujo, aventuras eróticas y una familia perfecta, al quedarse sólo en su coche se sienta a llorar y no lo consigue. Su frustración parece menos sorprendente al considerar que toda aquella opulencia le había llegado sin que él la hubiera deseado alguna vez. El único deseo suyo que llegamos a conocer era poder escuchar la radio conduciendo su coche sin que se la robaran cada vez que lo dejaba aparcado. En 'El afán de superación', Dorotea, mediante una serie de operaciones de cirugía plástica, logra convertirse en una mujer perfecta y volver a despertar el deseo de su marido, pero no puede disfrutarlo porque ha cambiado tanto que ya no es ella misma. En 'El amor', el futbolista deja de desear a la archivera una vez que ella empieza a quererle a él. El único deseo absurdamente satisfecho en *El porqué de las cosas* es el deseo del bebedor, el hombre sin entrañas de 'El juramento hipocrático', que gracias al estallido del hígado puede emborracharse continuamente sin sufrir nunca resaca.

Con más fuerza destructiva que nunca aparece el deseo en *La magnitud de la tragedia*, donde un hombre, humillado por sus episodios de impotencia, de repente consigue una erección permanente, que le proporciona una satisfacción sexual continua pero que, al mismo tiempo, le lleva a la muerte. Esta muerte no aparece, sin embargo, como el misterioso sublime que colma el deseo, sino como un hecho fisiológico horrendo, precedido por miedo, dolor y orinas de sangre. De ahí la ironía del título, tan característica de Monzó. No hay ni tragedia ni magnitud. En lugar del misterio y el *pathos* nos encontramos con el cuerpo y todas las sensaciones que experimentamos son las que el cuerpo nos pueda proporcionar según sus capacidades. El deseo, siendo precisamente una de esas sensaciones, es una fuerza incontrolable que condena al ser humano a la continua ansiedad, miseria e insatisfacción y que lo destruye sin proporcionar trascendencia alguna.

Una de las causas de este estado de las cosas es que el deseo carece de objeto. Aunque originalmente provocada por una mujer concreta, la erección permanente nos hace pensar sobre ese falo simbólico que en el discurso feminista es la señal de la masculinidad incorregible y también sobre el esquema lacaniano en el que el deseo funciona como metonimia, condenando a su portador a trasladarse de un objeto ilusorio a otro sin poder satisfacerse con ninguno. En 'La micología', un cuento breve de *El porqué de las cosas*, el protagonista, cogiendo setas en un bosque, encuentra a un gnomo que ofrece concederle un deseo. Al hombre se le ocurre una serie de posibilidades – dinero, mujeres, coches, casas –, que rechaza una tras otra por lo decepcionante que resultan por posibles y cercanas. Cuando el gnomo, impacientado, se niega a esperar más, el protagonista dice: 'Quiero otro gnomo como tú' (109). Así tendrá cinco minutos más para desear, que es lo único que parece importarle. Sabe, sin embargo, que, aunque el proceso pueda repetirse hasta el infinito, no se liberará nunca de la angustia y la indecisión.

Posiblemente, si el deseo carece de objeto fijo, a la vida humana le falta propósito y, por lo tanto, no tiene sentido sino que se ilusiona con tenerlo. Los cuentos de *El porqué de las cosas* pueden contemplarse como una serie de ensayos sobre lo absurdo de esta ilusión. 'La euforia de los troyanos', el cuento sobre el hombre como todos, es una narración grotesca que se burla de la ingenuidad del optimismo humano y que, al hacerlo, subvierte el sentido de la parábola bíblica de Job. Un padre de familia ideal, con dos hijos, con su trabajo, su piso, su coche y su perro, sano y vigoroso, poco a poco, lo pierde todo y en los últimos párrafos del cuento muere como mendigo, manco y abandonado por su familia. Su historia es de una no merecida y progresiva degradación de la existencia, causada por accidentes y por las imperfecciones del sistema político del mundo en que le toca vivir, como también por las imperfecciones de su propio carácter tan humano, irremediablemente optimista, ingenuo y bueno. El absurdo surge del contraste entre esta disposición exageradamente positiva del protagonista y su malísima suerte que, al contrario de la de Job, no mejora nunca. La fe, el optimismo y el entusiasmo, en el contexto de la vida del hombre contada por Monzó, tienen que contemplarse como una idiotez.

Con el mismo espíritu de contradicción con el que desafía la moraleja bíblica que surge de la vida de Job en *El porqué de las cosas*, Monzó propone en *Guadalajara* nuevas lecturas de los cuentos de hadas, de los mitos antiguos y contemporáneos. Deconstruye los actos heroicos celebrados, planteando preguntas subversivas como, por ejemplo: ¿Cuánto tiempo podían haber aguantado decenas de guerrilleros griegos dentro del caballo de madera sin comer, sin beber y defecando encima de sí? ¿Cómo debía de haberse sentido el hijo de Guillermo Tell al darse cuenta de la facilidad con la que su padre arriesgó su vida para salvar la propia? ¿Cómo trataría el pobre Gregor de Kafka a su familia si todo fuera al revés, si él fuera humano y ellos cucarachas? Como destaca Montserrat Lunati, Monzó reescribe los mitos creando 'textos desobedientes . . . y construye un discurso de resistencia al encubrimiento', que muestra las marcas sociales y políticas en el inconsciente de las viejas y de las nuevas historias. Así revierte nuestros modos de pensar habituales enseñándonos una sobriedad con la que dudar de nuestra realidad y de nuestras ficciones. Entre ellas Monzó parece dudar también de su propia ficción progresista, que se opone a las viejas ficciones de las tradiciones y de los mitos. En 'Vida familiar', cuenta la historia de la alienación del individuo y de la descomposición de la familia que resulta de la supresión de las costumbres bárbaras y atroces que cimentaban las relaciones entre sus miembros. Una vez que en la familia del narrador se abandona el rito de iniciación, que consiste en cortar el dedo anular de la mano izquierda, la familia deja de reunirse, de tratarse y, por lo tanto, deja de existir. El protagonista, que deseaba tanto que se aboliera esta costumbre, al final queda desilusionado, solo y aboga por su restitución.

La visión tragicómica y absurda del deseo y de la existencia humana, la actitud desmitificadora y subversiva hacia las ficciones que nos hacen vivir, como también hacia los modelos narrativos que los encierran, son las características que aparecen progresivamente en los libros de Monzó y todas coinciden en el último volumen de sus cuentos. Su título, *El mejor de los mundos*, burlándose de la fe de Descartes y alimentándose de las enseñanzas negativas de la filosofía de *Candide*, una vez más se mofa del optimismo humano y las narraciones de esta colección muestran su ceguedad e incompatibilidad con la experiencia. En estos cuentos domina el tema de la muerte, que se contempla como el accidente más absurdo pues ocurre sin causa ni propósito racionalmente justificable. En 'El niño que se tenía que morir', un posible propósito de la muerte de un niño enfermo y rico podría haber sido que sus juguetes fueran heredados por un niño pobre y sano, el narrador, su habitual compañero de juego. Pero, incluso, esta poco convincente justificación del desastre resulta imposible debido al descuido de los padres, tan desesperados por la pérdida del hijo que se olvidan de dar este sentido a su muerte; se olvidan de regalar los juguetes al narrador, al niño pobre que lo espera tanto. En 'Cuando la mujer abre la puerta' como en 'La euforia de los troyanos' un hombre muere en el intento de salvar a una mujer suicida y, otra vez, esta actitud tan admirable resulta tan insensata como desprovista de sentido. Con la muerte del protagonista su acto y su sacrificio pierden toda importancia. La mujer se olvida tanto de su momentáneo deseo por él como también de su propia ansia de morir y, llamando al que provocó que quisiera suicidarse, sin pensar en que acaba de causar la muerte de su salvador, le dice al otro: '¡Oh, Quique, he estado a punto de hacer un disparate!' (206).

La presencia de personajes de mujeres insensibles, crueles, manipuladoras y volubles en la narrativa de Monzó hizo que se le acusara de una actitud misógina. Esta interpretación de su obra parece, sin embargo, un tanto simplista ya que no toma en cuenta que en los mismos textos en que se retratan de un modo tan negativo las mujeres, se lleva a cabo simultáneamente una profunda crítica de los modelos de masculinidad y del discurso machista, responsable de los mecanismos que gobiernan las relaciones entre ambos sexos. Según explica Lunati, el amor es imposible y el deseo no se satisface nunca porque las tramas de las historias de amor son proyecciones de las fantasías masculinas. Por eso mismo, sin embargo, según muestran los cuentos de Monzó, es el hombre, y no la mujer, el que está condenado a fracasar. La mujer, desde su posición marginada de víctima, se escapa más fácilmente del molde en el que el hombre se queda enclaustrado. Lunati afirma que 'aquellas mujeres (de Quim Monzó) son seres ficticios que, a pesar de la carga hostil de la tradición que arrastran, se reinventan'. Sugiere que incluso las protagonistas que repiten la tradición de sumisión y masoquismo con esa repetición la desafían, como, por ejemplo, la protagonista del cuento 'La sumisión' de *El porqué de las cosas*, que fantasea con un hombre que le pegue.

El contraste entre humor y dolor, del que se sirve Monzó para expresar lo absurdo de los momentos críticos de la vida humana, adquiere más fuerza en las escenas de extrema crueldad y violencia. De ahí que el narrador de Monzó parezca sentir propensión por lo morboso. *El mejor de los mundos* concluye con el cuento 'Accidente', en el que durante diez páginas se describe la masacre del conductor de coche que por accidente atropella a una mujer:

> Un hombre salta sobre mi pecho, una y otra vez, y oigo cómo, una por una, las costillas que habían ido astillándose ahora se fracturan ya del todo – croc, croc – y temo que, si sigue así me chafe los pulmones . . . efectivamente, los pulmones se pliegan como la mancha de un acordeón y quedo inmóvil y de lado, escupiendo sangre por la boca . . . Uno se entretiene jugando con el ojo que me cuelga y temo que, con tanto jugar, empiece a tirar de él y se rompa la vena o tubito que aún mantiene el globo ocular en conexión con la cavidad y con un cierto poder de visión que me sorprende porque, cuando lo giran hacia mí, yo mismo me veo el otro ojo, la nariz, la boca, los pocos dientes que aún me quedan en la boca . . .. (233)

El humor negro que contiene este párrafo, como el del teatro de la crueldad, ciertas tiras cómicas o algunas películas de Charlie Chaplin, suple una distancia y, por lo tanto, la fuerza necesaria para hablar de lo doloroso sin recurrir al melodrama. Aunque lo grotesco y lo melodramático a menudo tratan de las mismas miserias humanas, son, quizás, los modos opuestos de acercarse a lo trágico; son los polos opuestos del realismo. Aunque las tramas de varias de las historias contadas por Monzó podrían verse como esencialmente melodramáticas, gracias al humor, al morbo y a la sequedad de estilo, que contribuyen al efecto de indiferencia narrativa, en la narrativa de Monzó no hay nada de melodramático, de sentimental o lagrimoso.

Quim Monzó mira a un entusiasta y ve su fracaso, observa gestos de una pareja feliz y adivina cómo terminará su idilio, divisa un gesto contradictorio de un transeúnte e imagina sus últimas consecuencias. Su lucidez consiste en que predice lo peor, escoge la interpretación más banal, dando a los 'grandes' conflictos humanos soluciones minimalistas. A excepción del caso del bebedor afortunado de *El porqué de las cosas*, en estas soluciones, con las que se cierran los cuentos, faltan milagros satisfactorios – y se prueba que los que los viejos cuentos de hadas consideraron como tales, no lo son –, faltan triunfos de la voluntad humana sobre el medio, finales sorprendentemente felices e, incluso, falta la trascendencia que la literatura suele conceder a los grandes fracasos, porque los fracasos en los cuentos de Monzó han de mirarse con la misma indiferencia con la que miran las cámaras. Se trata de un ojo aparentemente objetivo y, al mismo tiempo, analítico, desprovisto del prejuicio de la costumbre y libre de la ceguera de la rutina, un ojo fresco, como si las cosas fueran contempladas por primera vez y como si bajo su mirada tuvieran que descartarse todas las ideas preconcebidas. A pesar de la aparente indiferencia del narrador, sin embargo, la tristeza surge de la lectura, de la misma manera que de la serie de fotogramas de Warhol en los que se multiplica la escena de un accidente de coche, o la visión de una silla eléctrica. Quizás sea lo que tiene en mente el periodista de *Le Monde* cuando encuentra en la narrativa de Monzó 'la punta acerada de dolor que perfora la máscara de sus bromas más centellantes' (*Ochenta y seis cuentos*, portada).

# Entrevista

*(Barcelona, junio 2000)*

**KOB** ¿Cuál es tu concepto de escritura? ¿Como escritor te consideras una víctima de inspiración, un conductor de fantasmas o, más bien, un artesano?

**QM** Lo de conductor de fantasmas, seguro. Serían fantasmas míos o colectivos, terroríficos o simpáticos. Como artesano, también, porque, si no tuviera ganas de trabajar cada día ocho o diez horas, no acabaría ningún cuento. Los fantasmas sin artesanía no funcionan. Lo de inspiración es lo único que no creo.

**KOB** ¿Qué tipo de fantasmas pasan por ti?

**QM** No acostumbro a mirar atrás, ni a ver qué he escrito y qué no he escrito. Pero, si miro un poco, me veo tan distante de los fantasmas y de los intereses que dictaban lo que escribía en otras épocas como si fuese otra persona la que hubiese escrito aquello, porque voy cambiando. No digo que voy 'madurando', porque me suena feo, pero sé que cada tantos años me convierto en otra persona y, aunque lo que escribo tiene que ver mucho con lo que escribía antes, ya no es lo mismo. Esos fantasmas están relacionados con el 'yo' de cada momento, que es diferente del 'yo' de cinco años más tarde. A veces me pasa algo que tiene mucho que ver con lo que dicen los psicólogos de los sueños: en los cuentos y en las novelas que escribo encuentro premoniciones de lo que va a ser mi vida en el futuro. Lo he pensado mucho y creo poder explicarlo. Cuando duermes, cede la represión y el control de los sentimientos y, en consecuencia, prevés cosas según lo que detectas en la vida. Cuando estás despierto, la represión limita tu conciencia y no consigues elaborar todo lo que percibes. En cambio, en los sueños sí, porque eres libre. A la hora de escribir, como en los sueños, a veces capto esas sensaciones del ambiente que me hacen prever qué va a ser de mi vida dentro de unos años. En un cuento mío aparece un escritor que ve todo su futuro a partir de lo que ha escrito. En cierto sentido es autobiográfico.

**KOB** ¿Eso quiere decir que cuando empiezas a escribir todavía no sabes cómo va a terminar?

**QM** No, nunca, porque, si lo supiese, supongo que me aburriría y ya no lo escribiría. Eso tiene que ver con que escribo muchas cosas que al final no tienen sentido y van a la papelera; escribo más de lo que publico.

**KOB** Entonces, ¿escribes para saber cómo va a terminar? ¿Buscas la salida perfecta?

**QM** ¿Salida perfecta? Sí. Lo de escribir es como un juego. Tienes unas cartas y juegas según la mano, según la jugada que te puedas dar. No prevés qué va a salir y, si sale mal, lo tiras y empiezas de nuevo.

**KOB** Lo que dices me hace pensar que al escribir tomas más de la vida que de la literatura. ¿Es así?

**QM** Yo diría que sí, pero es curioso que, si paso una época larga sin leer nada, me cuesta mucho escribir. Supongo que eso tiene que ser bastante común en los escritores. Cuando lees a un escritor que te gusta o cuando ves una película estupenda, te da gasolina, te da energía para escribir algo nuevo. Lo que tú escribes puede no tener nada que ver con lo que leíste, pero la lectura te ha dado una fuerza para escribir. Y, si pasas mucho tiempo sin leer nada que te interese, pierdes ganas de escribir. Así tiendes a alimentarte de la literatura, aunque lo que escribas sea de la calle, de la vida real.

**KOB** Y para este libro que estás escribiendo ahora, ¿qué te dio la gasolina?

**QM** Nada en concreto. En España ahora, en los últimos diez o quince años, se escribe muchas cosas y se publica muchísimo, pero me aburro de la mayoría de lo que leo. Uno va a la librería y las estanterías están llenas de miles de libros que los editores ni siquiera han filtrado. Antiguamente los editores tenían la función de filtrar los libros que traían los autores y decidir cuáles valía la pena publicar y cuáles no. Esa función ha desaparecido y los editores aceptan casi todo. El resultado es que llegas a la librería y la mayoría de los libros que hay no tiene ningún sentido.

**KOB** ¿Por qué ahora los editores deciden publicar casi todo?

**QM** Supongo que tienen miedo de equivocarse. Lo de publicar los libros ya es negocio. La calidad de los libros a los editores les importa un pito. Lo que les importa es encontrar el libro que se va a vender mucho. Como no lo pueden saber, como se trata de una flauta que suena cuando suena, y como queda aquel trauma del editor al que le trajeron *Cien años de soledad* de Gabriel García Márquez, no lo quiso publicar y después se comía las manos de rabia, para evitar que les pase eso publican casi todo. Se publica tanto que pierdes ganas de leer.

**KOB** Entonces, ¿la influencia de las leyes del mercado en la literatura te parece negativa?

**QM** Es que las leyes del mercado no influyen en la literatura, sino en los libros. Los libros son un negocio y no todos son literatura: hay libros de jardinería, de autoayuda, que son completamente otra cosa. Hay una literatura que pretende ser sofisticada y hay otra que es para el consumo, para aquellas personas que habitualmente no leen y lo único que desean es poseer un libro para tenerlo en la mesita delante del sofá y no leerlo nunca. En cambio, la literatura de verdad va por un camino propio y las leyes del mercado influyen poco en ella.

**KOB** Pero si, como dices, se publican tantos libros y todo lo que coges te aburre, ¿significa eso que no hay cosas interesantes?

**QM** Hay cosas interesantes pero son muy pocas, es como un uno por ciento de lo que se publica. Como se publica más que nunca, el porcentaje de cosas interesantes es menor. Yo entiendo por 'una cosa interesante' una obra que me gusta. Tengo un gusto muy especial. Sería una cosa pequeña, discreta, porque el género corto me gusta mucho. Me gustan algunas novelas, pero generalmente disfruto más con cuentos o con novelas cortas que con novelazas. Después de muchos años de leer, tengo ideas muy claras de lo que me gusta.

**KOB** Entonces, dentro de lo que hay, ¿qué te parece interesante en la literatura española?

**QM** ¿Española?

**KOB** ¿Prefieres hablar en general?

**QM** Sí, porque estoy pensando que el concepto de la literatura nacional está cada vez más obsoleto. Antes cada generación tenía un mundo cerrado, unas fronteras que eran muros, por lo que todo el mundo se alimentaba de la propia tradición. A partir de los años veinte, treinta de nuestro siglo, todas las literaturas empiezan a mezclarse y todo el mundo ve películas de otros países, escucha música extranjera, de manera que ya en los años sesenta todo el mundo bebe de todo. Así que ya no tiene sentido hablar de las literaturas nacionales, sino de escritores con los que sintonizas, y muchas veces ellos son de otro país. Yo me crié leyendo mucho a ciertos sudamericanos: Julio Cortázar, Bioy Casares y un poco menos a Jorge Luis Borges. Me gustaba Felisberto Hernández y también García Márquez y, aunque está pasado de moda, insisto que sus cuentos son preciosos. Me encantaban Monterroso y Arreola, esos cuentistas de cosa pequeñita. También leí a Cabrera Infante, aunque no escribe cuentos. Entre mis preferidos está también Donald Barthelme, un autor postmoderno, cuyos primeros libros estaban llenos de pastiche y de lo surreal, pero en los últimos vuelve la historia coherente y bien narrada, que son los que me gustan más. Tiene un libro de cuentos que se llama *Amateurs*, que es una maravilla. Me encantan Raymond Carver y Stephen Baxter. Me gustan varios italianos, como Giorgio Manganelli o Italo Calvino. De los franceses me fascinan Arrabal y Topor. Creo que Kafka tuvo unas ideas geniales.

**KOB** ¿Leías a los existencialistas?

**QM** Cuando tenía catorce años caía en leer a Sartre y a Camus, que me encantaban. Es un tipo de literatura que estaba muy mal vista en los años setenta y ochenta. En los años ochenta, sobre todo, hablar bien de Sartre estaba muy mal. Cayó en desgracia entre los progresistas.

**KOB** ¿Crees que te influye de alguna manera el cine americano?

**QM** Como a todo el mundo. El cine americano ha influido a los escritores de mi mundo durante los últimos sesenta u ochenta años. Todos hemos hecho un poco de cine, hemos aprendido a narrar según el cine, empezando con Aldous Huxley, que como primero siguió en sus novelas la estructura cinematográfica. Últimamente la influencia del cine quizás se note más, americano o no americano, pero la de la televisión, donde todo es más rápido, es incluso mayor. Si ves mucho la televisión, luego, cuando vas al cine, las películas allí te parecen lentas. El cine mismo va más rápido desde que existe la televisión. La televisión ha hecho que los cineastas filmen más rápido y eso también influye en la narrativa. Nos hemos acostumbrado a ver *spots* de veinte segundos que explican unas historias dificilísimas. ¿Cómo puedes ahora empezar a narrar cómo la marquesa subía las escaleras y estar cincuenta páginas con las escaleras? Esta juventud que ha crecido viendo MTV no podrá leer más que cosas muy rápidas, si lee aún.

**KOB** ¿Esto te parece negativo?

**QM** No, es así y ya está. Es negativo porque se ha perdido cierta riqueza. Bueno, habrá otro tipo de riqueza. Pierdes una, pero ganas otra.

**KOB** Estuve comparando varios cuentos tuyos que explican los mecanismos del amor. El primero, 'Historia de un amor', que fue escrito en los años setenta, tiene ciertas notas románticas. En cambio, 'Pigmalión' o 'El amor' de *El porqué de las cosas*, publicados al principio de los años noventa, son muy secos y bastante sarcásticos. ¿Cómo explicarías este cambio de tono tan dramático?

**QM** Yo diría que es la edad. Cuando escribí 'Historia de un amor', tendría veintidós o veintitrés años y, cuando escribí los cuentos de *El porqué de las cosas*, debía de tener cuarenta o cuarenta y dos. Son veinte años de diferencia, me he hecho mayor y miro las cosas del amor de otra manera. La piel se ha vuelto más dura y hay más cicatrices.

**KOB** ¿Crees que tu estilo de narración se va simplificando con el tiempo?

**QM** Sí, seguro. Cuando miro mis cuentos de la primera época los encuentro muy dulces, psicodélicos. Me recreaba mucho en los adjetivos, en la descripción de colores, de sensaciones y ahora son más cortantes, más secos. Eso refleja un cambio de carácter. Yo era de aquella manera y ahora soy más como ahora escribo.

**KOB** En *La magnitud de la tragedia*, el narrador dice: 'le pareció que la expresión era harto acertada porque era harto fría'. ¿Esta frase capta bien la dirección del desarrollo de tu estilo?

**QM** Sí. Ahora que tú lo has leído me ha hecho gracia, pero es así. Es acertada porque es fría. Varios escritores en los años veinte explicaban que la gracia del estilo consistía en colocar después de un sustantivo un adjetivo que chocase, no un adjetivo lógico sino uno que chisporrotease. Cuando eres joven esto te fascina. Muchos escritores jóvenes se emborrachan con los adjetivos. Sin embargo, llega un momento cuando te preguntas qué necesidad hay. Es mucho más duro y más cruel cuando tú dices 'había una mesa' que cuando dices 'había una mesa tornasolada'. El adjetivo 'tornasolada' describe más, pero igual quitas fuerza a la imagen, porque el que sea tornasolada no tiene nada que ver con lo que estás contando. Por lo tanto, di que había una mesa y no digas nada más. La brevedad y la sequedad es más fuerte que el exceso de detallismo.

**KOB** Pero no se trata solamente de las mesas. Se trata de emociones humanas, de procesos psíquicos . . .

**QM** De emociones humanas y procesos psíquicos pocas veces he hablado, ni siquiera en los primeros cuentos.

**KOB** En *El porqué de las cosas* explicas los mecanismos psíquicos.

**QM** ¿Explico los mecanismos o explico las situaciones?

**KOB** Cuentas las situaciones pero de tal manera que emergen diferentes mecanismos del comportamiento.

**QM** ¿Explico porqué? Yo diría que no.

**KOB** Lo sugieres. Explicas, por ejemplo, que el futbolista deja de estar enamorado de la archivista cuando ella finalmente se enamora de él y en la mente del lector ese 'cuándo' se convierte automáticamente en 'porqué'.

**QM** Vale.

**KOB** La visión de las relaciones humanas que surge de aquellos cuentos es bastante pesimista.

**QM** Yo soy bastante pesimista. Estamos aquí y debemos divertirnos, pero en general lo veo todo bastante negro.

**KOB** ¿Por qué?

**QM** No porque el mundo ahora sea peor que antes. Siempre ha sido igual. La injusticia siempre ha sido la base de todas las relaciones. Soy pesimista. El porqué no lo sé y no pienso investigarlo. Si lo investigase a lo mejor acabaría por no escribir. Claro, creo que, aunque todo esté fatal, debemos disfrutarlo al máximo.

**KOB** En *El porqué de las cosas* parece que los protagonistas no tienen control sobre sus vidas. Más bien son como títeres llevados por corrientes de diferentes influencias. ¿Es así como lo ves?

**QM** Sí. Si hablaras con una persona que te dijese que controla su vida y hace lo que quiere, creerías lo contrario. Yo también creo que la controlo, pero, a pesar de controlarla, mi vida va de aquí para allá por circunstancias que están fuera de mí.

**KOB** En el cuento 'La fuerza de la voluntad' el protagonista pretende en vano enseñarle a una piedra a hablar, pero, cuando al final la tira al aire, al caer la piedra dice 'pa'. ¿De veras dice 'pa' o es una ilusión?

**QM** Dice 'pa', pero no lo dice con una boca sino que suena 'pa' al chocar contra el suelo, pero el protagonista ya no se da cuenta.

**KOB** Entonces, con la fuerza de la voluntad y con persistir lo suficientemente, ¿puedes enseñar a las piedras a hablar o no?

**QM** No. Nunca harás hablar a las piedras.

**KOB** Este hartazgo de los mecanismos de la vida que abrevian el placer y llevan siempre a la desilusión que se siente tanto en *El porqué de las cosas* expresan otros varios libros publicados en los años ochenta en España. Parece que hay una tendencia a retratar la realidad de esta manera. ¿Por qué?

**QM** Seguro que hay algunos escritores españoles que llegan a ese estadio, pero, si miras la italiana, la francesa u otras, llegan a lo mismo. Puede que eso ocurra en todas partes del mundo acelerado. En el siglo pasado la literatura tenía un papel muy claro, muy chulo y muy preponderante, pero ahora, ¿qué es? No es nada si se compara con el rol de la televisión y ahora con el de Internet. La literatura es un arte residual, marginado completamente, es como hacer punto.

**KOB** ¿Te parece que la televisión condiciona nuestras vidas, como en tu cuento 'La inestabilidad'?

**QM** Claro, pero los condicionamientos no son lo nuevo de nuestros tiempos. En otra época en vez de viajar en coche y ver la televisión, el hombre viajaría en una diligencia e iría a París a ver a los duques de Pitipín. También estaría condicionado por las costumbres de su época. No ha cambiado tanto en ese aspecto.

**KOB** Pero el que los condicionamientos sean diferentes importa mucho. Aquí en España antes del 75, cuando los condicionamientos eran diferentes, todo era distinto y también la literatura, ¿no?

**QM** Es que antes del 75 estaba Franco. Claro, es normal que salga gente nueva a la que lo dicho veinte años atrás ya no les interesa, les suena a agua pasada. Esto tiene que ver también con la manera de ser y estar de las generaciones jóvenes ante la vida, que es un poco apática, desinteresada del mundo.

**KOB** ¿Crees que esto se debe al bienestar?

**QM** Al bienestar, a los procesos tecnológicos . . . Todo el mundo tiene más cosas de las que había tenido ninguna generación previa. Llevamos muchísimas décadas sin guerra. En los tiempos modernos no había habido periodo tan largo sin guerra. Ha habido algunas locales, pero no ha habido ninguna guerra como Dios manda desde el 45. Nos hemos acostumbrado a eso. No es que yo tenga ganas de que haya una guerra, pero creo que las guerras ponen las cosas en su sitio. Causan muertes, causan desgracias, pero así la gente vuelve a tener miedo de algo.

**KOB** También ha desaparecido la dictadura.

**QM** Y con la dictadura el enemigo que era un motivo para unirse y contra quien enfrentarse y luchar.

**KOB** ¿Consideras tu estilo 'realista'?

**QM** No. Aquí los críticos que son defensores del realismo aún están con Henry James. Esos consideran que mis libros no tienen nada de realistas. Aquí lo llamaron de muchas maneras, por ejemplo 'minimalista'. No me gusta pensar mucho en mi estilo. Lo que me gusta explicar son las historias y no el estilo.

**KOB** ¿Cuál es tu actitud respecto al realismo?

**QM** El último realismo que hemos conocido era el 'dirty realism', que también se llamaba 'minimalismo'. Era reproducción sin florituras, ni añadidos fantásticos de la vida triste y cotidiana de la gente. A mí eso en principio no me atrae mucho. A veces hago reproducción de la vida cotidiana de la gente, pero de costumbre intento incluir algo que no sea real.

**KOB** ¿Cómo decides qué es real?

**QM** Lo real es un tipo que se levanta por la mañana, se mira al espejo, empieza a afeitarse y piensa: '¡Ay, qué mala cara tienes!'. Ya está. Eso en la literatura no me gusta en absoluto. Quizás lo que yo hago sea lo mismo, pero intento introducir un elemento que no sea del todo real. La literatura tiene que ser verosímil, la vida no, porque por ser la vida no hay que justificarla. Por eso en la literatura tiene que haber algo más que la vida. No puede ser como una fotografía, una Polaroid.

**KOB** Entonces, ¿los pensamientos, las fantasías, también forman parte de la realidad?

**QM** Sí, exacto. Los pensamientos, las fantasías y las cosas que se intuyen o se temen.

**KOB** ¿Cuál es tu actitud hacia las diferentes maneras de representar la violencia en el cine y en la literatura?

**QM** ¿Por qué me preguntas eso?

**KOB** En varios cuentos tuyos encontré escenas muy drásticas.

**QM** ¿Sí?

**KOB** En 'El juramento hipocrático', el hígado del borracho estalla y salpica las paredes del cuarto. En 'La euforia de los troyanos', el infeliz mendigo, que acoge en sus brazos a la mujer suicida, queda aplastado como 'un chicle sanguinolento' (78), y la mujer salvada salta de rabia sobre su cuerpo por estar viva . . .

**QM** ¿Mi posición ante las situaciones de violencia? Algunas veces me gusta, otras no. Cuando veo violencia en los noticiarios televisivos, me molesta un poco. En cambio, en las películas, si la narrativa está bien montada y las imágenes son exageradas, puede ser agradable.

**KOB** ¿Agradable?

**QM** Sí, si la violencia está suficientemente exagerada. Si no es realista sino más que realista.

**KOB** Una manera de representar la violencia sería como en *Reservoir Dogs* cuando ves todo el dolor, la carne ensangrentada y casi no lo puedes seguir . . .

**QM** Hablando de esa película, a mí me produjo un gran placer. ¡Qué bestia! Y la otra, *Pulp Fiction*, me encantó, me caían baba y lágrimas. Me gustaron porque no son realistas, son muy poco realistas, sobredimensionadas, forzadas, teatralizadas, aunque aparentemente lo que cuentan es la cosa más realista del mundo, sobre todo *Reservoir Dogs*, donde hay un garaje y unos tipos vestidos de negro discutiendo el crimen.

¿Te acuerdas de aquella escena en *Pulp Fiction* donde el tipo lee de la Biblia 'You shall not . . .' y hay un gilipollas en un sofá medio acostado que se gira y hace ¡pum!? ¡Hay un gusto! En cambio este gusto no lo siento cuando estoy viendo un telediario y hay escenas de violencia en un poblado. Eso no me gusta.

**KOB** Y cuando estás viendo películas como *Pulp Fiction*, ¿te parece que el propósito de producir esas escenas es precisamente producir ese placer morboso o hay algún mensaje allí?

**QM** Placer, placer, placer. No creo que haya ningún mensaje. Se trata de puro placer.

**KOB** ¿Has visto *Fight Club*?

**QM** No, ésta no la he visto, pero me han contado que es gente que se golpea por placer. Eso yo lo he hecho muchas veces con amigos, de repente te entran ganas de golpear, de descargar, haces ¡pum! y te quedas muy bien.

**KOB** Y tú construyendo las escenas de violencia en tus cuentos quieres conseguir que el lector disfrute de ese placer o . . .

**QM** ¿Si hay mensaje? Es que en todas partes hay mensajes. En una canción de verano hay un mensaje, pero a mí me importa un pito el mensaje cuando estoy escribiendo un cuento. Si un escritor empieza a pensar en los mensajes, se convierte en un cura echando sermón.

En este libro que estoy escribiendo ahora hay un cuento que pasa relativamente cerca de donde estamos sentados, o sea, yo lo he imaginado relativamente cerca de aquí. Hay un accidente de coche y no hay nada más que eso. El cuento consiste en una escena helada, sin evolución. Me encuentro muy a gusto escribiendo cuentos donde una cosa no lleve a otra sino que hay un evento y nada más, no se avanza. Va un tipo en un coche y se encuentra con unos limpiaparabrisas y, entonces, para esquivarlos, gira y atropella a una mujer. Sale del coche y ve que la mujer no ha muerto del todo. Mientras tanto, la gente se acerca y empieza a lincharlo. La descripción del linchamiento es muy exagerada. Te acuerdas del hígado que revienta, ¿no? No es nada. Le arrancan un ojo, le clavan uñas y el tipo sobrevive siempre. ¿Qué quiero decir con eso? ¡Yo qué sé!

**KOB** ¿De dónde viene el título del cuento 'La euforia de los troyanos', donde el protagonista termina como chicle?

**QM** Viene de una frase que durante muchos años me estaba dando vueltas en la cabeza. Tuve la impresión de que a la lengua le faltaba una frase hecha que definiera una situación kafkiana. Una euforia troyana sería una euforia imbécil, es decir, la euforia de los troyanos cuando han conseguido que los griegos se aparten. Es una euforia de idiotas porque los griegos ya están en la ciudad dentro del caballo. Los troyanos, estúpidos, se sienten felices al no darse cuenta que la desgracia ya está dentro de ellos.

**KOB** ¿Sería este cuento una especie de tragicomedia?

**QM** Sí. Me gusta la tragedia, me gusta la comedia y lo que no me gusta es el melodrama. Y, si hay tragedia, tiene que haber humor. No he visto ninguna tragedia sin humor. En el melodrama, que es barato y fácil, es donde no lo hay.

**KOB** ¿Cuál es la importancia del humor en la escritura?

**QM** Diría que toda. Si no hay humor, no hay nada. Humor no quiere decir contar chistes, reírse, sino que es contar las cosas con un mínimo de distancia. No hay buena literatura sin humor. Se supone que Kafka es el autor que explica mejor la angustia del ser humano, pero Kafka es un humorista puro y, si no fuese humorista, sería insoportable. ¿Por qué es tan bueno? Porque es humor puro. Expresa la angustia, pero viste a Joseph K. con una chaqueta con muchos bolsillos haciendo una burla casi costumbrista de la gente que viaja así. En *Náusea* de Sartre hay humor, en Camus hay humor. De lo que no tiene humor no vamos a hablar más en veinte años.

**KOB** El cuento 'La euforia de los troyanos' está construido de unos pequeños párrafos que siempre empiezan con detalles biográficos del protagonista: 'El hombre que durante su infancia tuvo cierta fe religiosa . . .', 'el hombre que en la infancia se ha interesado tanto por las matemáticas como por la religión . . .'. ¿Qué pretendías?

**QM** Era un juego de ironía de una cierta retórica narrativa. Me burlo aquí del estilo que usa frases tipo 'El hombre que supo . . .', 'La mujer que vestía de verde . . .', 'El hombre que llevaba una corbata azul . . .'. Aquí ridiculizo ese vicio llevándolo al máximo, o sea, nunca repito la misma frase de la descripción del personaje sino que siempre aparece un dato nuevo.

**KOB** Varios de tus protagonistas de *El porqué de las cosas* carecen de nombres o tienen nombres como gruñidos, por ejemplo 'Bzt . . .'. En cambio, en *La magnitud de la tragedia* todos tienen nombres dobles. ¿Por qué?

**QM** Me cuesta mucho poner los nombres a los personajes porque no creo que sean personas. Un amigo mío puede llamarse Jordi, Juan o María, pero no me gusta que un personaje tenga nombre de persona. Los nombres con trampa me van bien porque demuestran que los personajes son de papel. Otros escritores ponían iniciales: K, J, P, . . . Este truco se ha hecho muchas veces. En *Gasolina* todos los nombres empiezan con 'H', lo que funcionó bien porque ligaba con lo de Humbert Humbert de *Lolita* y también ya que 'H' es una letra absurda porque es la única letra que no suena, por lo cual no tiene ningún sentido. El que toda la gente tenga nombres que empiecen con 'H' crea una sensación de irrealidad, porque en la vida no es posible. Eso remarca que lo que lees no es verdad. En *La magnitud de la tragedia* todos los nombres son dobles, lo que liga con la fotonovela sudamericana o italiana, donde todo el mundo tiene nombres compuestos. En *La isla de Maians* los nombres de la mayoría de los personajes acaban en lo que terminaba el diminutivo medieval catalán: 'ell', que hoy en día se ha convertido en 'et'. Si un niño es un 'nen', el diminutivo sería 'nenet', y en la Edad Media habría sido 'nenell'. En los apellidos se ha conservado todo eso y mucha gente aún hoy se llama Vendrell, Martorell, Sarellta. A partir de allí puse nombres extraños, gruñidos y tal. ¿Conoces a un escritor argentino-francés que se llama Copí? Es un escritor maravilloso que dibujaba en revistas humorísticas y escribió unos cuentos maravillosos del mundo de los travestís. A algunos de sus personajes los llamaba 'Puf' o 'Braf'. Yo cogí de él esta idea y la hice mucho más sistemática.

**KOB** ¿Por qué no quieres que tus personajes sean como personas?

**QM** Me molesta mucho cuando el autor de la novela empieza a explicarme la psicología del personaje, a decirme, por ejemplo, que su protagonista mató a aquel hombre porque su madre le había maltratado de pequeño. Me molesta mucho que me quieran vender personajes como personas. No quiero que me expliquen la psicología, no quiero saber nada. Quiero saber qué pasa y ya está.

**KOB** ¿Como en las tiras cómicas?

**QM** En el cine pasa lo mismo. Hoy se escribe una narrativa más visual que en el siglo pasado. Pasa esto, lo otro y el porqué a nadie le importa.

**KOB** Pero en el cine los personajes parecen personas reales.

**QM** Sí, porque son personas de carne y hueso que intentan actuar bien para que tú los creas. Por eso a los que actúan mal se lo agradeces, porque ves que no son reales.

**KOB** Ésta, quizás, fue una de las disonancias entre la filmación de *El porqué de las cosas* y el libro mismo. De repente surgieron personas.

**QM** Eso pasa en cualquier historia que llevan al cine. Yo de costumbre veo el personaje que me he imaginado como un monigote y de repente en la pantalla salen personas. El día que vi al tipo que hace hablar a la piedra, que yo conocía, me quedé muy sorprendido porque yo no había dado cara a este personaje. Es lógico. Cualquier escritor ha de sentir lo mismo. Me pasó lo mismo como lector el día que vi que Orson Welles le ponía la cara de Anthony Perkins a Joseph K. Me indignó porque yo a Joseph K. lo había imaginado con otra cara, no con la cara de Anthony Perkins saliendo de *Psicosis*.

**KOB** ¿Estás satisfecho con tus traducciones?

**QM** Estoy satisfecho. He tenido tres traductores al castellano: Marcelo Cohen, Javier Cercas y Joaquín Jordà. En general, cuando la traducción está hecha, acostumbro a quedarme unos días a releerla y a marcar todo aquello que merece la pena cambiar. Después, una mañana, el traductor y yo nos sentamos a una mesa y la cotejamos. En francés hago lo mismo y en inglés la única vez que tuve un libro también lo hice. En otros idiomas ya no puedo hacerlo.

Lo que me mosquea más es cuando los traductores no me piden ayuda. Me gusta que me consulten todas las dudas porque yo, que he traducido libros, sé que uno nunca lo sabe todo y que en todo texto literario hay muchas cosas ambiguas. Cuando un traductor te presenta una lista con cincuenta dudas, ves que el trabajo va bien, pero, cuando tienes a un traductor que no tiene ninguna duda, tiembla.

**KOB** ¿No te aburría hacer traducciones?

**QM** Me aburría mucho. Sobre todo cuando traducía *Jude the Obscure* de Thomas Hardy, que era una historia victoriana de un chico y una chica y la tortura inmensa del pecado que no era cometido. Es que ni se habían tocado y sufrían de culpa . . . Lo pasé muy mal, me deprimí y tuve que tratar con diversos médicos. Lo pasé bien traduciendo a Hemingway, que me gustaba mucho, aunque al traducirlo pude ver sus trucos.

Traducir es la prueba del algodón de si el autor te gusta o no. Se ven las trampas, las cosas previsibles, y es lo que me pasó con Hemingway. Fui viendo todo lo marrullero, fácil para fascinar a cuatro americanos para los que Pamplona era Shanghai. En ese momento se me desmontó. Me pasa muy a menudo. Cuando me pongo a traducir a un autor y no se desmonta, es que es bueno. También disfruté mucho traduciendo a Truman Capote y a Salinger.

**KOB** Cuéntame algo de tus viajes a Vietnam y a Camboya.

**QM** Yo trabajaba de diseñador gráfico y, cuando tenía vacaciones, no iba a París como todo el mundo, sino a un lugar donde había guerra. Fueron dos años, primero Indochina: Camboya y Vietnam; el otro año, durante la época de abril en Portugal, fui a Mozambique y a Irlanda del Norte. Cuando volví, pude publicar artículos en prensa. Eran los años 72, 73 y 74 y aquí se publicaban artículos de aquellas guerras escritos por americanos o ingleses. Se escogían y se traducían, pero aquellos artículos no tenían ninguna relación con la vida de aquí. Mis reportajes estaban salpicados de referencias a la vida barcelonesa, ironías, bromas, referencias a los bares de aquí, por lo que los diarios me los compraban y así pude entrar a publicar.

En los años ochenta fui a Nueva York. Todo el mundo me lo tomó mal porque ir a Nueva York estaba prohibido, porque lo americano estaba muy mal visto y aquí todo el mundo era trotskista, iba con el pelo largo y barba.

**KOB** De esos viajes te viene tu actitud tolerante y relativista . . .

**QM** La vida es muy dura y hay que tomársela con calma y relativizar todo lo posible. Los viajes también permiten tomar las cosas de tu propio lugar con más relatividad. Esa eclosión del nacionalismo español ahora es terrible. Los sentimientos innatos son compartidos por cada vez menor parte de la población. Por eso se exalta unos sentimientos nacionalistas ante los cuales tú por respeto callas. Me lo relativizo diciendo: 'voy un rato a Italia a respirar'.

**KOB** ¿Por qué ahora está subiendo el nacionalismo?

**QM** Porque han pasado veinticinco años desde la transición y hay un cambio de péndulo. Ganó el PP, un partido nacionalista, por lo que hay una eclosión de un nacionalismo fanático, que estaba calmado, oculto y quieto, y la gente empieza a salir a la calle con banderas.

**KOB** Me encanta ese cuento tuyo que se llama 'La micología', donde el hombre busca setas . . .

**QM** Para traducir este cuento al castellano hubo un follón terrible porque, cuando llegamos a la descripción de qué setas recoge, no teníamos palabras en castellano. Castilla es un país micófobo. Los vascos y los catalanes somos los únicos en esta península que comemos setas. Ahora, como todo se está mezclando, se está empezando a comer setas en Madrid, pero en general los castellanos no son muy aficionados y por eso todo lo llaman 'setas'. Entonces, para describir unas quince o veinte variedades de setas que yo mencionaba, nos volvimos locos y tuvimos que suprimir cuatro o cinco párrafos porque no había palabras. Al traducirlo al francés y al italiano las recuperamos porque los italianos también son muy amigos de setas.

**KOB** De todas maneras, cuando el protagonista de este cuento finalmente encuentra al gnomo y éste le propone que le formule un deseo prometiéndole que se lo va a cumplir, el pobre hombre no puede pensar en nada y finalmente lo único que pide es otro gnomo igual, o sea, seguir teniendo la opción de desear. ¿Crees que es lo que nos pasa, que en realidad no tenemos deseos, que tan sólo queremos tener la opción?

**QM** Esa idea tuya me parece perfecta. Estamos así, postergamos la decisión de lo que queremos un poco más, pero es igual. Si viene la muerte antes, hemos muerto felizmente sin tener que decidir qué queremos. Somos como el hombre del cuento. ¿Qué quiero? Dame otra opción más y ya lo pensaré.

**KOB** En *La magnitud de la tragedia* escribes sobre el deseo y sobre la muerte y tu novela parece una versión grotesca de una tragedia romántica, pero el tema no es nuevo, ¿verdad?

**QM** Yo diría que en mis cuentos, a partir de los primeros libros, hay mucho sobre la constitución del deseo y su muerte. Conseguir un deseo es la muerte del deseo. Por lo tanto, vale más no conseguirlo, porque, si lo consigues, lo frustras. En los cuentos salen todas estas cosas, aunque quizás no sea con la pureza y la dedicación con la que se presentan en la novela.

**KOB** ¿El deseo no lo ves en términos físicos únicamente?

**QM** No. Me gustaba la idea de esa novela cuando empecé a escribirla porque era una parábola que se podía aplicar al deseo en general, a todo. La idea de un hombre siempre empalmado me fascinaba porque era una idea grotesca. Era tan ridículo. Estar empalmado es una cosa normal, pero ¿siempre? Es casi como un monigote, un guiñol. Y yo lo veía no sólo como una parábola del deseo sexual sino de la vida. Busqué si en algún país raro había una historia de un hombre perpetuamente empalmado y no encontré nada.

**KOB** Una parábola de la vida intensa, ¿de intensidad?

**QM** Sí, y también de superman, del que se lo va a comer todo; el mundo va a ser suyo y al final . . . Consigue lo que desea porque desea empalmarse y se empalma para siempre. Es un sueño y resulta no ser tan bueno.

**KOB** La indiferencia con que la ahijada del protagonista recibe su muerte recuerda el ambiente humano de *El porqué de las cosas*. ¿No existe amistad verdadera ni amor verdadero?

**QM** No, ni amistad ni nada. No hay nada verdadero, hay fingimientos, gestos teatrales para simular que hay amistad verdadera, amor verdadero. Incluso el que lo hace puede creer que realmente hay amor, pero de hecho inevitablemente lo está fingiendo.

**KOB** A tus protagonistas tampoco parece importarles mucho su trabajo. A la enfermera del cuento 'La honestidad' lo único que le importa en el momento en que se le muere un paciente es ligar con el novio de su mejor amiga. ¿La indiferencia hacia el trabajo la ves como una actitud común?

**QM** La mayoría de la población hace una faena rutinaria que les importa muy poco. Lo único que quiere conseguir es un sueldo al final del mes. El trabajo les importa a los locos que creen hacer una actividad artística. Los pintores y los escritores piensan que están haciendo algo que les redimirá a ellos o redimirá al mundo. Son un poco como sacerdotes de una religión cultural. Sin embargo, para la gente normal el trabajo no tiene importancia y a los que le dan importancia les tratan en sus lugares de trabajo como a enfermos mentales, los llaman *workaholics*.

**KOB** Las mujeres de tus cuentos no son un sexo débil ni oprimido.

**QM** No creo en el sexo fuerte ni el sexo oprimido. Hay gente dura y malvada de un sexo y de otro. No veo que un sexo sea necesariamente débil ni otro fuerte.

**KOB** ¿No fuiste acusado de retratar las relaciones entre el hombre y la mujer de una manera sexista?

**QM** Bueno, eso en todas partes. Un cuento que hice en *Olivetti* trata sobre un tipo que se suicida y, cuando está el cadáver encima de la mesa, llega una carta de la novia, que le explica sus últimas aventuras sexuales con un muchacho al que ha conocido, el muchacho por el cual él se ha suicidado. En este cuento ella es una muchacha normal y sana. Le dice que es un gilipollas y un imbécil y que se dedique a disfrutar la vida y que no esté torturándose. Me dijeron que este cuento es machista porque ella es una perversa y él es un imbécil. Entonces, yo pregunté: ¿Y si fuera al revés? ¿Si ella fuera imbécil y él fuera perverso? Me contestaron que también sería machista. Parecía decir que follar es machista. Machismo es una cosa muy seria y muy bestia, pero no tiene sentido llamar machista a todo.

Hay un ensayo en Internet, en la *Revista Internacional de Catalanística* de Monserrat Lunati, que habla de las acusaciones del sexismo. Me fascinó porque dice lo que yo creo. Si lo lees, te lo dirá mejor que yo.

**KOB** ¿Cómo ves la interacción entre tu trabajo de periodista y el literario?

**QM** Se influyen. Escribo mucho para la prensa y por eso seguro que escribo menos narrativa. Si me mandasen escoger, no sé qué haría. Me gusta mucho la prensa, el trabajo diario. Creo que el hecho de escribir mucha prensa me ha hecho un escritor más ágil y también ha contribuido a que dejara de lado la retórica decimonónica. A veces alguna crónica periodística se ha convertido en un cuento. En *Guadalajara* hay un cuento que es crónica electoral del día anterior a las elecciones de hace cuatro años, cuando ganó Aznar. Fue crónica del comportamiento de los candidatos y, cuando la acabé, me di cuenta de que había salido un cuento. Lo mismo pasó con otras. Mis artículos salen luego en libros y la gente me dice que muchos de ellos son unos cuentos perfectos, aunque están recogidos como si fuesen artículos. Me gusta mezclar los géneros, introducir la crónica en la narrativa o acabar la crónica como un cuento. La relación entre mi periodismo y mi literatura es intensísima, o sea, escribo como escribo porque he hecho mucho periodismo. Al mismo tiempo el periodismo lo escribo como la narrativa. Me es muy difícil separar las dos cosas.

**KOB** ¿Crees que el hecho de que estudiabas pintura influye de alguna manera en tu modo de escribir? ¿Cómo eran tus pinturas? ¿Qué pintabas?

**QM** Cuando era muy niño, pintaba paisajes. Salía muchas veces con un caballete, lo montaba y pintaba paisajes con gente corriendo o deportistas. Poco a poco fui evolucionando hacia cosas semi-abstractas.

**KOB** ¿No fuiste realista?

**QM** Expresionista.

**KOB** Los críticos hablan de la influencia del surrealismo en tu obra. ¿Por dónde te ha llegado?

**QM** El surrealismo no llega de ninguna parte porque está allí. Es suficiente con ponerse a dormir. El surrealismo en la literatura no me ha gustado mucho, salvo algunas cosas. Jordi Sarsanedas tiene un libro que se llama *Mitas*, que es una serie de historias muy surreales que me gustaron mucho cuando era adolescente. Me gustaba mucho Buñuel. Aunque sus películas son narrativamente sosas, poco ágiles y algo teatrales, las historias son brutales. Buñuel me volvía loco de joven desde sus primeras películas, casi mudas, hasta las últimas. También Boris Vian me impresionó.

**KOB** ¿Tú mismo escribes las contraportadas de tus libros?

**QM** No, el editor.

**KOB** ¿Lo apruebas?

**QM** Sí, claro. Lo que pasa es que las contraportadas son muy mal rollo porque al final todas se parecen. Lo apruebo, aunque me gustaría no poner nada, como Salinger. Pero, entiendo que el editor quiere vender y que la gente quiere saber de qué va. Yo mismo las escribía a veces antes, cuando era más joven.

**KOB** ¿Quién lee tus libros?

**QM** Mi público va desde la gente de diecisiete o dieciocho años hasta la gente de ochenta y pico. Me leen los ancianos que están en la residencia donde está mi padre. Hay una gama de edades entre la gente que me lee. ¿En quién pienso cuando escribo? En mí. Miro un cuento y, si a mí no me complace, fuera. Quizás le gustaría a alguien, pero, si a mí no me gusta, no vale.

**KOB** ¿Te parece bien o te irrita que la gente lea tus libros en el metro y en los autobuses?

**QM** Encantado de la vida.

**KOB** ¿No preferirías que tuvieran mejores condiciones para la lectura?

**QM** Pero es que mejores condiciones que el metro . . . no sé. Si eres un lector compulsivo, es lo mismo: lees en el metro, lees en el tren, lees por la calle. Tanto da.

**KOB** ¿Cómo crees que va a ir evolucionando la literatura en los próximos diez o veinte años?

**QM** No sé, pero pensando en mí mismo . . . yo no tengo tiempo, aunque soy uno de los privilegiados que tiene más tiempo que otras personas. No puedo leer grandes tochos. O cojo una enfermedad grave y tengo que estar un año en la cama (espero que no) o no lograré leerlos. Seguro que las cosas ágiles son del futuro, pero también es cierto que hay que escribir de todo. Hay que escribir corto, breve y ágil y hay que escribir largo, pesado y lento. Tiene que haber de todo, no hay que dar consignas, porque hay una serie de mandarines culturales que van con una trompeta y dirigen diciendo 'ahora por aquí'. Se contradicen, pero da igual.

**KOB** ¿Cuál es tu actitud hacia el concepto 'postmodernismo'?

**QM** Yo lo conocí por primera vez a principios de los años ochenta. Lo aprendí a partir de la arquitectura, donde tenía mucho sentido, y quedé fascinado por esos edificios que yo veía como una referencia semi-irónica a los edificios del pasado. Lo empecé a aplicar también a la literatura norteamericana y me pareció que tenía mucho sentido. Después, a finales de los años ochenta, se abusó del concepto, se aplicó a diestro y siniestro a muchas cosas que no tenían nada de postmodernas. Como se utilizaba mal, se perdió el sentido y ya no se sabía qué era postmoderno y qué no. Pero, si pienso en el término 'postmoderno' aplicado a la literatura y la arquitectura, le veo mucho sentido. Esto no quiere decir que esté a favor o en contra, sino que entiendo que Calvino o Philip Johnson serían postmodernos.

**KOB** Algunos ideólogos del postmodernismo dicen que las apariencias ya no engañan, que todo está en la superficie, que no hay nada por debajo . . .

**QM** ¿Que no es necesaria una segunda lectura? ¿No hay que buscar? Eso me gusta mucho. ¡Qué bueno! Me parece una buena manera de darle la vuelta a la tortilla. No tengo claro si es verdad o no, pero de entrada me parece bien. Es una manera de acabar con esa tontería de significados ocultos. Diferente es que el que lo diga tenga razón, porque, si me arranco la piel, debajo hay unas venas, sangre y otras cosas, o sea, que hay algo más.

**KOB** ¿En qué estás trabajando ahora? Ya me lo dijiste, pero querría que se grabara.

**QM** Bapatabrubapata ad noyapodido.

**KOB** ¿Son nombres de los protagonistas de tus nuevos cuentos?

**QM** Aparte de escribir para la prensa, que es lo que estoy haciendo constantemente, trabajo en un libro de cuentos, que ya estoy en el proceso de comprimir. Tengo la leche y ahora hay que sacar toda el agua para obtener la leche condensada. Tengo ganas de acabar ya porque llevo años escribiéndolo. Son cuentos muy raros, hay mucha muerte y situaciones de inmovilidad, gente que está en una silla y no se puede ya ni levantar.

**KOB** ¿Qué escribirás después?

**QM** Creo que cuentos. A veces escribo cosas muy largas, pero luego las abrevio y se convierten en cuentos. En este libro tengo un cuento que era casi una novela, llegaba a 120 páginas ('Ante el rey de Suecia'). He tenido que escoger entre alargarlo o abreviarlo y he decidido encogerlo para que sea más chiquito.

**KOB** ¿Cuál de tus libros consideras como el mejor?

**QM** Siempre el último.

(Fot. Anja Frers)

# Ray Loriga

# Ray Loriga: Dudas y sombras

Ray Loriga nació en Madrid en 1967, donde creció, pero desde hace varios años vive con su mujer y su hijo en Nueva York, a unas manzanas del Hotel Plaza. Es autor de seis novelas: *Lo peor de todo, Héroes, Días extraños, Caídos del cielo, Tokio ya no nos quiere* y *Trífero.* Dirigió también *La pistola de mi hermano,* la versión cinematográfica de su cuarta novela. Su obra se ha traducido a diez idiomas y ha entrado en las listas de lecturas en colegios y universidades. Sabas Martín, en la introducción a su antología de cuentos cortos de jóvenes escritores, *Páginas amarillas,* incluye a Ray Loriga en el grupo de autores que denomina 'la cofradía del cuero' (xiv), cuya narrativa caracteriza como 'impregnad[a] de la estética de rock y la cultura de imagen'. Según Martín,

> Sus relatos muestran un cierto malditismo, con proclividades canallas, y giran en torno al sexo, el alcohol, las drogas, el rock, la carretera y la violencia. La estructura suele ser anárquica y fragmentaria y su lenguaje funcional y directo aunque, a veces, aspira a tonalidades líricas. Las deudas con la literatura norteamericana, incluido el realismo sucio y la novela negra, son evidentes. Tan evidentes como las contraídas con las letras del universo del rock: de los Rolling a Pearl Jam, de Dylan a Nirvana, Jimi Hendrix a Portishead, de Jim Morrison a Sex Pistols . . .
>
> . . . Si consideramos la colonización de la cultura, la mimetización de patrones norteamericanos y lo que de clonación, uniformización y anulación de diferencias de identidades implica la *world culture* como uno de los signos paradigmáticos del siglo XXI, hemos de conceder que nos hallamos ante un ejemplo representativo. (xv)

A principios de noviembre de 1999, Ray Loriga, junto con otros escritores, fue invitado a la conferencia académica *España en el siglo XXI,* organizada por la revista *España Contemporánea* en Columbus, Ohio. En la carpeta que todos los participantes recibimos al registrarnos, además del programa de sesiones, estaba el primer número de la revista de la primavera de 1999. Uno de los artículos de este número, 'Juvenismo espectacular' por José María Naharro Calderón, comenta el éxito de autores tales como Loriga, Prado, Mañas o Etxebarría como

> síndrome de pseudoconsumismo juvenil y el montaje tanto de una oferta como de una demanda cultural que crea en la era de la longevidad la necesidad de consumo alentado de ejemplos de una falsa vitalidad juvenil recuperada y manipulada por el espectáculo mercantil. (8)

En otras palabras, el autor del artículo atribuye el éxito de los escritores jóvenes a una moda artificialmente creada para estimular la venta. Se sorprende del presupuesto de la película de Loriga, *La pistola de mi hermano,* notando que ha pasado 'sin pena ni gloria por las salas cinematográficas' (10). Además califica al escritor de 'baja pluma de Hemingway', le achaca abuso de perspectivismo, justificación de irresponsabilidad, inmoralismo y divulgación de modelos de consumismo desenfrenado. Ray Loriga, como otros miembros de la generación presentes en la conferencia, consideró esos comentarios como ofensivos y calificó las opiniones críticas mencionadas arriba como 'clichés, mentiras y verdades a medias'. Negó que el sexo tuviera gran importancia en su obra. Citando a Jaime Gil de Biedma, según el cual la autodestrucción le sirve al escritor para 'soltar al hombre que sujeta al hombre que escribe', recordó que el alcohol y las drogas tenían un papel importante en el proceso formativo de varios escritores. Aunque admitió que le había inspirado el realismo sucio de Raymond Carver, advirtió que la importancia de las influencias americanas en su narrativa ha sido sobreestimada. Mantuvo deber más a Marguerite Duras, a Pío Baroja, a Unamuno, e, incluso, a la novela picaresca y a San Juan de la Cruz, con cuyas palabras, 'ni cogeré las flores ni temeré las fieras',[1] concluyó su charla despidiéndose del público.

En otro momento, hablando en una mesa redonda sobre la cuestión de los nacionalismos, explicó que el hecho de haberse formado dentro de la tradición literaria española no le lleva, sin embargo, al patriotismo. 'España me importa como cualquier sitio por donde paso. Todos los asesinos llevan banderas', dijo. Confesó que escribir es para él un acto de resistencia contra toda presión e incluso contra la que viene de uno mismo; escribir es enfrentarse a su propia sombra. Los protagonistas de sus primeras novelas, *Lo peor de todo, Héroes, Caídos del cielo*, son niños y adolescentes que aguantan muy mal todo tipo de presión y que desesperadamente intentan evitar tener que vivir conforme a las reglas del mundo adulto. Por esa casi instintiva desaprobación de lo que su cultura considera como madurez y normalidad, estos adolescentes sueñan con ser estrellas de rock o matones. Si toman demasiada cerveza y demasiadas drogas y, si al final incluso matan, es por querer liberarse del miedo de tener que participar en los juegos sucios del mundo que les rodea. Parece un círculo vicioso.

En *Caídos del cielo*, el narrador de 13 años narra la historia de su hermano de 18 años, que encuentra una pistola en un cubo de basura y que con esa pistola mata al guardia del supermercado que lo maltrata y al gasolinero que posa una mirada sucia en su compañera de viaje. La policía lo alcanza y lo mata a balazos en la playa mientras que la televisión lo convierte en un héroe. Su hermano pequeño, que ahora participa en los *talkshows*, recibe cartas de decenas de admiradoras. La sociedad y la justicia aparecen corruptas y ávidas de espectáculos violentos mientras que la historia de la fuga toma forma de una odisea existencial donde la experiencia sensual de la realidad, intensificada por la velocidad, por la creciente tensión erótica y por el alcohol, recibe el espacio más privilegiado. El joven delincuente mide la resistencia de la realidad mediante sus actos violentos y percibe los resultados de estos actos con una mezcla de horror y de curiosidad, como si fuera un primer aprendizaje de la vida, de la muerte, del amor y de la sociedad.

Aunque, como nota Naharro Calderón, existe un cierto parecido entre *Caídos del cielo* y *Thelma y Louise*, otra importante referencia de la novela de Loriga es *El extranjero* de Camus. En ambas novelas el protagonista es un joven poco reflexivo, pero sensual, sensible a la belleza femenina, aficionado a la natación, fumador y bebedor, que odia la crueldad, pero no cree en Dios, ni en el bien, ni en el mal, ni en las convenciones sociales y que, en consecuencia, es condenado a muerte por asesino.

Las cuestiones éticas reciben en ambos textos un comentario similar: la moral, como la ley, consiste en reglas arbitrariamente establecidas por la sociedad. El que las rechace y viole puede aparecer, por lo tanto, como héroe porque se atreve a lo que no se atreve la mayoría. Al final, sin embargo, la percepción del bien y del mal surge de la experiencia inmediata de la realidad. El presentimiento de la proximidad de su propia muerte, tanto en Camus como en Loriga, lleva al protagonista a la reflexión de que matar quizás no sea una buena idea. El chico de la novela de Loriga, antes de morir, llama a su hermano menor y le dice: 'Tampoco creas que todo lo que hago está bien . . . Puede que sólo sea una manera nueva y más espectacular de equivocarse' (134). Unas horas más tarde, en la playa, la policía le mete en el cuerpo decenas de balas. Como Mersault, el chico con la pistola tiene que confrontar las consecuencias de sus actos. Como en *El extranjero*, en *Caídos del cielo* estas consecuencias parecen exageradas no sólo porque el crimen se describe como una especie de accidente o error, sino también porque el castigo adquiere el significado simbólico del límite de la libertad humana. En consecuencia, la novela de Loriga, como la de Camus, no justifica inmoralismo ni tampoco divulga 'juvenismo espectacular', sino que, al contrario, habla del inevitable peso de la responsabilidad que uno tiene por sus propios actos, por más triste que aparezca.

La última novela de Ray Loriga, *Trífero*, que se discute detalladamente en la entrevista, no presenta ninguno de los rasgos mencionados por Martín o Naharro Calderón. Aunque parece continuar en ella una serie de reflexiones existenciales, en realidad es una novela de amor, un amor primero imposible y luego trágico, cuya ausencia condena al protagonista a una vida de pícaro. *Trífero* nos habla acerca de la importancia del valor personal y su relación con la percepción y la comprensión de la experiencia. La falta de valor resulta de la incapacidad de dedicarse plenamente a lo que a uno le toca vivir. La lucidez y la distancia impiden a Trífero experimentar intensamente sus momentos más importantes y, como resultado, le hacen imposible apostar plenamente por ninguna versión de su existencia.

Aunque la novelística de Ray Loriga es tratada por los críticos como parte de un fenómeno literario de los noventa y discutida junto con las obras de autores tales como José Ángel Mañas, Benjamín Prado, Daniel Mújica, Javier Memba o incluso Lucía Etxebarría, su narrativa se distingue por la calidad de la escritura, por una ambientación única, que deja en la memoria del lector un recuerdo parecido al que dejan las canciones, y por una profundidad de reflexión lograda con precisión, pero evitando el simplismo. Lo fascinante de los protagonistas creados por Loriga es que sus dilemas resuenan como un eco de los antiguos dilemas de pícaros, de príncipes barrocos, de los protagonistas románticos y de los antihéroes existenciales. Sin embargo, todos esos viejos problemas éticos y emocionales aparecen en el contexto de nuestro tiempo, de la geografía global de los aeropuertos, hoteles internacionales, clubes nocturnos, ciudades cosmopolitas, al son de las canciones que escuchamos al conducir. Este cambio de la decoración tiene unas consecuencias serias; el pícaro ya no es un tipo duro de clase baja empeñado en sobrevivir a toda costa sino un tipo reflexivo que recurre a los viejos trucos para mantener su libertad y su distancia hacia las rutinas sociales ridículas. El *otro* romántico ya no es un indiano de sangre mixta, cuyo deseo de formar parte de la sociedad se expresa mediante sus obsesiones por las ideas del honor y del amor, sino un adolescente, cuya negativa a formar parte de la sociedad se expresa mediante el rechazo de la ley y el miedo al sexo. Finalmente, en *Trífero*, el antihéroe existencial logra la conciencia de la futilidad de su lucidez y de su escapismo y confiesa sentir nostalgia por la posibilidad perdida de ilusión y de compromiso. Así, Ray Loriga no sólo recrea los viejos dilemas en el contexto contemporáneo sino que también explica como este contexto los ha transformado; retrata las aventuras de la consciencia de la cultura global en el umbral del siglo XXI.

## Entrevista

*(New York, enero 2001)*

**KOB** Me concedes la entrevista igual que Trífero, el protagonista de tu última novela, en el Oak Bar del Hotel Plaza. ¿Es el único parecido entre Ray Loriga y Trífero?

**RL** No, me temo que hay más. Curiosamente la gente pensaba que mis primeras novelas eran autobiográficas porque estaban escritas en primera persona, por el tiempo de la narración y la ambientación. Sin embargo, Trífero es el personaje más parecido a mí. El uso de la primera persona es tan sólo un registro y usar la tercera persona es como quitarse la camisa pudiendo así ver mejor las manchas. Tomas una distancia y también te sientes más libre, porque tú estás disfrazado y el personaje es otro. Trífero es un personaje que tiene bastantes cosas mías aparte de la afición por el hotel Plaza.

**KOB** ¿Cómo es que conociste tan bien el mundo científico y pseudo-científico?

**RL** Al meterte en un tema así tienes que apuntar algo. Debe parecer verdad y sólo parece verdad si tiene cosas reales. Hace tiempo empecé a leer sobre la física cuántica, primero porque tenía una idea de novela de ciencia-ficción y, luego, me gustó el mundo en sí de la física cuántica, la vida de los propios físicos, esa mezcla del pensamiento genial y de la miseria, las cosas mezquinas que hay entre todos los genios. Leyendo la biografía de Göebel, de repente descubrí que en su vida realmente ocurrían cosas que yo ya previamente había escrito en mi novela. Por ejemplo, él era muy infiel a su mujer y se justificaba hablando de los mundos paralelos. Decía que, cuando él se acostaba con otra, habitaba un mundo paralelo. Tenía un montón de fórmulas para demostrárselo a su mujer, aunque ella no se lo creía de todas formas. Curiosamente, más que por la posible ciencia-ficción, acabé interesándome por el mundillo en sí y las posibilidades literarias que tenía.

**KOB** ¿Asististe a conferencias de físicos?

**RL** No, pero leí muchos libros y revistas de física de las universidades y unos folletos donde hay incluso fotos de esta gente. Por otro lado, para escribir sobre los congresos, utilicé mi experiencia de los congresos de escritores, que son igual de mezquinos, supongo, que los de físicos. Son esos mundos académicos, que parecen tener mucho lustre desde fuera y, en cambio, desde dentro a veces son bastante patéticos.

**KOB** Dice en algún momento Trífero: 'No somos sino sombra del universo real . . . Vivimos en la sombra' (110). ¿Estás de acuerdo con él?

**RL** Es un juego con la propia literatura. La naturaleza de la literatura es la ficción. Sin embargo, para nosotros, los escritores, es tan real . . . A veces es más real que la propia vida porque, al fin y al cabo, es también la manera práctica de ganarnos la vida. Viviendo en este mundo paralelo que es la literatura, a veces vemos el mundo real como inconsistente, de sombras y mucho menos interesante que el mundo ficticio. El afecto a veces se nos va hacia ese mundo de la literatura, que es el verdadero mundo de las sombras . . . Trífero es una persona que ha fracasado en el mundo real, cosa que también nos pasa a veces a los escritores. De un fracaso en el mundo real parte esa invención de un universo que justifique su fracaso. Ya no le recuperará a su mujer. No supo amarla, lo cual es su verdadero drama. Tampoco podrá remediar su fracaso en establecer el contacto emocional con su propio hijo. Se inventa un universo que justifique todos esos estrepitosos fracasos, diciendo: no sólo yo no existo sino que nada existe.

**KOB** Y, ¿qué existe? ¿Qué es real para ti?

**RL** (riendo) Lo real es lo que cuesta dinero.

**KOB** En la contraportada de tu primera novela, *Lo peor de todo*, aparece, en forma de elogio, que no contiene 'ningún adorno "literario", ningún pensamiento "profundo"'. No se puede decir lo mismo sobre *Trífero*. Se podría decir, más bien, lo contrario: varios adornos literarios, varios pensamientos profundos, y también sería un elogio. ¿Cómo lo explicas?

**RL** Cada libro tiene sus exigencias y las técnicas que le corresponden. El cambio no se debe a la influencia de las lecturas. Cuando escribía *Lo peor de todo,* leía *Orlando*, que es un puro adorno, es una construcción de espiral y de fantasía. Mientras tanto, *Lo peor de todo* es una historia muy inmediata y violentamente real de un niño que es un inadaptado en su colegio. Pensé que el estilo sin adornos era el que le convenía, casi como las novelas que escriben la cárcel desde dentro. Mi novela era un retrato desde dentro de la cárcel de la infancia.

**KOB** Entonces, ¿no lo ves como una evolución de estilo sino como la función de la historia que cuentas?

**RL** Creo que sí, porque inmediatamente después escribí *Héroes*, que es una novela que habla de rock'n roll y es un puro adorno también, pura floritura, como esa poesía de rock. Sin embargo, la siguiente novela, *Caídos del cielo*, es una novela muy seca, muy esquemática, que casi parece un guión cinematográfico. Explicaba las situaciones con las mínimas palabras posibles porque pensé que ese estilo seco era el que le iba a esa historia. Por supuesto, hay una evolución porque cada vez voy leyendo más cosas, incorporo más influencias, dispongo de más gestos narrativos, de más riqueza de modelos. Al empezar uno está más limitado.

**KOB** Para los protagonistas de *Caídos del cielo* parece que existen, sobre todo, las sensaciones, que se intensifican mediante alcohol, drogas y violencia. De repente, en *Trífero* aparecen preocupaciones platónicas, preocupaciones sobre los sentimientos. ¿A qué se debe este cambio de enfoque?

**RL** Supongo que esto sí tiene que ver con la evolución personal. Según vas creciendo, el cuerpo va teniendo menos importancia. Los placeres a los que lo has sometido dentro de esta cultura de rock'n roll, al mismo tiempo suicida y hedonista, suministran la satisfacción, pero al mismo tiempo también te hacen daño. Entonces, llega un momento cuando el cuerpo no aguanta más y tienes que abandonar ese tipo de viajes y emprender otros distintos. Mi novela anterior, *Tokio ya no nos quiere*, que hablaba mucho de drogas, la escribí ya perfectamente sobrio y sin tomar nada, pero recordando la experiencia de las drogas. Es también una novela de viajes reales y los viajes sí los hice, porque, cuando dejé de beber y de tomar drogas, necesitaba coger aviones. En cambio, esta última novela, *Trífero*, la escribí ya como padre de un hijo y más establecido y, quizás por eso, es una novela que va más hacia dentro.

**KOB** Por otro lado, Trífero tampoco se siente capaz de reaccionar de una manera emocional ante las desgracias. Se siente condenado a la indiferencia. ¿Por qué? ¿Tiene algo que ver con su actitud de impostor?

**RL** No, creo que él es honesto precisamente en este sentido. Sería un impostor si pretendiera sentir lo que no siente. Supongo que yo mismo tengo una conexión extraña con mis propias emociones y a partir de eso me he preguntado muchas veces si la gente en general siente lo que dice que siente y hasta qué punto no se trata de un montón de patrones emocionales aprendidos. Eso se nota mucho en la muerte. Cuando muere alguien, realmente no se puede sentir la pérdida en un día. La muerte de una persona sí se siente a largo plazo, pero nos exigen una reacción inmediata y esa reacción normalmente es disparatada porque está forzada por un patrón de comportamiento aprendido. Un poco como el perro de Pávlov, sabemos que, cuando hay un entierro, hay que estar triste. En ese sentido no me ha dejado de parecer curioso que elijamos disfraces para las situaciones más importantes de nuestra vida: en los entierros vamos de negro, en las bodas la novia va de blanco, como si sin disfraz no se pudiera creer esa liturgia.

**KOB** ¿Estás comentando *El extranjero* de Camus o tus propias experiencias?

**RL** Supongo que es una mezcla de ambas cosas. No hay lectura que te influya si no la has asimilado, de-construido y reconstruido luego a la luz de tu propio criterio. Sin eso no se produce una influencia, se produce un plagio. Desde luego *El extranjero* es una novela clave en mi vida y en la vida de muchos escritores. Aparte de la belleza y de la efectividad de la escritura, me siento conectado a esta novela en que yo también he visto esa distancia entre las cosas que pasan y los estados emocionales. Me he sentido muy a menudo como Trífero, incapaz de encontrar la emoción que correspondía con un momento, lo cual no quiere decir tampoco que no tenga emociones sino que a veces no funcionan en los resortes acostumbrados.

**KOB** Trífero estaba convencido hasta casi el último momento de que nada importa, ni siquiera si encuentra el sentido de su propia historia, porque creía que, como en el ajedrez, su historia sólo tenía sentido dentro de los límites del tablero, o sea, sólo en su momento y sólo para él. ¿Tú crees que importa que no importe fuera del tablero?

**RL** En general, creo que la literatura trata de hacer preguntas. Es lo que dijo Tolstói y no le voy a llevar la contraria. Las respuestas son de costumbre mucho más decepcionantes. Por eso lo que más me interesa es generar a mí mismo y al lector preguntas interesantes. Volviendo a la pregunta sobre si importa que no importe. Probablemente no importa. En cuanto a la obra literaria, no importa en absoluto. Las novelas no son soluciones. Si acabas una novela más desconcertado que cuando la empezaste, es buena. La literatura no clarifica, sino que enturbia y hace el problema más complejo, lo subdivide. Derrumba algunas de las condiciones que tenía el lector y le crea nuevos abismos. Creo que eso es lo más interesante de leer.

**KOB** ¿Y en la vida de uno? ¿La reflexión de que solamente las cosas importen aquí y ahora y dentro de unos años no vayan a importar nada podría llevarnos a una actitud de indiferencia hacia lo que pasa?

**RL** Podría ser. Lo que pasa es que yo sí he intentado siempre, como decía Saul Bellow, 'to seize the day', agarrar el momento, porque es lo único que estás viviendo de verdad. El pasado es una mentira, el futuro es otra mentira. Lo único que existe de verdad es el momento actual y es el único lugar donde uno puede ejercer una acción directa. Todo pensamiento hacia atrás o hacia delante me parece inútil y una pérdida de energía.

**KOB** ¿Y eso lo dice un escritor?

**RL** Sí. Curiosamente escribir, que es dejar constancia de algo para el futuro, me interesa mucho sólo mientras escribo. Luego me hace gracia que dentro de equis años alguien pueda leer mis libros, pero me hace gracia por lo que me conforta ahora, porque sé que no me va a reconfortar para nada cuando llegue ese día.

**KOB** ¿Crees en un destino prefijado en 'un mono aporreando las teclas de una máquina de escribir' (*Trífero*, 124)?

**RL** Yo creo, más bien, en un mono aporreando las teclas de una máquina. Lo fascinante de la física cuántica, de la que habla la novela, es la posibilidad de que todo lo que nos rodea sea un puro accidente. Es muy desconcertante pensar que todo lo que ocurre en el universo dependa de un movimiento variable de una partícula subatómica, que no se puede predecir y que, si hubiera girado por otro lado, ahora no existiría nada, habría una bola de gas y nada más. Y, debido a que una partícula hace un movimiento absurdo, azaroso, de pronto existimos, tenemos emociones, nos casamos, nos morimos, vamos a la Luna.

**KOB** En las últimas páginas del libro Trífero dice que nunca ha escuchado a su corazón ni a las cosas. ¿Qué significa no escuchar a las cosas?

**RL** Trífero, que pretende vivir en el momento presente, de verdad no está viviendo ese momento, porque, cuando muere su mujer, su cabeza está en otro sitio. Es un hombre que, para estar obsesionado con el ahora, le presta muy poca atención al ahora, lo cual es una contradicción en la que yo mismo me encuentro a menudo. Soy una persona apasionada intelectualmente por el momento presente y, al mismo tiempo, incapaz de conectarme emocionalmente con él. Esto mismo es el drama de este personaje.

**KOB** ¿Quién es el autor de la frase que aparece en la contraportada, que tu novela constituye una reflexión sobre 'la distancia entre nuestros sentidos y nuestros sentimientos'? ¿Eres tú?

**RL** Sí. Me refería a que este hombre, Trífero, puede tocar el hielo, pero es incapaz de sentir el frío. Esa distancia, para mí, es fundamental en la novela.

**KOB** Trífero dice al profesor Jerusalem que nos 'dejamos guiar por imaginaciones creadas al antojo de la euforia y la decepción, mitos, falsos dioses . . .' (111). Luego, muestra a Jerusalem que proyectamos nuestras ficciones al vacío. ¿Crees que hay otra opción? ¿Es posible una lucidez total?

**RL** No. Y, si hubiera, desde luego no sería Jerusalem quien la vería. Otro aspecto de esta novela que para mí es esencial es el juego. No pretendía que la novela, como predica Wittgenstein, tocara el umbral de los verdaderos problemas. Estoy utilizando mis lecturas filosóficas, físicas, cuánticas, pero en un contexto de parodia, muy lejos de intentar darle a nadie una solución alternativa a esta proyección de sombras al vacío, en la caverna o en donde sea.

**KOB** Los protagonistas existenciales son los que funcionan según las sensaciones y es porque creen que la realidad termina en este nivel, que las emociones, el amor por ejemplo, son tan sólo una palabra, una ficción . . .

**RL** Decir que 'es solamente una palabra' es faltarle el respeto a la palabra. 'Pecado' también es una palabra, pero una palabra que mueve el mundo. Yo le quitaría 'solamente' y diría: 'es una palabra con todo el poder que tiene una palabra'. Los símbolos, las metáforas, han regido el mundo desde que el hombre es hombre. Es increíble que hoy en día la metáfora de un hombre en una cruz o la del pecado original sigan siendo tan fundamentales en el comportamiento de casi todas las sociedades modernas. Eso te hace pensar dos veces en ningunear a las palabras. Las palabras arrastran un peso infinitamente mayor que las acciones, infinitamente mayor que las armas.

**KOB** ¿Crean sentimientos?

**RL** Crean dudas y sombras que son imposibles de vencer. Crean más allá de los sentimientos, crean ideas de una potencia enorme. El amor es una idea absurda, inventada, que no se corresponde con nada o tan sólo con un movimiento químico de endorfinas, serotoninas y demás, que son lo más palpable que existe en el amor. Los químicos han llegado a ver que, cuando alguien te da un beso, se mueve algo. Hasta entonces pensábamos que era todo imaginación. Por otro lado, ese mismo algo se mueve cuando comes chocolate o cuando te da el sol en la espalda. Así que el amor no deja de ser un invento absoluto, pero un invento fascinante.

**KOB** ¿El paso de las sensaciones a los sentimientos corresponde a un paso de la visión materialista y pesimista de la realidad a una visión, digamos, consciente de la necesidad de ficciones tales como el amor?

**RL** Es que todo son ficciones. El materialismo también es una ficción porque creemos necesitar cosas que realmente no necesitamos. Todo el conforte que podemos sacar de las cosas reales no deja de ser una ficción también. En realidad, el ser humano puede vivir con agua, pan y tres cosas más. Todo lo demás que creemos necesario no deja de ser ficción que inventamos para llenar los agujeros del alma, que no se llenan con cosas ni con un pensamiento materialista.

**KOB** Dice también Trífero que 'ante la verdad estamos todos de espaldas' (111). ¿Crees que la verdad es inaccesible?

**RL** Es que la verdad es la ficción más grande y tan absurda como un conejo sacado de una chistera. Probablemente el comunismo y el capitalismo entero son tan ridículos como un truco de magia. Son maneras de soñar y de tener pesadillas comunes.

**KOB** ¿Crees que los pesimistas, los indiferentes, los poco motivados, los que se dicen realistas, no están más cerca de la verdad que los que van por la vida llenos de entusiasmo e ilusiones?

**RL** No, para nada. Si hubiera una noria, los que estuvieran subidos serían los idealistas, y los otros, los que no lo son, estarían abajo quejándose que esto es una cosa ridícula, que se mueve por un motor, que los caballos no son de verdad, que la música está grabada, que es de lata. Es igual de ridículo estar encima de la noria que estar debajo diciendo que es mentira.

**KOB** Entonces, ¿tus protagonistas rebeldes, que se resisten a sentirse motivados por las cosas en las que no creen, no son así por la ambición de estar más cerca de la verdad?

**RL** Mis personajes se han tenido siempre por gente que no está motivada, que no tiene ambiciones. Yo creo que es una lectura equivocada. Es gente que no tiene ambiciones colectivas, de soportar el peso de lo común con los demás, pero tienen ambiciones de preservar su propia vida: tratan de acotar su propio terreno personal y de defenderse contra el mundo, contra el amor, contra el tiempo, contra el trabajo, contra Dios, futuro, pasado, mar, hielo . . . Es una defensa numantina de la identidad y del derecho de poder hacer de cada segundo de tu vida lo que crees que debes hacer.

**KOB** Por lo del hielo estamos otra vez con Trífero. En los trenes viajando por Alemania, Trífero se da cuenta de que todo el tiempo estaba luchando en contra de algo; lo llama 'una simetría perfecta en la que un borrón de tinta marca con rigor inexorable . . . una forma idéntica' (221). ¿Se trata del destino?

**RL** Lo que él está tratando de evitar es que las huellas de su pasado, al plegarse el tiempo, se conviertan en las marcas de su futuro. Yo no hablaría del destino porque se trata de las huellas que él mismo ha dejado. Es decir, sería el destino en el sentido de que es nuestro propio destino pagar nuestras propias culpas o encontrarnos con las consecuencias del capítulo anterior. Él lo que intenta es escapar de la relación causa-efecto. ¿De qué libertad podemos hablar si siempre vamos a estar seguidos por la relación causa-efecto? El hombre en ese sentido no es libre, pero no porque Dios haya marcado su destino, sino porque nos han impuesto unas leyes físicas que determinan que cada acción tiene una reacción. Éste es el límite absoluto de nuestra libertad. Cuando uno mata a alguien, va a la cárcel o lo matan a él. No puede revertir los acontecimientos dos días después, decidir cambiar de idea, para ser libre. No hay libertad en este sentido. Vivir es arrastrar la cadena que uno mismo se va haciendo.

**KOB** Esa metáfora del 'borrón de tinta que marca una forma' me hizo pensar que lo que a un individuo en su vida se le aparece como esa cadena de causas y efectos,

¿en la historia narrada sería como el sentido, la forma de la historia? ¿Otra reflexión unamuniana de la rebelión del protagonista contra la lógica de la narración?

**RL** Sí, igual que es difícil escapar de Camus, es difícil escapar de Unamuno. Nunca lo articulo de una manera explícitamente unamuniana porque *Niebla* es un libro que se come a sí mismo y, después de él, cualquier acercamiento a ese tema resulta sinceramente vergonzoso. Pero, desde luego, hay sombras del pensamiento unamuniano en mi obra, sombras de *Niebla* y de *San Manuel Bueno, mártir*, de las que nunca he podido escapar igual que no he podido escapar de Baroja.

**KOB** ¿Qué da sentido a una historia?

**RL** La textura de la escritura, la calidad propia de la escritura, fuera del tema, fuera de las ideas que maneje. Sólo me interesan los escritores que escriben bien.

**KOB** ¿Entonces identificas el sentido con lo estético?

**RL** Sí. Es la primera puerta. Si esa puerta está cerrada, ya no quiero entrar. Hay casos muy particulares en los que me ha interesado un autor por las ideas que maneja, aunque no me apasione su escritura. Pero, en estos casos, se trata más del interés profesional mío como escritor que busca cosas para 'robar' y no de mi interés como lector. Para que disfrute la lectura, la condición indispensable es la materia de la propia escritura.

**KOB** ¿Qué reacción te provoca la expresión 'búsqueda de sentido'? ¿Te entusiasma o la ves como algo ridículo?

**RL** Creo que la duda, el buscar sentido a las cosas o descubrir el sinsentido a las cosas, que viene a ser lo mismo, es el motor de la inteligencia. Cuanto más duda la gente, más cerca se encuentra de estar iluminada y más lejos del fanatismo, de la apropiación indebida de las ideas ajenas, de seguir al grupo llevando banderas que en realidad no le importan. Es muy raro que alguien que duda mucho acabe matando a otro o que ponga una bomba, que invada un país.

**KOB** Es interesante que identifiques la búsqueda de sentido con el arte de dudar.

**RL** Sí, totalmente. Creo que dudar es fundamental y que la gente que acumula certezas se hace peligrosa.

**KOB** ¿Con cuál de los dos científicos te identificas más, con Jerusalem o con Tauloski?

**RL** La verdad es que con ninguno. Tauloski es un personaje que está a un paso de ser un genio, pero tiene un alma mediocre, mientras que Jerusalem está a tres mil pasos de ser un genio, pero tiene el alma cándida y hermosa de los genios. Su personaje, a pesar de ser patético, está más cerca para mí de lo sublime que el personaje de Tauloski, un físico verdadero que se supone que ha hecho algunos avances importantes en la ciencia y está a un paso de ser de oro, pero es de cobre.

**KOB** ¿Ha hecho avances o ha demostrado que no son posibles?

**RL** Sí, realmente se trata de eso. Es un tipo que desarticula el talento ajeno como el crítico. Decía Samuel Fuller – hablando de cine, pero vale igual para la literatura – que un crítico es un soldado que da la vuelta y dispara contra su propio ejército. Tauloski es un poco así; no se deja llevar por la grandeza de su tema, por el río cuántico, como Jerusalem. Parece un personaje mezquino enredado en un asunto importante y maravilloso.

**KOB** Pedante, conservador . . .

**RL** Altanero, grotesco.

**KOB** Con todo esto, ¿no te parece una actitud necesaria hasta cierto sentido?

**RL** Supongo que todo crea un balance. Igual que los críticos literarios están allí para que los escritores moderemos nuestro ego desmedido, supongo que en la ciencia también es necesario este tipo de personaje. Supongo que en el *yin* y el *yang* de las cosas, en el balance absoluto, son necesarios como cada ingrediente, pero yo nunca le he visto mucho sentido a esta gente que siempre está desinflando los globos de los demás.

**KOB** Para Trífero 'la belleza era una cuestión de fracturas' (193). ¿Cómo lo entiendes? – ¿Como algo 'bonito' que el sufrimiento deja en la gente?

**RL** Creo que este pensamiento viene de un verso de Leonard Cohen que dice: 'cada cosa tiene una grieta y por allí es por donde entra la luz'.[3] Los sistemas perfectos, las certezas absolutas, realmente no generan nada. Es el pensamiento fracturado el que tiene potencia, como en la religión, donde todos los santos y el propio Jesucristo es gente fracturada, sangrante, que está muy cerca del pecado o que ha pecado, gente arrepentida. No se trata tanto del bien y del mal, sino del interés. Por ejemplo, en el caso del amor, esas grietas son las que fascinan. No entiendo amor sin fascinación. Fascinan las grietas y fascina también lo que nos da un poco de miedo y lo que no podemos controlar del todo. Son los efectos que tienen las fracturas.

**KOB** ¿De ahí también que tenga más interés el fracaso que el éxito?

**RL** Sí, pero no en la historia cliché del perdedor, que está muy manida y muy sobada, porque es una historia que ha dejado de tener sentido.

**KOB** ¿Por qué?

**RL** Porque la figura del perdedor como un rebelde culturalmente se ha utilizado tan mal que al final acaba sirviendo para vender vaqueros en la televisión. Muchas figuras y palabras, como las del 'perdedor' y del 'rebelde', han perdido así su sentido.

**KOB** ¿Cómo se te ocurrió el nombre del protagonista, Trífero?

**RL** En general los personajes en mis novelas no tienen nombres. Pero aquí, como era una novela en tercera persona, quería un nombre. Quería un nombre un poco a la manera de Nabokov, que sólo perteneciera a la novela, que sólo existiera éste que fuera el único como sólo hay un Humbert Humbert, sólo hay un Pnin, sólo hay un Raskolnikov. Estaba leyendo a Thomas Pynchon, *The Crying of Lot 49*, donde hay una especie de asociación siniestra que se llama Trístero, y me gustó. Lo cambié a Trífero porque me daba esa idea de la naturaleza tri-esférica. Sonaba complejo, sonaba un poco científico y hablaba de algo de tres dimensiones, y mi personaje tiene tres naturalezas distintas.

**KOB** En tus primeras novelas algunos protagonistas no tienen nombres sino iniciales. Me imagino que con eso querías lograr un efecto contrario a la individualidad.

**RL** Sí, quería que los personajes sólo existieran en la imaginación del lector y no pudieran ni siquiera ser nombrados. En *Caídos del cielo* son el chico y la chica, porque es una novela mítica en realidad. Es la carretera, el mar, el chico y la chica, que no tienen identidad y sólo existen como un mito en la imaginación de la gente que lee su historia en los periódicos.

**KOB** Un mundo dentro de otro mundo, un mundo que se cree real, pero es soñado. ¿Te inspiró *Matrix*?

**RL** No, cuando vi *Matrix*, ya hacía mucho tiempo que había leído a Calderón de la Barca afortunadamente. *Matrix* es Calderón, igual que *Blade Runner* es *Niebla* de Unamuno. Gran parte de la reciente ciencia-ficción está basada en las lecturas clásicas.

**KOB** Te interesa la relación entre diferentes niveles de la realidad, entre la realidad y la ficción. ¿Cómo surgió este interés?

**RL** Siendo escritor, como hablábamos al principio, tu vida diaria se divide en dos esferas totalmente distintas: la realidad y la ficción. Cuando estás escribiendo una novela, estás viviendo en las dos realidades: en la tuya propia y en la de Trífero. Entonces, hay cosas que miras con ojos de padre y de persona normal que va de compras porque le falta leche, pero, al mismo tiempo, estás mirando las cosas como tu propio personaje. Hay cosas que las barres para el lado de Trífero y hay cosas que las barres para tu propio lado real, pero vives desplegado entre los dos.

**KOB** ¿Cuántos años tiene tu hijo?

**RL** Dos.

**KOB** ¿Entonces fue la experiencia real de tenerlo la que inspiró una parte de la novela?

**RL** Creo que sí. Curiosamente, de las luces de mi experiencia como padre nacen las sombras de la experiencia como padre de Trífero. Creo que es algo típico de los escritores, lo hablamos a veces, que cuando uno vive una situación es capaz de vislumbrar cuál sería la respuesta contraria a la que uno está tomando; es decir, cómo sería si yo no le quisiera, cómo sería si ella no me quisiera, como sería si ahora hubiera un terremoto. A veces uno cuenta las cosas como son, pero más a menudo se aventura en la situación opuesta a la que está viviendo.

**KOB** Una de las ideas que *Caídos del cielo* y *Trífero* tienen en común es que la debilidad contra la que luchan o de la que son culpables los protagonistas es la cobardía. ¿Consideras el miedo como algo muy significativo?

**RL** Suele definirse al cobarde como alguien que no quiere luchar por el grupo, mientras que yo llamo 'cobarde' al que lucha por el grupo y llamo 'héroe' al que lucha sólo por sí mismo. La imagen del cobarde está formada por los grupos siempre.

**KOB** ¿Entonces, Trífero no se ve culpable de no haber saltado a salvar a su mujer?

**RL** Su única culpa es otra y él ni siquiera sabe si es una culpa. No llega a decirse 'soy culpable de no haber amado'. Llega a entender que no había amado, pero de ahí a sentirse culpable hay un paso. Llega a analizar los hechos que han regido su vida y su comportamiento y los acepta. Alcanza un momento de lucidez, pero yo no diría que se sienta culpable. Es verdad que, por muy egoísta que sea uno, como lo es la mayoría de mis personajes, no puede vivir sólo consigo mismo y, cuando uno siente un reproche universal, es muy difícil no sentirlo.

**KOB** En *Lo peor de todo*, el narrador dice: 'En algunas películas se muere la gente y en otras no. A mí me gustan las que tienen muertos y gente odiándose a conciencia los unos a los otros' (8). ¿Por qué crees que a la gente nos gusta la violencia en el cine, en las novelas?

**RL** Creo que la violencia es parte fundamental del ser humano. Uno de los dramas del ser humano es alejarse sistemáticamente de su condición animal. La tensión que se produce entre nuestra condición animal y nuestra condición humana, tanto en el dominio del sexo como en el de la violencia, genera muchos de nuestros dolores, penas, inquietudes y culpas. Tenemos impulsos sexuales que no podemos cumplir por una serie de normas, porque nos hemos casado, porque los otros están casados y no podemos actuar como el perro que ve una perra en el parque y se le tumba enseguida encima sin percibirlo como un problema. Nosotros tenemos que domar todos los instintos sexuales y violentos y esa doma es dolorosa. Nos hemos ido alejando de la violencia con el tiempo; éramos cazadores y a hora vamos al supermercado y nos compramos una chuleta en el plástico lo cual no satisface nuestros instintos animales como los satisfacía la caza. El arte se convierte, entonces, en una válvula de escape de nuestra propia violencia. Me hacen gracia estas polémicas sobre la violencia en el cine y en la televisión cuando toda la historia del arte y de la literatura es sangrienta, desde la pintura rupestre, llena de cacerías, la pintura religiosa con sangre y martirios, cabezas en las picas, o *Mío Cid*, que está lleno de matanzas. De golpe quieren echar la culpa a Oliver Stone de todo esto.

**KOB** Parece que crees que no tan sólo en el arte nos gusta la violencia.

**RL** La violencia nos fascina, pero es otra cosa decir que nos guste. Nos fascina, nos interesa, pero también nos repugna y nos asusta.

**KOB** Entonces, ¿no tiene culpa la televisión de nuestra fascinación con la violencia?

**RL** La televisión no tiene culpa de nada. Es un espejo. La sociedad ve en la televisión lo que se merece. Al ser el medio con menos exigencias artísticas, menos elitista, más democrático y más popular, muestra a la gente su propia cara y su propia estupidez.

**KOB** Entonces, ¿el dicho 'somos lo que leemos o somos lo que miramos' se interpreta en ambos sentidos?

**RL** Sí, absolutamente, lo que no quiere decir que no se debería hacer un esfuerzo por tratar de obtener una imagen mejor de nosotros mismos y dignificar el propio medio. Por otro lado, es una aventura tan idiota como todas las aventuras artísticas pensar que un mundo más culto, más inteligente, sería mejor. No sé hasta qué punto la cultura nos separa de la barbarie.

**KOB** ¿Crees que la gente perpetra actos violentos porque quiere demostrarse a sí misma y a los demás que no tiene miedo y así lograr una especie de grandeza ante los ojos de los demás? ¿Crees que se asocia la violencia con la grandeza?

**RL** No, creo que, como hablábamos antes, sería más bien la debilidad porque la violencia nos acerca a nuestra condición animal. La grandeza, tal como yo la entiendo, sería ese camino a la potencia del alma por encima de la potencia del animal. Cuanto más lejos estemos de nuestro ser animal, se supone que más habremos conquistado y es para lo que estamos aquí. Por otro lado, el miedo es una forma de respeto. La gente respeta a los Estados Unidos porque le tiene miedo, como antes se respetaba a Rusia y ahora no, porque se supone que ya no tienen tantos misiles para tirártelos a la cabeza. Evidentemente vivimos regidos por leyes animales. Entre los hombres y las mujeres es lo mismo. En el siglo XXI todavía las mujeres tienen un lugar inferior a los hombres porque tienen menos fuerza física. No deja de ser fascinante darse cuenta de que eso ocurra.

**KOB** ¿Ese sería también el origen de las fantasías de pistolas, las fantasías de disparar contra todos que tienen tus protagonistas?

**RL** Son pistolas de la imaginación que pueden vencer al que es más fuerte que tú. Es una de las fascinaciones del western y de las películas de kárate, de ese chico pequeñajo que ha aprendido las técnicas de lucha y de pronto llega y tumba a todos los matones de su barrio. Esa fantasía le lleva a Napoleón, a Franco y a Hitler a conquistar continentes y a cambiar la historia del mundo. Eran todos tipos canijos e insignificantes, muy lejanos de la imagen clásica del héroe.

**KOB** Cuando el chico rompe la tele en tu película, *La pistola de mi hermano*, la chica al instante le abraza con cariño. ¿Por qué le abraza? ¿ Porque le gustó lo que él hizo o porque siente que es una expresión de su frustración?

**RL** Porque siente el miedo que él tiene. Él ha matado, anda con la pistola, pero en el fondo es un tío asustado.

**KOB** ¿Crees que la violencia en el arte contemporánea expresa algún tipo de frustración generalizada, una especie de trauma? ¿De qué?

**RL** Sí, de alguna manera sí. Cierta impotencia, sobre todo. Este personaje mío, por ejemplo, es un chico que tiene miedo de ser un hombre, por su visión de cómo son los hombres. Los hombres no le gustan. No le gusta cómo se manejan, no le gusta cómo hablan de las mujeres. Rechaza todo lo que representa la figura del hombre, le parece sucio, le parece bruto, le parece estúpido. Y este miedo de ser hombre es lo que le lleva a toda la locura y al crimen.

**KOB** Cuando mata al primer hombre, puede ser un accidente, incapacidad de controlar los nervios. ¿Y en el segundo caso?

**RL** Cuando mata al hombre de la gasolinera, cree que está matando al hombre en que está condenado a convertirse. No quiere convertirse en un tipo que mira a las mujeres así, tiene miedo a la propia erección, que él considera algo sucio. Todo lo que era para él bello en la infancia, parece que va a ser derrumbado por este ser animal, bruto y feo que es el hombre. Mata al gasolinero por cómo él mira a la chica. Y mata al primero, porque es uno de esos tipos con pistolas que están en los diferentes sitios y te dicen lo que tienes que hacer y lo que no ejerciendo el poder del miedo sobre ti.

**KOB** ¿Tienes una pistola?

**RL** No. Ni la tengo ni la quiero.

**KOB** Hay varias maneras de representar la violencia: con todo el desgarramiento, como en *Reservoir Dogs*, o con indiferencia, como en *Pulp Fiction*. ¿Cuál te resulta más impactante?

**RL** En cuanto a la representación de la violencia, creo que, cuanto más se aleja de la realidad, más peligrosa es. Si hay algo peligroso hoy en la relación que tienen los jóvenes con la violencia, es no entender que la violencia es real. Estoy convencido de que los chicos en Colorado, entrando con pistolas en el colegio, creían que estaban jugando a un videojuego. No me parece que en sus mentes pensaran que lo estaban haciendo de verdad. Los videojuegos o las películas como *Matrix* están alejando la imagen de la violencia de como es de verdad. La violencia representada tal como es produce fascinación, pero también miedo y dolor y así la representación se mantiene fiel a la realidad. Si la violencia se representa como un juego, hay gente que se cree que realmente se está jugando y eso me parece más peligroso.

**KOB** En *Caídos del cielo*, los protagonistas viajan hacia el mar; Tríferο viaja de un país a otro. ¿Cuál es el papel del viaje en la búsqueda de sentido?

**RL** Es el mismo al de la duda. Al cambiar la realidad en la que uno vive, empieza el proceso de adaptación a una nueva realidad y esto genera un conflicto. Cuando uno viaja, no puede llevar sus certezas con él porque va a otro sitio. Muy poco de lo que te servía en Barcelona, te va a servir si viajas a Vietnam: ni el idioma, ni la mayoría de los conceptos aprendidos, ni lo que tú crees que mueve a la gente. Todo esto genera la duda y una especie de despertar intelectual.

**KOB** Entonces, ¿no estás de acuerdo con lo que dice Quevedo al final de *El Buscón*, que uno no cambia al cambiar del lugar?

**RL** No hay nada categórico. Hay una parte de la persona que no cambia jamás evidentemente, pero hay otra que se ve obligada a cambiar. Cuando cambias de sitio, cambias de decorado y, cuando cambias de decorado, te distancias de tu entorno y vuelves a reencontrar tu propia identidad. A veces uno es víctima de sus circunstancias. Cuando vivía en Madrid, me conocía mucha gente, sabían que era escritor y todo lo que hacía estaba condicionado por eso. Cuando vine a vivir a Nueva York, no me conocía nadie. Aquí salgo a la calle, nadie sabe quién soy y vuelvo a ser quien era mucho antes de empezar a escribir. Esa experiencia me parece muy interesante.

**KOB** ¿Cómo te imaginas a tu público?

**RL** No lo sé. Hubo un momento cuando lo tenía muy claro. Cuando empecé a escribir, la gran mayoría de mi público era gente muy joven. Con las dos últimas novelas, quizás porque han tenido una repercusión mayor en la crítica, el público ha variado mucho.

**KOB** En tu opinión, ¿cuál es la influencia del mercado en la producción literaria?

**RL** En parte, es una forma de vida para nosotros, los escritores. Aunque quisiéramos, no podríamos estar escribiendo un libro cuarenta años, incluso si fuera a ser más sublime que el que escribimos en un año, porque tenemos que comer. Sin embargo, este condicionamiento, que parece una impureza, en realidad no lo es, porque el límite de tiempo tampoco tiene que afectar negativamente la calidad del trabajo. Hay géneros más regidos por las leyes del comercio que la literatura, como, por ejemplo, el cine, y, sin embargo, las películas terminan siendo obras de arte. En realidad, el arte siempre ha estado obligado por el comercio y por el dinero. Goya era capaz de hacer el retrato de la familia real y al mismo tiempo ser Goya. Curiosamente el arte del pasado que más admiramos es el arte de encargo, mucho más comprometido económicamente de lo que hoy pueda ser el escritor con una editorial o con un agente.

**KOB** ¿Uno es de donde come?

**RL** Creo que sí. Eso es muy catalán. Los catalanes nunca han tenido muchos problemas diferenciando el arte del negocio. Creo que es una actitud normal. Un músico es alguien a quien le pagan para que toque en un club mientras que los demás beben cerveza. Mozart era un artista popular en su día, incluso populachero, un tío para entretener a la plebe. Creo que ese factor lúdico y ese factor económico, la necesidad de ganarse la vida del artista, no le quita nada al arte. Por eso me hace gracia que se considere a los escritores que juegan con los medios como menos puros y se los distinga de los escritores que viven amparados por las universidades con becas y por eso parecen más puros. Ellos están dedicando mucho más tiempo y esfuerzo a generarse unos ingresos en la sombra de lo que nosotros gastamos generando esos ingresos en la luz. El mercado editorial nos hace una promoción cada dos años. Ellos, en cambio, llevan una lucha política infinita por conseguir su dinero de becas y de fundaciones, cargándose al mismo tiempo a la competencia. No sé qué es más siniestro. Creo que hay mucha hipocresía en los comentarios que se dedican a estos temas en los mundillos literarios.

**KOB** En varias novelas hablas de la música que escuchan tus protagonistas y me imagino que, hasta cierto punto, es la música que escuchabas tú cuando escribías estas novelas. ¿Qué estabas escuchando al escribir *Trífero*?

**RL** Con *Trífero* escuchaba mucho a Michel Legrand, que tiene ese tono de parodia sentimental porque es una música exageradamente romántica.

**KOB** Usaste algunas veces la palabra 'sublime'. ¿Cómo la entiendes?

**RL** ¿Usé la palabra 'sublime'? ¡Qué horror! Sublime es lo que nos aleja de todas las cadenas que tenemos como seres humanos, sublime es como el arte, porque toca una porción de nosotros que es mejor que el resto. Es esa proyección optimista de que quizás seamos mejores de lo que somos. Si admitimos la necesidad de lo mezquino en el mundo, también hay necesidad de lo sublime.

**KOB** ¿A qué idiomas se han traducido tus libros?

**RL** A diez, que son inglés, francés, alemán, italiano, holandés, griego, portugués, finlandés, danés y sueco.

**KOB** ¿En qué estás trabajando ahora?

**RL** En un guión para una película de terror.

# Bibliografía

Los títulos de las obras citadas en la sección de las fuentes primarias aparecen bajo el nombre del autor, ordenadas según las fechas de su aparición, de la más reciente a la más antigua. En la sección de las fuentes secundarias se mencionan las ediciones más accesibles y, por lo tanto, todos los títulos del mismo autor aparecen bajo su nombre en el orden alfabético.

OBRAS DE LOS ENTREVISTADOS


**Fernández Cubas, Cristina.** *Cosas que ya no existen.* Barcelona: Lumen, 2001.

——. *Hermanas de sangre.* Barcelona: Tusquets, 1998.

——. *El columpio.* Barcelona: Tusquets, 1995.

——. 'Con Agatha en Estambul', 'Ausencia', 'Mundo', 'El lugar', 'La mujer de verde'. *Con Agatha en Estambul.* Barcelona: Tusquets, 1994.

——. 'Helicón', 'El ángulo del horror', 'La flor de España'. *El ángulo del horror.* Barcelona: Tusquets, 1990.

——. *El año de Gracia.* Barcelona: Tusquets, 1985 (ed. cit., 1994).

——. 'La ventana del jardín', 'El reloj de Bagdad', 'Lúnula y Violeta', 'Mi hermana Elba', 'En el hemisferio sur', 'Los altillos de Brumal', 'La noche de Jezabel'. *Mi hermana Elba* y *Los altillos de Brumal.* Barcelona: Tusquets, 1980 (ed. cit., 1988).

**Loriga, Ray.** *Trífero.* Barcelona: Destino, 2000.

——. 'Images of Spain (that ain't necessarily so)'. *Aperture*, Spring, 1999.

——. *Tokio ya no nos quiere.* Barcelona: Plaza & Janés, 1999.

——. Dir. *La pistola de mi hermano.* Act. Daniel González, Nico Bidasolo, Andrés Gertrudix. United International Pictures, 1997.

——. *Caídos del cielo.* Barcelona: Plaza & Janés, 1995.

Loriga, Ray. *Días extraños.* Madrid: El Europeo – La Diputación, 1994.

——. *Héroes.* Barcelona: Plaza & Janés, 1993.

——. *Lo peor de todo.* Madrid: Debate, 1992.

**Merino, José María.** *Los invisibles.* Madrid: Espasa Calpe, 2000.

——. 'El hechizo de Iris', 'El mar interior', 'La dama de Urz', 'El misterio Vallota'. *Cuatro nocturnos.* Madrid: Alfaguara, 1999.

——. *Las visiones de Lucrecia.* Madrid: Alfaguara, 1996.

——. 'Tres documentos sobre la locura de J.L.B.'. *Cuento español contemporáneo.* Ed. Ángeles Encinar y Anthony Percival. Madrid: Cátedra, 1994.

——. 'Sobre la vigencia de la novela'. *España frente al siglo XXI: cultura y literatura.* Ed. Samuel Amell. Madrid: Cátedra, 1992.

——. *Los trenes del verano / No soy un libro.* Madrid: Siruela, 1992.

——. 'La imposibilidad de la memoria', 'Los paisajes imaginarios', 'Oaxacoalco', 'El viajero perdido', 'Un personaje absorto', 'Las palabras del mundo'. *El viajero perdido.* Madrid: Alfaguara, 1990.

——. *El oro de los sueños.* Madrid: Alfaguara, 1986.

——. *La orilla oscura.* Madrid: Alfaguara, 1985.

——. 'El nacimiento en el desván'. *Cuentos del reino secreto.* Madrid: Alfaguara, 1982.

——. *Novela de Andrés Choz.* Madrid: Alfaguara, 1976.

**Millás, Juan José.** *Dos mujeres en Praga.* Madrid: Espasa, 2002.

——. *Articuentos.* Ed. Fernando Valls. Barcelona: Alba, 2001.

——. *Cuerpo y prótesis.* Madrid: Alfaguara, 2000.

——. *No mires debajo de la cama.* Madrid: Alfaguara, 1999.

——. *El orden alfabético.* Madrid: Alfaguara, 1998.

——. *Cuentos a la intemperie.* Madrid: Alfaguara, 1997.

Millás, Juan José. *La soledad era esto*. Barcelona: Destino, 1997.
——. *Tonto, muerto, bastardo e invisible*. Madrid: Alfaguara, 1995.
——. 'Patria', 'Escribir/1', 'Escribir/2'. *Algo que te concierne*. Madrid: Aguilar, 1995.
——. 'La puerta secreta'. *Ella imagina y otras obsesiones de Vicente Holgado*. Madrid: Alfaguara, 1994.
——. *Volver a casa*. Madrid: Alfaguara, 1990.
——. 'La primavera de luto', 'Los trastornos de carácter'. *La primavera de luto y otros cuentos*. Barcelona: Anagrama, 1989.
——. *El jardín vacío*. Madrid: Alfaguara, 1987.
——. *El desorden de tu nombre*. Madrid: Alfaguara, 1986.
——. *Letra muerta*. Madrid: Alfaguara, 1984.
——. *Papel mojado*. Madrid: Alfaguara, 1983.
——. *Visión del ahogado*. Madrid: Alfaguara, 1977 (ed. cit. 1994).
——. *Cerbero con las sombras*. Madrid: Alfaguara, 1975.

**Monzó, Quim.** *El tema del tema* (recopilación de artículos). Barcelona: Acantilado, 2003.
——. 'Ante el rey de Suecia', 'Cuando la mujer abre la puerta', 'El niño que se tenía que morir', 'Accidente'. *El mejor de los mundos*. Barcelona: Anagrama, 2002.
——. *Ochenta y seis cuentos* (antología de *Uf, dijo él*, de *Olivetti, Moulinex, Chaffoteaux et Maury*, de *El porqué de las cosas* y de *Guadalajara*). Trad. Javier Cercas y Marcelo Cohen. Barcelona: Anagrama, 1999.
——. 'Vida familiar', 'A las puertas de Troya', 'Las libertades helvéticas', 'Gregor'. *Guadalajara*. Trad. Javier Cercas. Barcelona: Anagrama, 1997.
——. 'La honestidad', 'El amor', 'La sumisión', 'La fe', 'La inestabilidad', 'La euforia de los troyanos', 'El juramento hipocrático', 'El afán de superación', 'La micología', 'Pigmalión', 'La fuerza de la voluntad'. *El porqué de las cosas (El perqué de tot plegat)*. Trad. Marcelo Cohen. Barcelona: Anagrama, 1994.
——. *La magnitud de la tragedia*. Trad. Marcelo Cohen. Barcelona: Anagrama, 1990.
Monzó, Quim. *La isla de Maians (L'illa de Maians)*. Trad. Marcelo Cohen. Barcelona: Anagrama, 1987.
——. y Savary, Jérôme. *El tango de don Joan*. Dir. Jérôme Savary. Prod. Centre Dramàtic de la Generalitat de Catalunya. Act. Toni Martínez y Carmen Conesa. Estr. Barcelona: Teatre Romea. 1986–7.
——. *Gasolina (Benzina)*. Trad. Joaquín Jordà. Barcelona: Anagrama, 1984.
——. 'Historia de un amor', 'Sobre la futilidad de los deseos humanos', 'En punto'. *Melocotón de Manzana* (antología de *Uf, dijo él* y de *Olivetti, Moulinex, Chaffoteaux et Maury*). Trad. Marcelo Cohen. Barcelona: Anagrama, 1981 (también en *Ochenta y seis cuentos*. Barcelona: Anagrama, 1999).

**Muñoz Molina, Antonio.** *En ausencia de Blanca*. Madrid: Alfaguara, 2001.
——. *Sefarad*. Madrid: Alfaguara, 2001.
——. *Carlota Fainberg*. Madrid: Alfaguara, 1999.
——. *Plenilunio*. Madrid: Alfaguara, 1997.
——. *Ardor guerrero*. Madrid: Alfaguara, 1995.
——. *Las apariencias*. Madrid: Alfaguara, 1995.
——. *El dueño del secreto*. Madrid: Ollero & Ramos, 1994 (ed. cit., Castalia, 1997).
——. 'Carlota Fainberg'. *Cuentos de la isla del tesoro*. Madrid: Alfaguara, 1994.
——. *Nada del otro mundo*. Madrid: Espasa Calpe, 1993.
——. 'Disciplina de la imaginación'. *La realidad de la ficción*. Sevilla: Renacimiento, 1993.
——. 'La poseída'. *Son cuentos: Antología del relato breve español*, 1975–93. Madrid: Espasa Calpe, 1993.
——. *El jinete polaco*. Barcelona: Planeta, 1991.
——. *Beltenebros*. Barcelona: Seix Barral, 1989.
——. 'Las otras vidas'. *Las otras vidas*. Barcelona: Mondadori, 1988 (cit. de *Cuento español contemporáneo*. Ed. Ángeles Encinar y Anthony Percival. Madrid: Cátedra, 1994).
——. *El invierno en Lisboa*. Barcelona: Seix Barral, 1987.

Muñoz Molina, Antonio. *Beatus Ille*. Barcelona: Seix Barral, 1986.

**Piglia, Ricardo** y Leon Rozitchner. *Tres propuestas para el próximo milenio y cinco dificultades – Mi Buenos Aires querido*. San Diego, CA: Fondo de Cultura Económica, 2001.

Piglia, Ricardo. *Formas breves*. Barcelona: Anagrama, 1999.

Díaz-Quiñones, Arcadio, Firbas, Paul et al., ed. *Ricardo Piglia: Conversación en Princeton (PLAS Cuadernos, No. 2)*. Princeton, NJ: Program in Latin American Studies, Princeton U., 1998.

Piglia, Ricardo. *Plata quemada*. Buenos Aires: Planeta, 1997.

——. *La ciudad ausente*. Buenos Aires: Sudamericana, 1992.

——. 'En otro país'. *Cuentos con dos rostros*. México D.F.: UNAM, 1992.

——. *Respiración artificial*. Buenos Aires: Sudamericana, 1980 (ed. cit., 1988).

——. *Nombre falso*. México D.F.: Siglo XXI, 1975.

——. 'Mata Hari 55', 'El calabozo'. *El jaulario*. La Habana: Casa de las Américas, 1967. También publicado como *La invasión*.

**Vila-Matas, Enrique**. *Bartleby y compañía*. Barcelona: Anagrama, 2000.

——. *El viaje vertical*. Barcelona: Anagrama, 1999.

——. *Extraña forma de vida*. Barcelona: Anagrama, 1997.

——. *Hijos sin hijos*. Barcelona: Anagrama, 1993.

——. 'Rosa Schwarzer vuelve a la vida', 'La muerte por saudade'. *Suicidios ejemplares*. Barcelona: Anagrama, 1991 (cit. de *Son cuentos: Antología del relato breve español, 1975–1993*. Ed. Fernando Valls. Madrid: Espasa-Calpe, 1993).

——. 'Como me gustaría morirme'. *Una casa para siempre*. Barcelona: Anagrama, 1988.

——. *Historia abreviada de la literatura portátil*. Barcelona: Anagrama, 1985.

——. 'Nunca voy al cine'. *Nunca voy al cine*. Barcelona: Leartes, 1982.

**Zarraluki, Pedro**. *Para amantes y ladrones*. Barcelona: Anagrama, 2000.

Zarraluki, Pedro. *Hotel Astoria*. Barcelona: Anagrama, 1997.

——. *La historia del silencio*. Barcelona: Anagrama, 1994.

——. 'Páginas inglesas'. *Cuento español contemporáneo*. Ed. Ángeles Encinar y Anthony Percival. Madrid: Cátedra, 1994.

——. *El responsable de las ranas*. Barcelona: Anagrama, 1990.

——. *Retrato de familia con catástrofe*. Barcelona: Anagrama, 1989.

——. 'La mano del lagarto'. *Tres trayectos innobles*. Madrid: Almarabu, 1986.

——. *Galería de enormidades*. Barcelona: Mascarón, 1983.

OTRAS OBRAS CITADAS

Arendt, Hannah. *On violence*. New York, NY: Harcourt, Brace & World, 1970.

Austen, Jane. *Pride and Prejudice*. New York, NY: Dutton, 1950.

Bahktin, Mihail. *Teoría y estética de la novela*. Madrid: Taurus, 1991.

Barthelme, Donald. *Amateurs*. Londres: Routledge & Kegan Paul, 1977.

Bataille, Georges. *L'Erotisme*. París: Minuit, 1957.

——. *Historia del ojo*. Barcelona: Tusquets, 1986.

Bécquer, Gustavo Adolfo. 'Los ojos verdes', 'Monte de ánimas'. *Rimas y leyendas*. Madrid: Espasa Calpe, 1990.

*Belle de jour*. Dir. Luis Buñuel. Act. Catherine Deneuve, Jean Sorel, Michel Piccoli, Geneviève Page, Pierre Clémenti. A Robert and Raymond Hakim Production, 1967.

Benjamin, Walter. 'Franz Kafka: On the Tenth Anniversary of His Death'. *Illuminations: Walter Benjamin, Essays and Reflections*. Ed. Hannah Arendt. Trad. Harry Zohn. New York, NY: Schocken Books, 1969.

*Blade Runner*. Dir. Ridley Scott. Act. Harrison Ford, Rutger Hauer, Sean Young, Edward James Olmos, Daryl Hannah. Warner Bros, 1982.

Borges, Jorge Luis. 'Borges y yo'. *El hacedor; Obras completas*. Buenos Aires: Emecé, 1957.

Borges, Jorge Luis. 'El aleph', 'Tlön, Uqbar, Orbis, Tertium'. *Ficciones*. Madrid: Alianza, 1990.

——. 'El brujo postergado'. *Historia universal de la infamia*. Buenos Aires: Tor, 1935.

——. 'El inmortal'. *Nueva Antología Personal*. Buenos Aires: Emecé, 1968.

Brooks, Peter. *Reading for the Plot: Design and Intention in Narrative*. New York, NY: Alfred A. Knopf, 1984.

*Brumal*. Dir. Cristina Andreu. Act. Lucía Bosé, José Coronado, Manuel de Blas. Atrium Producciones, 1988.

Calvino, Italo. *Los libros de los otros*. Barcelona: Tusquets, 1994.

Camus, Albert. *La caída*. Madrid: Debate, 1995.

——. *L'Etranger*. París: Gallimard, 1957.

Candau-Pérez, Antonio F. *La obra narrativa de José María Merino*. León: Diputación Provincial de León, 1992.

*Cantar de mío Cid*. Madrid: Espasa Calpe, 1963.

Castells, Manuel et al. *Critical education in the new information age*. Lanham, MD: Rowman & Littlefield, 1999.

Cercas, Javier. *Soldados de Salamina*. Barcelona: Tusquets, 2001.

Cervantes, Miguel de. *Don Quijote*. Madrid: Cátedra, 1977.

——. 'Licenciado Vidriera'. *Novelas Ejemplares*. Madrid: Castalia, 1987.

Chekhov, Anton P. 'Home'. *The Cook's Wedding and Other Stories*. Trad. Constance Garnett. New York, NY: 1986.

Cohen, Leonard. 'Anthem'. *Stranger Music*. Toronto: McClelland & Stewart, 1983.

Conrad, Joseph. *Heart of Darkness*. New York, NY: Dover, 1990.

Cortázar, Julio. 'Continuidad de los parques'. *Final del juego*. Buenos Aires: Sudamericana, 1964.

Cunqueiro, Álvaro. *Merlín y familia*. Madrid: Destino, 1973.

De Cortanze, Gerard. 'Espagne: une nouvelle littérature 1975–95'. *Magazine littéraire*. No. 330, marzo 1995.

Defoe, Daniel. *Robinson Crusoe*. Londres: Oxford UP, 1972.

Descartes, René. *Discours de la méthode*. París: J. Vrin, 1946.

Dostoievski, Fiódor. *Crime and Punishment*. Baltimore, MD: Penguin, 1958.

Eliot, T. S. *The Waste Land and Other Poems*. Londres: Faber and Faber, 1940.

Encinar, María Ángeles y Glenn, Kathleen M., ed. *Aproximaciones críticas al mundo narrativo de José María Merino*. León: Edilesa, 2000.

Ewers, Hans Heinz. *La mandrágora*. Madrid: Valdemar, 1993.

Faulkner, William. *The Wild Palms*. New York, NY: Vintage Books, 1966.

*Fight Club*. Dir. David Fincher. Act. Brad Pitt, Edward Norton, Helena Bonham Carter, Meat Loaf. 20th Century Fox, 1999.

Fitzgerald, F. Scott. *The Great Gatsby*. New York, NY: Scribner, 1953.

Flaubert, Gustave. *Madame Bovary*. París: Garnier-Flammarion, 1966.

*La flor de mi secreto*. Dir. Pedro Almodóvar. Act. Marisa Paredes, Juan Echanove, Rossy de Palma, Chus Lampreave. Madrid: El Deseo S.A., 1992.

Foucault, Michael. *Historia de la locura en la época clásica*. Madrid: Fondo de Cultura Económica, 1979.

——. *Las palabras y las cosas*. México D.F.: Siglo XXI, 1991.

Freud, Sigmund. 'The "Uncanny"'. *Collected Papers. Vol. 4*. Londres: The Hogarth Press, 1950.

García Morales, Adelaida. *El silencio de las sirenas*. Barcelona: Anagrama, 1985.

——. *La lógica del vampiro*. Barcelona: Anagrama, 1989.

Gibbon, Edward. *History of the Decline and Fall of the Roman Empire*. New York, NY: Penguin, 1994.

Gil de Biedma, Jaime. 'Lunes'. *Compañeros de viaje*. Barcelona: Joaquín Horta, 1959 (cit. de *Las personas del verbo*. Barcelona: Seix Barral, 1982).

Girard, René. *Mensonge romantique et la verité romanesque*. París: Grasset, 1961.

Gombrowicz, Witold. *Diario*. Madrid: Alianza, 1993.

Goytisolo, Juan. *Reivindicación del conde don Julián*. Barcelona: Seix Barral, 1970.

——. *Señas de identidad*. México D.F.: Joaquín Mortiz, 1966.

Griffin, D. R. 'Introduction'. *Founders of Constructive Postmodern Philosophy*. Ed. D. R. Griffin. Albany, NY: SUNY P., 1991.

Hardy, Thomas. *Jude the Obscure*. New York, NY: Bantam, 1981.

Heidegger, Martin. *Being and Time*. Trad. John Macquarrie y Edward Robinson. New York, NY: Harper & Row, 1962.

*Hermanas de sangre*. Dir. Jesús Garay. Act. Carmne Elías, Pepa López, Rosa Novell y Assumpta Serna. Prod. Massa d'Or, 2003.

Hitler, Adolf. *Mein Kampf*. Boston: Houghton Mifflin Co., 1943.

Hoffmann, Ernst Theodor Amadeus. 'Sandman', 'Cascanueces'. *La leyenda de Cascanueces*. Madrid: Libsa, 2002.

Hourmant, François. *Au pays de l'avenir radieux: voyages des intellectuels français en URSS, à Cuba et en Chine populaire*. París: Aubier, 2000.

Hunter, Stephen. *Violent Screen*. Baltimore, MD: Bancroft P., 1995.

*Jamón, jamón*. Dir. Bigas Luna. Act. Stefania Sandrelli, Anna Galiena, Juan Diego, Penélope Cruz y Javier Bardem. Prod. Andrés Vicente Gómez, 1993.

Joyce, James. *Ulysses*. New York, NY: Random House, 1946.

Juan de la Cruz, San. *Cántico espiritual y poesía completa*. Barcelona: Crítica, 2002.

Juan Manuel, infante de Castilla. *El conde Lucanor*. Madrid: Alianza, 1998.

Kafka, Franz. *Consideraciones acerca del pecado, el dolor, la esperanza y el camino verdadero*. Trad. Adrián Neuss. Barcelona: Laia, 1983.

——. 'Preocupación de un padre de familia'. *La metamorfosis y otros relatos*. Ed. y trad. Ángeles Camargo. Madrid: Cátedra, 2002.

——. *The Trial*. New York, NY: Vintage Books, 1969.

Kermode, Frank. *The sense of an ending: studies in the theory of fiction*. New York, NY: Oxford UP, 1967.

Kierkegaard, Søren. *Fear and Trembling*. New York, NY: Penguin, 1986.

——. *The Sickness unto Death*. New York, NY: Penguin, 1989.

Kristeva, Julia. *Powers of Horror: An Essay on Abjection*. Trad. Leon Roudiez. New York, NY: Columbia UP, 1982.

Labanyi, Jo. 'History and Hauntology; or, What Does One Do with the Ghosts of the Past? Reflections on Spanish film and fiction of the Post-Franco Period'. *Disremembering the Dictatorship: The Politics of Memory in the Spanish Transition to Democracy*. Amsterdam: Rodopi, 2000.

Lacan, Jacques. *The Four Fundamental Concepts of Psychoanalysis*. Trad. Alan Sheridan. New York, NY: Norton, 1981.

——. *Language of the Self: The Function of Language in Psychoanalysis*. Baltimore, ME: Johns Hopkins UP, 1997.

Landeira, Ricardo y González-del-Valle, Luis, ed. *Nuevos y novísimos: Algunas perspectivas críticas sobre la narrativa española de la década de los 60*. Boulder, CO: Society of Spanish and Spanish-American Studies, 1987.

Lawrence, Rick. *The Narrative of Antonio Muñoz Molina: Self-Conscious Realism and 'El desencanto'*. New York, NY: Peter Lang, 1999.

*Lazarillo de Tormes*. Barcelona: Humanitas, 1983.

Levi, Primo. *Los hundidos y los salvados*. Barcelona: El Aleph Editores, 2000.

Levinas, Emmanuel. *Le temps et l'autre*. París: Quadrige, 1979.

Lunati, Montserrat. 'Quim Monzó i el cànon occidental: una lectura de "Pigmalió"'. *Revista Internacional de Catalanística*. 1999. (http//www.uoc.es/jocs/2/articles/lunati/intex. html)

Lyotard, Jean-François. *The Post-Modern Condition*. Manchester: Manchester UP, 1979.

Machado, Antonio. *Obras. Poesía y prosa*. Ed. Aurora de Albornoz y Guillermo de Torre. Buenos Aires: Losada, 1997 (4ª ed.).

Mainer, José Carlos. 'Antonio Muñoz Molina o la posesión de la memoria'. *Ética y estética de Antonio Muñoz Molina. Cuadernos de narrativa*. No. 2, diciembre 1997.

Marías, Javier. *El corazón tan blanco*. Barcelona: Anagrama, 1992.

——. *Tu rostro mañana (Fiebre y lanza I.)* Madrid: Alfaguara, 2003.

Marsé, Juan. *Si te dicen que caí*. Barcelona: Seix Barral, 1993.

Martín, Sabas. 'Narrativa española tercer milenio (guía para usuarios)'. *Páginas amarillas*. Madrid: Lengua de Trapo, 1997.

Martín Nogales, José Luis. 'De la novela al cuento: El reflejo de una quiebra'. *Ínsula*. No. 589–590, enero–febrero, 1996.

*Matador*. Dir. Pedro Almodóvar. Act. Antonio Banderas, Nacho Martínez, Assumpta Serna, Eva Cobo, Chus Lampreave. Madrid: El Deseo, S.A., 1986.
*The Matrix*. Dir. Larry Wachowski y Andy Wachowski. Act. Keanu Reeves, Laurence Fishburne, Carrie-Anne Moss. Prod. Andrew Mason y Joel Silver. Warner Bros, 1999.
Mendoza, Eduardo. *El misterio de la cripta embrujada*. Barcelona: Seix Barral, 1979.
Merleau-Ponty, Maurice. *Le visible et l'invisible*. París: Gallimard, 1964.
Nabokov, Vladimir. *Curso de literatura europea*. Madrid: Bruguera, 1983.
——. *Lolita*. Barcelona: Anagrama, 2001.
——. *Pnin*. Barcelona: Anagrama, 1987.
*Nadie conoce a nadie*. Dir. Mateo Gil. Act. Eduardo Noriega, Jordi Mollà. Maestranza Films, 1999.
Nagel, Thomas. *Mortal Questions*. New York, NY: Cambridge UP, 1979.
Naharro Calderón, José María. 'Juvenismo espectacular'. *España Contemporánea*. No. 1, Primavera 1999.
Navajas, Gonzalo. *Más allá de la postmodernidad. Estética de la nueva novela y cine españoles*. Barcelona: EUB, 1996.
Navarro, Justo. *La casa del padre*. Barcelona: Anagrama, 1994.
Nietzsche, Friedrich. *El nacimiento de la tragedia o Grecia y el pesimismo*. Madrid: Alianza, 1997.
Pardo Bazán, Emilia. *La cuestión palpitante*. Ed. Rosa de Diego. Madrid: Biblioteca Nueva, 1998.
——. 'La resucitada'. *La resucitada y otros relatos*. Barcelona: Nuevas Ediciones de Bolsillo, 2000.
Pérez Galdós, Benito. *La desheredada*. Madrid: Alianza, 1985.
*El perqué de tot plegat*. Dir. Ventura Pons. Act. Lluís Homar, Álex Casanovas. Els Films de la Rambla, S.A., 1994.
*Plata quemada*. Dir. Marcelo Piñeyro. Act. Eduardo Noriega, Leonardo Sbaraglia, Pablo Echarri. Strand Releasing, 2001.
Plath, Sylvia. *Ariel*. New York, NY: Harper & Row, 1966.
Poe, Edgar Allan. 'El retrato oval'. *Cuentos*. Madrid: Alba, 1998.
Proust, Marcel. *À la recherche du temps perdu*. París: Editions Robert Laffont, 1987.
*Pulp Fiction*. Dir. Quentin Tarantino. Act. John Travolta, Samuel L. Jackson, Uma Thurman. Prod. Lawrence Bender, 1994.
Pynchon, Thomas. *The Crying of Lot 49*. Cutchogue, NY: Buccaneer Books, 1966.
Quevedo, Francisco de. *Historia de la vida del Buscón* Madrid: Castalia, 1990.
*Reservoir Dogs*. Dir. Quentin Tarantino. Act. Harvey Keitel, Tim Roth. Prod. Lawrence Bender, 1992.
Rojas, Fernando de. *La Celestina*. Madrid: Alianza, 1998.
Rorty, Richard. 'Relativism – Finding and Making', 'On Moral Obligation, Truth, and Common Sense'. *Debating the State of Philosophy*. London: Praeger, 1996.
Rulfo, Juan. *Pedro Páramo*. Madrid: Cátedra, 1983.
Santos, Alonso. 'La renovación del realismo'. *Ínsula*. No. 572–573, agosto–septiembre 1994.
Sarsanedas, Jordi. *Mitos*. Barcelona: Taber, 1969.
Sartre, Jean-Paul. *Náusea*. Madrid: Alianza, 1996.
Shelley, Mary W. *Frankenstein*. New York, NY: Dover Publications, 1994.
Shweder, Richard. 'The Authority of Voice'. *New York Law School Law Review*. No. 1–2, 1992.
Sobejano, Gonzalo. 'El retorno a la realidad en la narrativa de José María Merino'. *Aproximaciones críticas al mundo narrativo de José María Merino*. Ed. Ángeles Encinar y Kathleen M. Glenn. León: Edilesa, 2000.
——. 'Juan J. Millás, fabulador de la extrañeza'. *Nuevos y novísimos: Algunas perspectivas críticas sobre la narrativa española de la década de los 60*. Ed. Ricardo Landeira y Luis González-del-Valle. Boulder, CO: Society of Spanish and Spanish-American Studies, 1987.
——. *Juan Millás, fabulador de la extrañeza*. Buenos Aires: Alfaguara, 1987.
Steiner, George. *Antígonas: Una poética y una filosofía de la lectura*. Barcelona: Gedisa, 1986.
Stendhal. *Rojo y negro*. Madrid: Alianza, 1997.
Stoker, Bram. *Drácula*. Barcelona: Ediciones B, 2001.

Taylor, Mark. *About Religion: Economies of Faith in Virtual Culture*. Chicago, IL: U. of Chicago Press, 1999.

——. *Altarity*. Chicago, IL: U. of Chicago Press, 1987.

*Thelma and Louise*. Dir. Ridley Scott. Act. Susan Sarandon, Geena Davis, Harvey Keitel, Michael Madsen. MGM, 1991.

*Todo sobre mi madre*. Dir. Pedro Almodóvar. Act. Cecilia Roth, Marisa Paredes. Madrid: El Deseo, S.A., 1999.

Todorov, Tzvetan. *The fantastic; a structural approach to a literary genre*. Trad. R. Howard. Cleveland, OH: P of Case Western Reserve U, 1973.

——. *L'homme dépaysé*. París: Seuil, 1996.

*2001: A Space Odyssey*. Dir. Stanley Kubrick. Act. Keir Dullea, Gary Lockwood. United Artists, 1968.

Unamuno, Miguel de. *Del sentimiento trágico de la vida*. Buenos Aires: Losada, 1964.

——. *Niebla*. Madrid: Cátedra, 1982.

——. *San Manuel Bueno, mártir*. Madrid: Castalia, 1987.

Valls, Fernando. 'Renacimiento del cuento en España 1975–93'. *Son Cuentos: Antología del relato breve español 1979–93*. Ed. Fernando Valls. Madrid: Espasa Calpe, 1993 (reimpreso de *Lucanor* 6, 1991).

Vargas Llosa, Mario. *La orgía perpetua*. Barcelona: Bruguera, 1978.

Voltaire. *Candide*. Barcelona: Ediciones Proa, 2000.

Williams, Tennessee. *A Streetcar Named Desire*. Madrid: MK, 1988.

Zorrilla, José. *Don Juan Tenorio*. Madrid: Cátedra, 1992.

# Notas de final

DONDE HABITE EL SENTIDO 1–12

1. Fernando Valls titula su introducción a la antología *Son cuentos: antología del relato breve español 1979–93*: 'Renacimiento del cuento en España' (Madrid: Espasa Calpe, 1993). 'El renacer del cuento en este período es un hecho evidente, tanto desde el punto de vista cuantitativo como cualitativo . . .' escribe también Martín Nogales.

2. Tennessee Williams, *A Streetcar Named Desire*.

RICARDO PIGLIA:
SIEMPRE EN LA OTRA ORILLA 13–40

1. Walter Benjamin cita esta frase en su ensayo 'Franz Kafka: On the Tenth Anniversary of his Death', explicando el contexto en que aparece de la siguiente manera: 'From *The Trial* it may be seen that these proceedings usually are hopeless for those accused – hopeless even when they have hopes of being acquitted. It may be this hopelessness that brings out the beauty in them – the only creatures in Kafka thus favored. At least this would be very much in keeping with a conversation which Max Brod has related. "I remember," Brod writes, "a conversation with Kafka which began with present-day Europe and the decline of the human race. «We are nihilistic thoughts, suicidal thoughts that come into God's head,» Kafka said. This reminded me at first of the Gnostic view of life: God as the evil demiurge, the world as his Fall. «Oh no,» said Kafka, «our world is only a bad mood of God, a bad day of his.» «Then there is hope outside this manifestation of the world that we know.» He smiled. «Oh, plenty of hope, an infinite amount of hope – but not for us»". (116)

2. F. Scott Fitzgerald, *The Great Gatsby*.

3. Joseph Conrad, *Heart of Darkness*.

PEDRO ZARRALUKI:
SOBRE LA RETORCIDA BELLEZA DE LA VIDA 41–60

1. La 'fuerza psicomotriz' se discute en *El responsable de la ranas*, pág. 105.

2. Antonio Machado, *Obras*, pág. 248.

JUAN JOSÉ MILLÁS:
VIVIR DE LA HUIDA 61–78

1. En el folletín 'Escribir/1' Millás describe este trato. Primero, le entrega al diablo cuatro dedos para escribir *Las Moradas* de Santa Teresa, luego todo el brazo por *El Cántico Espiritual*, y finalmente el alma por la Biblia. ('Escribir/1', 265).

JOSÉ MARÍA MERINO:
EL MAR INTERIOR—SOBRE EL PODER DE LA IMAGINACIÓN 79–100

1. Don Juan Manuel, *El conde Lucanor*.

2. El libro fue publicado con el título *Los invisibles*.

ANTONIO MUÑOZ MOLINA:
INVENTAR LAS COSAS TAL COMO SON 101–124

1. Rick Lawrence, *The Narrative of Antonio Muñoz Molina: Self-conscious Realism and 'El Desencanto'*.

2. Mario Vargas Llosa, *La orgía perpetua*.

ENRIQUE VILA-MATAS:
SOY DEL TAMAÑO DE LO QUE VEO—SOBRE EL SENTIDO DE LAS MIRADAS 149–166

1. *El viaje vertical*.

2. 'Lady Lazarus', *Ariel*, pág. 6.

3. 'Lunes', *Las personas del verbo*, pág. 54.

RAY LORIGA:
DUDAS Y SOMBRAS 191–210

1. *Cántico espiritual*, pág. 586.

2. Cito a Ray Loriga. No he podido encontrar estas palabras en las obras de Jaime Gil de Biedma.

3. *Stranger Music*, pág. 374–5.